“赢在京东”系列电商教程

京东平台营销玩法

京东产教融合中心 著

電子工業出版社
Publishing House of Electronics Industry
北京•BEIJING

内容简介

本书以“理论支撑，实战致用”为理念，从京东平台运营功能出发，解读对应的实战运营内容，系统地总结京东平台运营过程中的营销玩法，是一本提升京东平台运营能力的大全类图书。全书囊括了品牌制胜、爆品突破、店铺打造、流量把控、用户运营等内容。

本书面向有一定基础的京东平台运营人员，目的在于提升运营，特别是营销玩法的能力，而且针对运营人员可能不是特别关注，或者容易忽略，但提升空间巨大的领域，进行了着重的介绍。

本书可作为京东店铺运营主管、店长、营销策划、品牌电商负责人等的参考工具书使用。

（本书中涉及的平台数据，截至 2018 年 8 月。）

图书在版编目（CIP）数据

京东平台营销玩法 / 京东产教融合中心著 . —北京：电子工业出版社，2019.4
“赢在京东”系列电商教程
ISBN 978-7-121-36195-1

Ⅰ . ①京… Ⅱ . ①京… Ⅲ . ①网络营销－教材 Ⅳ . ① F713.365.2

中国版本图书馆 CIP 数据核字 (2019) 第 057483 号

策划编辑：张慧敏
责任编辑：石　倩
印　　刷：涿州市般润文化传播有限公司
装　　订：涿州市般润文化传播有限公司
出版发行：电子工业出版社
北京市海淀区万寿路 173 信箱　邮编：100036
开　　本：787×1092　1/16　印张：14.75　字数：328.8 千字
版　　次：2019 年 4 月第 1 版
印　　次：2024 年 1 月第 4 次印刷
定　　价：89.00 元

凡所购买电子工业出版社图书有缺损问题，请向购买书店调换。若书店售缺，请与本社发行部联系，联系及邮购电话：（010）88254888，88258888。

质量投诉请发邮件至 zlts@phei.com.cn，盗版侵权举报请发邮件至 dbqq@phei.com.cn。

本书咨询联系方式：010-51260888-819，faq@phei.com.cn。

本书编委会

特邀顾问：京东云总裁 申元庆

京东集团副总裁、京东云公共业务部负责人 杜正平

京东云副总裁 刘佩云

总 策 划：韩 瑞 张 奇

执行策划：王 萌 施 蕾 郭 静 蔡秀玲 李春美

主 编：范 卉 骆晓鹏 王 军 王 玉

编委会成员：刘 宁 冉庆璐 琚志杨 胡石玉 李 淼 张伯策 王 蕾 袁 亮 李紫荆 刘耀钰

特别支持：冯 岩 刘莉莉 刘晓爱 尹 清 李 鹏 杨秀丽 刘超茹 王振秋 冯世彬 徐诺娅 贾旭光 何炳旭 翟学多 梁兆和 张 冉 贺晓丹 谭 堃 尚东喆 刘 宏 张 峰 孙静怡 李鹏飞 彭其臻 孙松娟 段鑫晶 邓 凡 李世荣 刘利华 李婷婷 姜 玲 赵 琦 张 旭 高 征 温智娜 娄 婷 宣望月 戚雪静 邓颖萍 李 冰 孔洁宾 洪漫莉 王 斌 祝红艳 李晶磊 冉筱庆 陈丽曼 卢亦杉 杨 毅 魏 铼 江春志 杨 申 祁 佳 陈梦央

在此诚挚感谢所有为此书付出努力的京东同仁（排名不分先后）

· 作者简介 ·

· 范卉 ·

曾任新华社、中国新闻社记者、搜狐新闻中心副主编、和讯网副总编辑、网易市场推广总经理。2013 年加入京东后任京东商城开放平台和居家生活事业部市场营销总经理。

· 胡石玉 ·

京东图书小程序负责人，在半年内将小程序覆盖至 4000 多万用户，擅长从零到一搭建微信流程合作生态、场景营销、项目运营及行业洞察；曾在《知晓程序》、《运营研究社》、《量子程序》、《人人都是产品经理》等行业媒体发表深度文章。

· 琚志杨 ·

京东集团校园业务部渠道负责人，具备多年运营及营销经验；操盘校园社群营销，打造京东校园俱乐部，具备深厚社交电商及校园场景渠道营销经验。

· 李淼 ·

现任京东商城时尚事业部品质招商负责人，曾任京东时尚事业部多个品类业务负责人，最高操盘金额过百亿元。擅长微商操盘、广告投放、品牌营销及整体渠道运营、京东自营与 POP、O2O 及无界零售等。

· 李紫荆 ·

中国地质大学 MBA 在读， 就职于飞亚达销售有限公司，任电商京东事业部策划经理。擅长电子商务品牌主题策划、整合营销及跨界联合，对电商新玩法反应灵敏且能迅速结合品牌落地执行，并获取显著成效。

· 刘宁 ·

北京核利电子商务有限公司创始人，程序员型电商操盘手，京云系列软件创始人。2009 年从事电商行业，辅导亿级品牌 5 家，具备 9 年电商实战经验，精通京准通各大营销产品及平台工具。

· 刘耀钰 ·

深圳市克莱鹏科技有限公司品牌营销主管，负责品牌运营、产品推广，擅长 SNS 线上社交媒体的运营，通过线上的推广，成功打造爆品，单品销售额过百万元。

· 骆晓鹏 ·

澳大利亚国立巴拉瑞特大学 MBA，京东产教融合中心电商实战专家，中国电商精英会红带讲师，钻京商学院创始人 &CEO，深圳市宝安区政府特聘创客辅导专家，深圳市创意 101 国际孵化器创客导师，深圳市大公坊国家级创客基地导师。具有 9 年电商运营实战经验，擅长搜索优化、品牌策划、活动策划、众筹、社交运营等内容。

·冉庆璐·

京东居家生活事业部市场营销部整合营销高级经理，京东认证讲师，具有多年京东平台整合营销实操经历，拥有丰富的大型营销活动统筹经验，多次参与营销工具升级改版，精通京东平台营销运营规则及玩法。

·王军·

京东产教融合中心电商实战专家，曾任京东商城服饰家居事业部钟表部总监、营养保健事业部运营经理等职位，拥有近 10 年互联网营销及电子商务实战经历，涉及 B2B、O2O、B2C 领域，擅长“新零售”下电商品牌建设、传统企业电商转型、电商营销提升及电商运营突围。

·王蕾·

2012 年加入京东，现任京东商城居家生活事业部市场营销总经理，京东认证讲师，具有丰富的品牌传播、公关宣传、网络营销、广告推广实战经验。

·王玉·

EZRA 时尚腕表联合创始人，曾任中国百货商业协会家居饰品分会副秘书长等职位，拥有 9 年互联网营销及电子商务实战经历，曾服务于国内上市企业、行业龙头企业，涉及银行信用卡分期、B2B、O2O、B2C、线下零售领域，多年钻研时尚小众品牌的发展及时尚腕表、饰品等产品的原创设计开发和推广，擅长线上＋线下模式下时尚品牌的成长与建设，电商营销提升与全域品牌布局。

·袁亮·

2012 年加入京东，先后在京东全国客服中心、服饰家居事业部、平台生态部任职，致力于提升商家服务能力，旨在赋能商家、帮助商家提高服务水平，参与负责京东交易纠纷平台、咨询平台等工作。曾策划大型商家服务竞赛类活动“京东好客服”为平台商家提供更好的赋能支持。

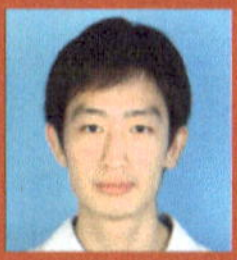

·张伯策·

2011 年 7 月加入京东，先后负责运动鞋服、IT 数码运营管理、笔记本 POP 业务、男鞋品类。现任箱包部负责人，所负责业务业绩均名列前茅，重点品牌保持高速增长，所带团队曾获“11.11 最佳销售团队”奖。本人曾获“年度广告狂人奖”等，曾是《“赢在京东”系列电商教程》顾问、京东商城专业力课程开发骨干。

序言

世间唯一不变的正是变化本身。

这是一个最坏的时代，许多我们得心应手、信手拈来的传统营销手段和理论正在失效，让人“停杯投箸不能食，拔剑四顾心茫然”；这也是一个最好的时代，在营销面临巨大变革的时代，必会有一部分营销人去探索和创新，在变与不变之中寻求新的支点，撬动营销不断向前迈进，谁都有机会创造，谁都有机会开拓。

2004年，京东把中关村的柜台模式搬到线上，开始了创业之旅，至2018年，已经有15年。在这15年中，京东经历过多次战略升级，从3C品类到全品类经营，从自建物流到物流开放，从纳斯达克上市到成为全球500强企业，京东负重前行，一路狂奔，成为消费者心目中值得信赖的企业。自2017年开始，京东提出“无界零售”战略，通过开放、共生、互生、再生的理念展开产业布局，积极向“零售基础设施的服务商”转型，京东从平台运营到金融创新，从渠道下沉到科技物流，如火如荼地奔跑着，以适应无界营销下的运营需求。

如果说零售的核心是人、货、场，那么营销的核心则是人、内容、场。前者是将货品交付给用户，后者是将信息甚至理念传递给用户。在不同的场景下，用户可能需要不同的货品，营销者也需要提供不同的内容，而这些场景本身在这个“无界”的时代几乎可以打通。

京东通过京X计划、京粉计划、东联计划，以及诸如娱乐IP营销、国家品牌营销、校园营销等方式，得以触达电商购物场景之外的中国互联网近100%的用户，打破京东与媒体之间的界限，实现流量共享。

京东将其站内流量与来自其他场景的流量融合，提供站内＋站外的营销运营体系，模块化的营销产品，帮助品牌商更好地利用京东用户体系和生态体系中的流量，最终打破了站内站外的营销界限，实现流量的价值最大化。

京东与品牌商之间也不再是一方负责构建品牌和传播，一方负责卖货的简单关系，而是在数据、营销、选品等方面进行多层次的深度合作，打破了京东与品牌商、消费者之间的界限，让消费者与商品之间实现“无界”。

如今的营销已经不再是单打独斗，营销也正在从单一品牌、单一渠道转向生态模式，京东正在将内容与商品，媒体渠道与品牌商的界限一一打破，重新构建一个有效的营销生态，而“生态”正是无界营销的最重要的关键词。

对品牌方来说，京东既是开放合作的平台，又是协调作业的大脑；对消费者来说，京东既是购物场景的集合，又是最贴心专业的电商平台。京东是跨界营销的专家，能够以平台的方式打通各项资源，与品牌合作，为消费者创造一次又一次的购物狂欢。

让优质的商品走进千家万户，为品牌商提供最强的营销助力，为消费者提供最优的购物体验，是京东的初心。京东能够提出“无界营销”理念及其解决方案，不仅因为京东具有科技实力与数据基础，也不仅因为京东是零售平台，更重要的是京东通过对于商业、品牌、营销、消费者洞察等领域的深耕和思考，敏锐捕捉到了新时代下营销得以成功的关键。

“无界营销”是京东的创新举措，更是属于全行业的新时代。

在这个时代，我们面临着新的问题：在信息越来越碎片化的新媒体时代，如何找到最精准有效的用户？如何达成营销内容和消费者购买的有效转化？如何利用跨界营销把盘子做大？如何做到品牌共享，齐分市场“蛋糕”？简而言之，即每次营销到底能产生什么样的价值，达成怎样的 ROI？京东产教融合中心联合京东内外实战专家共同编写了这本书，希望通过本书让大家对于零售和营销的本质有更深入、更具体、更鲜活的理解，也希望与更多的合作伙伴携手共进，销售有品质的商品，打造消费者认可的品牌，成就有品性的商业行为。

让我们更好地应对营销的变与不变。

韩瑞

京东集团副总裁　前端平台负责人

前言

达尔文在《物种起源》里说："能够生存下来的物种，并不是那些最强壮的，也不是那些头脑最聪明的，而是那些能够对环境变化做出最快反应的物种。"其实，这句话也同样适用于营销界——如果你是营销人，一定要了解"决定用户选择"的相关环境是如何变化的。

未来不再是物以类聚，而是人以群分。

未来的消费者将沉浸在数字科技营造的场景化购物中，将更加追求商品的品质和个性化。用户在零售电商平台能够更直接地获取商品信息，平台也成为一种泛媒体，既是媒体平台，也是内容平台。

京东产教融合中心根据不断更新发展的平台功能，结合内部骨干和外部商家的大量实战案例，获取了大量的测试数据，归纳总结出与之对应的营销玩法及效果，编写了《京东平台营销玩法》这本书。此书有以下三个特点。

一是趋势性。本书基于京东多年积累的数据基础，为品牌和商品提供洞察市场需求的精准画像，指导商家和品牌商持续提升商业决策能力、供应链管理能力和服务水平，一起帮助用户实现所想所见即所得的购物体验。本书在实现"有情感地导购，有温度地卖货，有共鸣地营销"方面进行了大胆尝试。

二是实战性。本书采用京东商城营销部门的内部骨干专家与京东开放平台商家合作的模式，每个章节既有高度凝练的理论解说，又有精彩别致的案例和翔实的数据呈现，特别是首次针对京东自营平台与开放平台的生态融合，从实战的角度来分析挖掘可行的方法论，更接地气，更具有借鉴指导意义。

三是新颖性。本书简洁而流畅地介绍了京东营销的多维玩法，并通过前沿的营销实战案例加以辅助，将"理论、实战、启示、思考"融为一体，有别于冗长而复杂的书籍。

本书第一次系统地介绍京东营销玩法，沉淀过去的营销经验，引领未来营销打法。本书共分为 6 章，从品牌制胜、爆品突破、店铺打造、流量把控、用户为王、体验至上方面进行多维度的全面解读。从流量思维到用户思维，从运营思维到营销思维，从线上思维到线下思维，从单核打法到多元并驱，营销思维的不断切换，一定会给广大电商爱好者、企业电商负责人、营销策划岗位等具有一定运营基础的朋友们，带来一场营销盛宴。

京东产教融合中心

目录

第 4 章　流量把控　123

第1章
品牌制胜

本章导读：本章从品牌的角度，分析品牌在京东平台运营过程中的影响力与重要性，特别解析传统品牌的电商运营方法，通过线上、线下模式的结合，综合京东平台运营的优势与特点，归纳总结出京东平台营销方法论。

1.1 拥抱互联网

笔者第一次在京东 App 上看到“乐视京东超级品牌日”时，还以为自己打开了乐视的电商 App。

这是 2016 年年初，京东第一场“超级品牌日”活动，京东 App 进行了全面的包装，从开机屏、App 第一屏视觉的全面改版，到点击路径中商品和内容的结合，再到对外传播乐视新品的展示，全方位的线上包装，最大程度上印证了“品效合一”四个字。

任何一种产品、一家公司、一个平台，营销的核心都是用户，是消费者。当我们脱离用户谈营销的时候，你可以理解为这是在“耍流氓”。

互联网时代，商业形态灵活多变，如何更高效、更精准、更便捷地触达目标用户，洞察潜在用户的身份、诉求和行为习惯，与用户建立连接并最终促成消费，是每一个营销人永恒的目标。营销服务于产品，而对于营销来说，营销亦是产品。

今天，电商平台已经不再是单纯的销售渠道：你可以说它是数据库，蕴藏着大量的丰富的用户数据；你可以说它是媒体，有着充沛的流量和五花八门的营销形态扩大品牌声量；你可以说它是孵化器，能够为品牌提供全方位的解决方案。

从普通人围观互联网，到网红微店月入千万元，再到连我们的爸爸妈妈们都已轻车熟路地发起了微信红包，消费者已经习惯了线上购物，他们会不由自主地把 11.11 和 618 当成是理所当然的节日，会期待门铃声的另一边是一个快递小哥，你还有什么理由，不去拥抱互联网？

1.1.1 从品牌到用户

1. 寻找并触达用户

不会有哪个渠道，会像互联网这样深入消费者的日常生活。

2017 年 8 月，中国互联网信息中心（CNNIC）发布的《中国互联网络发展状况统计报告》显示，截至 2017 年 6 月，中国网民规模已达 7.51 亿人，不到两个中国人中即有一位互联网用户。其中，网络购物用户规模达到 51443 万人，相较 2016 年年底，增长 10.2%，远超过互联网用户的基数，如图 1-1 所示。

他们有足够的时间接触网络，据 CNNC 数据显示，中国手机网民规模达 7.24 亿，他们随时随地可以利用碎片化的时间和网络打交道。

他们覆盖了所有的渠道，超过两亿的农村用户也和城市用户一样获得一视同仁的服务。

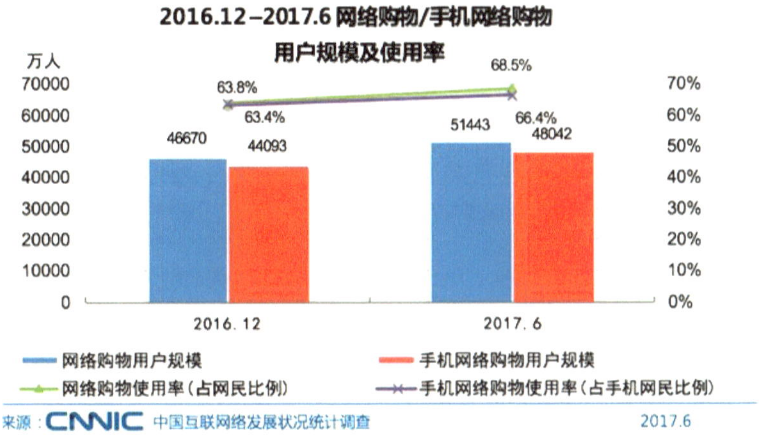

图 1-1

他们在这里进行社交，获取餐饮、游戏、理财、出行等信息，让电商不只是一个销售渠道，同时也是品牌追捧的全方位的营销渠道。

本节开头提到的“京东超级品牌日”的活动，就反映了品牌商对于“品效合一”的实际需求，这并不是单纯地购买线上流量。如今，让品牌商愿意与像京东这样的电商平台结合，去横向地把握消费者的浏览数据，为当前媒体的分散化、屏幕的多样化、时间的碎片化，提供了快速找到并且影响消费者的路径。

2017 年年初，京东联合 21 世纪竞技研究院发布《2016 年电商消费行为报告》，基于京东大数据，也印证了这一点。报告显示，中国将长期保持全球电商龙头地位。随着 80 后和 90 后消费者的崛起，以及中产人群比重的增加，中国人的消费能力和需求还会继续增长，未来仍是全球电商消费最大的市场。报告预计，随着消费渠道的继续下沉，未来，电商消费在一二线城市依然强劲的同时，三线以下的中小城市和乡镇的消费潜力将迎来爆发，中小城市成为布局重点。

电商用户的消费趋势越来越理性，品质越来越受关注。因此，品牌化和高品质，应该是商家关注的重点，满足中产人群的消费需求。随着中国城市化的进程，大量人口仍集中在大城市，同时移动互联网、社交媒体等急速发展，人口的老龄化、单身化等都在重构消费场景，因此，把握消费大数据，以及社会变迁逻辑，为特定人群提供新型消费，有很大的市场。

2．沉淀和挖掘用户

在传统的消费场景里，一方面，品牌商需要付出更大的成本获得用户信息，即便是像性别这样的用户属性，也需要通过最传统的信息录入和校对，才能有效和准确地掌握；另一方面，对于消费者来说，即便商家给予足够的利益和优惠，也不足以吸引消费者坦诚地留下个人信息，毕竟，在信息泛滥的今天，谁也不会愿意看到自己的手机短信和邮箱里充斥着大量的垃圾推广信息。

而电商营销的优势，不仅仅局限于渠道，更在于联通用户、沉淀用户。因为在线上，只要有与用户即时的互动，哪怕是某些与用户的细微交流，都能通过大数据，甚至语意的分析，产生更多导向型的结果。电商渠道可以在店内、全网、线下三个层面，给到品牌商足够的用户营销工具的支撑，帮助品牌商沉淀和挖掘用户。

① 店铺 CRM（客户关系管理）：店铺可以通过专业的 CRM 管理工具，对用户信息进行管理和会员分层，积累品牌粉丝，通过不同的营销手段进行精准的触达，利用现有的数据描绘消费者的画像并做大胆的预测和营销。这些都可以通过店铺的 CRM 管理工具完成。我们会在第 5 章详细介绍如何利用京东的 CRM 体系来管理用户。

② 全网用户挖掘：随着线上用户场景的拓展，我们了解消费者的用户行为，不仅是来自于单一的电商渠道，他 / 她的社交属性、个人爱好、家庭情况在互联网的各处都会留下痕迹，一个好的 DMP（数据管理平台），可以最大限度地整合全网用户数据，做到全方位地覆盖消费者的日常行为。而京东通过京腾计划、京条计划等项目，最大限度地与腾讯、今日头条等互联网黏性极高的产品和媒体整合用户社交属性信息，精准地挖掘潜在消费者。

③ 线上线下全方位的会员管理：京东和腾讯的强强联合，为品牌商提出了一个大胆的设想。利用微信等社交化互联网工具，打通线上和线下会员，更大程度上提升用户黏性，微信卡包、微信小程序等一系列工具，为挖掘和沉淀用户，提供了足够的想象力。

1.1.2 从用户到品牌

知名膳食品牌“桂格”从京东大数据中挖掘了数万条消费者关于早餐的产品评论，挖掘出消费者希望即食燕麦乳饮品是“高纤维、低糖、多维生素和免冲调、免洗、小包装相结合”，从而发现了这一市场空白。京东大数据还向品牌方提供了基于目标人群定向分析、价格指导、包装建议等营销策略建议。随后，桂格成功研发出新品并在京东商城首发，两周内就销售了约 45 万箱，且复购率达到了 20%！

利用大数据分析反推产品，这是让品牌焕发生机最快速的方式之一。

京东与美的研发的智能冰箱，就是运用数据之力反推产品的代表之作，这款型号为 BCD-296WTGPZMC 的 296 升三开门变频风冷无霜冰箱与传统冰箱最大的不同是，有自己的“眼睛”和“大脑”，了解自己“肚子”里装了什么，也更懂用户的需求，让冰箱成为互联网服务的入口。它拥有先进的智能图像识别技术和门箱互拍技术，通过冰箱内置双摄像头可以准确了解冰箱内都有什么食材，提示食品的有效期，甚至在鸡蛋存量较少的时候提醒你买鸡蛋，或是根据冰箱内现有的食材智能推荐菜谱。不但如此，京东通过大数据分析还能根据你的饮食习惯推荐采购清单，便捷地一键下单。这款冰箱还具备亲情互联的社交属性，通过好友授权后，你可以远程查看亲友、父母的冰箱，随时为他们送去最健康的生鲜食品。

1.2 品牌+互联网

这一小节将用品牌案例来说明，品牌与互联网的结合，上演的是营销舞台上一幕幕引人入胜的必属精品的“神剧”。

1.2.1 线下品牌新阵地

1. 从用户入手，家居行业 C2B 先行者：尚品宅配

位于广州市天河体育中心商圈的东宝大厦写字楼二层，占地超过 2000 平方米的尚品宅配 O2O 体验店里人流稀疏，看上去有些冷清。

你可能无法想象，就是这家门店在 2016 年为尚品宅配贡献了 3.36 亿元的销售额，平均每天有近百万元收入。

这是尚品宅配对 O2O 模式的探索——通过网络渠道精确引流，店铺承接产品体验、深度沟通的功能。线上线下不再割裂也不是单向的谁帮谁引流，而是形成闭环——线上渠道的营销传播能力，线下体验的承接能力，共享数据资源，无界零售在此落地。

提到家居家装行业，我们惯性地认为这是一个基于线下服务的行业。随着消费者购物行为和渠道的转变，以往认为只适合线下销售的商品也被电商所颠覆。传统行业线上营销资源的运用，往往是对线下实体销售的补充，线下的服务流转到线上，对用户的黏性更是一种提升。

从小门店到深圳证券交易所上市，尚品宅配是一个不那么“纯粹”的定制家居企业，曾被称为“C2B 的中国样本”，也被业内和媒体誉为“传统产业转型升级工业 4.0 的典范”，更是最早“探索家居电商模式 O2O 的先行者”。在探索自我与提升自我的过程中，尚品宅配头上有着太多的光环和称号。电商与实体门店、线上与线下一体化也是行业里常议常新的命题，这个具有互联网基因的定制家居公司的探索，或许能给传统行业带来一些借鉴和思考。

这与尚品宅配的“身世”有关，公司前身叫圆方软件，成立于 2004 年。初期主要是为家具和建材行业提供图形图像软件的研发和支持、制作设计与渲染效果等。尚品宅配副总裁胡翊说：“现在讲 VR、AR，我们是最早为用户提供展示效果的 IT 公司。”

这样的线上基因，让尚品宅配从早期开通企业服务号开始，便成为业内“神一样的存在”，很少有企业能把服务号用好，能将天然惹人反感的广告，变成独一无二的销售机会。其企业服务号自 2012 年年底开始运营，一年时间就积累了 300 万粉丝，到 2017 年 1 月，这个数字超过 900 万，几乎每篇文章的阅读量都在 10 万次以上，转介率（通过微信服务号内容转发介绍顾客到店）达 40%。

2016 年的“中国企业微信财富榜”中，尚品宅配以 2.13 亿元的贡献值和 53.3 亿元的品

牌价值位居第一，超过那一年的招商银行和星巴克。在营销传播、粉丝扩散、门店引流等方面，服务号对尚品宅配的发展起到了极为关键的作用。

尚品宅配的微信运营团队有 60 人，他们产出优质内容、激活粉丝、增加黏性，从互动中了解用户的兴趣爱好，也让用户或潜在用户关注到尚品宅配。这样规模的微信运营团队在其他家具品牌中实属罕见，“对于 900 万粉丝来说，这个人数还是有些捉襟见肘的。”胡翊说。每一条消息的内容属性、推送范围依旧要十分谨慎。因为对品牌来说，任何群发行为都有可能放大成几百万人次的传播，且受到人群、地域分散性的影响，用户往往对内容缺少共鸣，运营客服也无法同时与数量庞大的用户互动。

除了微信服务号的线上营销，尚品宅配还自建网站“新居网”，入驻电商平台开设旗舰店，通过“自营 + 第三方”实现双管齐下，“每个渠道占比不超过四分之一，”胡翊说，“流量来源更分散，也更有利于企业的发展，我们不会忽视任何一个流量渠道，任何渠道和平台都有它们的价值。举个例子，在京东平台，我们的合作也在加深，京东的客单价高，这是一个优势。另外，也让我们了解不同平台的客户属性，让我们对我们的客户有更深刻的认识。”

有了线上引流，线下承接同样重要。尚品宅配新居网副总经理曾凯说：“体验店的客流 95% 以上是通过线上渠道获取的目标用户，他们已经通过互联网了解到尚品宅配的产品，并接受过免费上门量房服务，来体验店主要是为了沟通设计方案、感受产品和样板房。当然，线上也会有一些优惠活动，有目的性地引导用户前往附近的体验店。因为年轻的上班族占多数，所以若是节假日来店里，看到的则是另一番人满为患的景象了。”

“我们的业务流程与传统的业务流程不一样，我们把上门量尺这一必须的环节提前，而且免费服务。”胡翊说。尚品宅配是业内第一家将上门量尺做成免费服务的公司，而这一标准到今天几乎成了所有定制家居企业的“标配”。

据尚品宅配统计，接受过量尺服务的客户，到店率为 95%。将服务“前置”实际上比价格更有吸引力。

客户到了实体店内，尚品宅配还会提供由家居顾问、设计师和店长三人组成的“铁三角”组合，为客户提供“VIP 服务体验”。同时，在体验店内还会设置各种新奇的设施，如 VR 体验区、宝宝游乐区等，有利于转化为最后的成交。

2. O2O 的极致用户体验：绫致时装集团

消费者总是不断有新的需求，电商与传统实体店结合就是要满足消费者的不同需求，O2O 模式为传统品牌提供丰富的营销解决方案。

绫致时装是丹麦 BESTSELLER 在中国的全资子公司，于 1996 年进入中国，公司主要经营 ONLY、VERO MODA、JACK&JONES 和 SELECTED 四个品牌。截至 2014 年，绫致集团线下门店数量超过 5000 家。自 2015 年开始采用京东服装 O2O 模式，绫致集团陆续实现 11 个主要城市 5000 多家门店直接发货。绫致集团通过京东服装 O2O 模式，极大减少了因大促期间物流缓慢而引起的退货问题，同时有助于盘活线上线下库存，实现库存同步，提升物流效率，从而增强用户满意度，带动销售额增长。绫致集团同步线下 5000 家门店，时效提升 30%，在京东 618 大促期间 O2O 的订单占 40% 以上。如图 1-2 所示为绫致集团 O2O 模式。

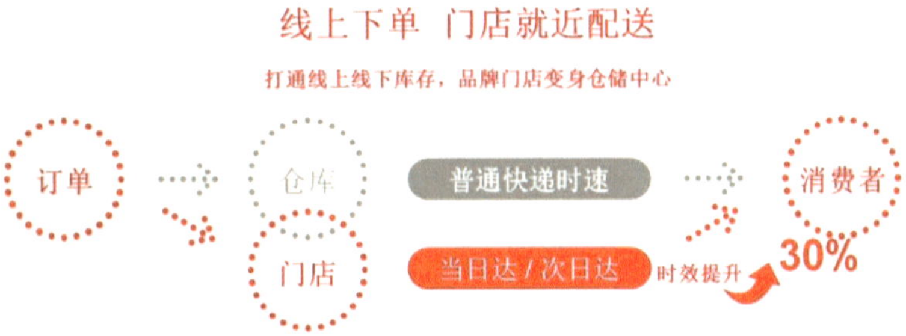

图 1-2

O2O 模式的优势非常明显，对于品牌商来说，从货品周转上讲，是库存共享；从产品营销（Product Marketing）上讲，是丰富的选择产生更高的转化率；从市场营销（Digital Marketing）上讲，是极大地提升线上线下客户转化率和 ROI。绫致集团电商总经理张一星因此总结：O2O 是一个综合的战略和统一的策略执行。

1.2.2 网络缔造新品牌

1. 一滴精油的无限想象力——阿芙精油

百货商场的一层，永远是化妆品的殿堂。在众多传统国际大牌中，你总能找到独树一帜的那一个，它成立 10 年有余，来自于网络的传奇品牌：阿芙精油。

雕爷是知名的创业明星，成功创立多个品牌。阿芙精油，无疑是其中最早取得成功的成熟品牌。其实阿芙诞生之初是在线下柜台销售的，但是作为一个国货品牌，在线下缺少用户积累，很难获得充分的消费者关注和品牌溢价。真正的爆发来自于 2009 年，阿芙精油的第一家线上 C 店开业，雕爷的朋友和菜头在他的博客文章中推荐了阿芙精油，这或许是最早的达人推荐模式，同时也使得这个线下将死的品牌爆发生机。

电商充分聚集人气，快速传播，在行业尚未形成足够的品牌壁垒时，阿芙精油快速定位其品牌核心竞争力——阿芙就是精油。到目前为止，阿芙在 100 多个城市的高端商场拥有 400 余家线下门店，线上则在多个电商平台开设旗舰店铺，高人气来自好产品，好产品来自好原料：自 2012 年开始，阿芙在全球遍寻优秀“香源”，减少中间环节、控制产品品质，至今已在全球坐拥 9 座行业顶级契约庄园。阿芙精油通过 IP 合作和成功的营销模式，成为互联网品牌的传奇之一。

2．消费者的力量——京东众筹典范：小牛电动车和粒米科技

随着互联网营销业态的发展，产品众筹已成为各大品牌进行融资及营销推广的重要手段之一。牛电科技，通过京东众筹发布 N1 和 M1 两款电动车车型，进行产品的前期众筹售卖，连续两次打破京东众筹纪录。其中，小牛电动车 M1 更是以 8176 万余元的众筹金额刷新了中国当时的众筹纪录，如图 1-3 所示。

图 1-3

牛电科技结合在京东参加小牛 N1 电动车众筹的用户的反馈进行创新改良，推出了小牛 M1 电动车。为达到良好的众筹效果，京东众筹与牛电科技推出电动车 + 保险等革新式的营销推广手法，改进售后服务，全面解决传统电动车痛点。同时，京东打通白条支付，给小牛 M1 电动车众筹以金融支持。2016 年 4 月 27 日，小牛 M1 电动车正式上线京东众筹。京东在首页今日推荐、首页楼层、“电动车”关键词搜索置顶、二级焦点图、二级顶通、二级品牌精选等多渠道进行推广，实现众筹信息的广泛触达。

该众筹项目上线后，9 分 50 秒后筹得金额即突破 500 万元，达到众筹目标；34 分钟，众筹金额突破 1000 万元，并在 5 月 17 日以 8176 万余元结束本次众筹。6 月 17 日，小牛 M1 电动车在京东首发，10 分钟即售出 1200 台。618 当日，小牛 M1 电动车销售额位列京东体育品类排行 TOP5。

3．对于传统的服装行业，京东众筹亦能为这个行业带来生机

2016 年 6 月，粒米实业有限公司联合京东众筹发起“粒米科技运动袜”产品众筹项目

（见图 1-4）。在此项目中，京东以产品的除臭抗菌、吸湿速干、采用国家专利纤维材质等作为宣传亮点，通过京东商城 PC 端首页焦点图、App 端通栏、京东金融 PC 端和 App 端首页焦点图等站内资源进行推广，并联动今日头条等站外媒体资源进行有效引流。京东众筹为该项目设置了从 1 元到 39900 元不等的众筹金额，使有意愿享受这款产品的支持者可支付比市场价格更低的价格体验 3 种不同款式的新品，众筹支持金额高的投资人还将成为粒米的战略合作伙伴。

图 1-4

最终，“粒米科技运动袜”30 天内众筹金额超过 110 万元，创造短袜产品众筹佳绩。京东创意产品众筹不仅能够在前期帮助商家最大化挖掘产品卖点，制定传播策略和众筹模式，还可以通过京东站内、站外资源进行精准推广，打造品牌形象。“粒米科技运动袜”借助京东优质的客群资源和强大的产品分发能力，获得了良好的销售与筹资效果。京东已成为创业者将其创意产品推向市场的主要渠道。

1.3 京东×品牌，品效合一

京东的营销能力是基于实体零售的基因构建的，同时它有互联网的特质，因此能够整合媒体的分散化、屏幕的多样化以及各类零售及营销技术的碎片化。单纯获取并售卖流量并不能解决实体经济的痛点，愈来愈高的广告成本反而还会加重品牌方的负担。

京东的品牌经过多年的深度运营，已经在用户心中留下了服务好、可信赖的印象。同时，京东也拥有中国最大规模的中产阶级购物群体。通过京东的品牌背书和资源共享，不仅可以帮助品牌商升级自身的品牌形象，而且也为其固定的市场投入增加了额外资源，实现投入一分钱花出两分钱的效果，即品效合一。

1.3.1 整合营销

JD IDEAL（见图 1-5）营销方法论是从零售价值链中提炼出来的营销能力。通过 Integrated（整合）、Data-driven（数据）、Effective（品效合一）、Access（开放）、Link（连接）

五位一体的手段，全面开放京东核心的数据和营销能力，帮助传统品牌重新构建与用户的关系。JD IDEAL 营销方法论强调以效果为核心，以数据为驱动，通过整合营销以及开放的品牌合作，连接多场景，构建新型的品牌商与用户的关系，从而提升品牌竞争力。这其中通过 Integrated 赋予品牌商以用户为中心的全网整合营销和运营能力，并辅以 Data-driven 能力，而这一能力是以京东大数据为基础，为品牌商提供用户洞察、产品定义和销售策略在内的数据产品和工具。

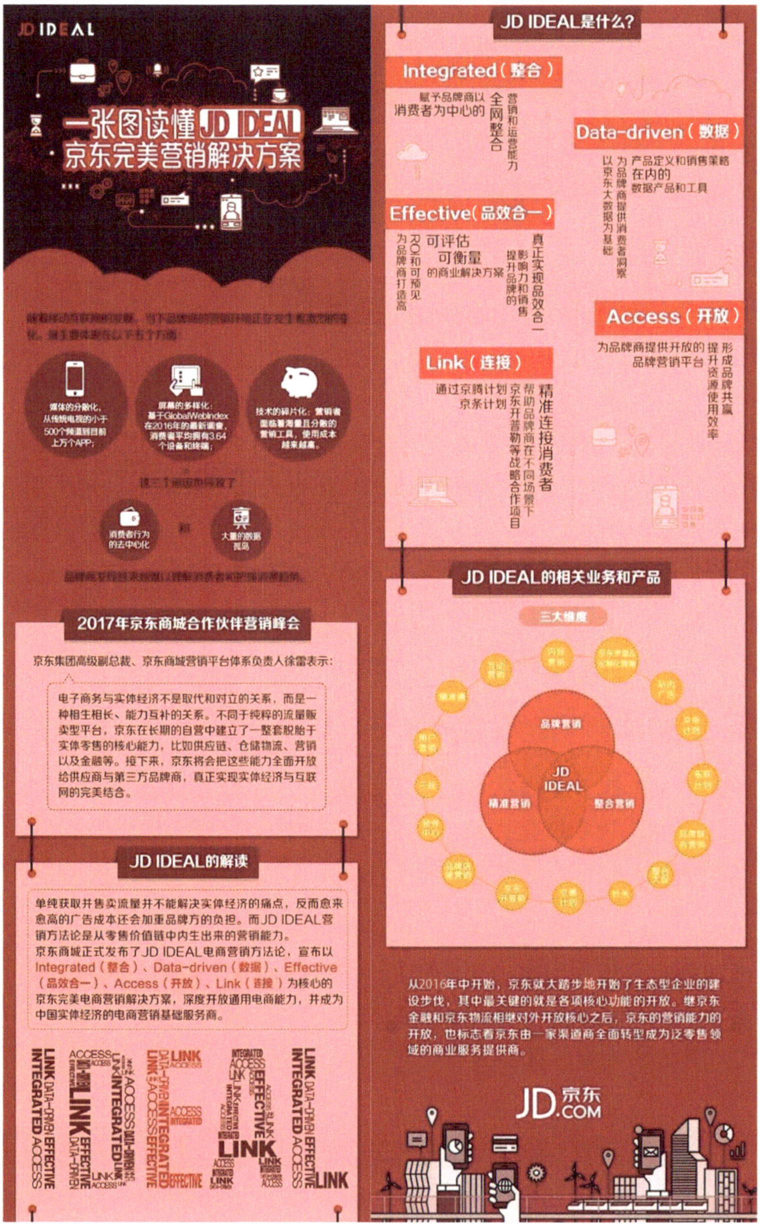

图 1-5

此外，在 Access 方面，京东为品牌商提供开放的品牌联合营销平台，通过高效资源共促品牌共赢。至于 Link 方面，则通过京腾计划、京条计划、京东开普勒等战略合作项目，帮助品牌商在不同场景下精准连接用户，进而在 Effective 方面，为品牌商打造高 ROI 和可预见、可评估、可衡量的商业解决方案。

也正是基于 Integrated、Data-driven、Access、Link 以及 Effective 等，京东真正可以实现通过多层次、多维度、立体化的营销能力打造，切实应对多屏化、碎片化等带来的全新营销挑战，进而实现重构消费与品牌的新关系。

一切营销的目的都在于销售的落地。2016 年，京东的营销体系成功打造出了超级品牌日、超级品类日、超级单品日和超级秒杀日等多个大型运营品牌。京东会从拉新、持续运营、大促爆发、精准投放四个节点；从行业运营、热点运营和用户运营三个方面来实现高效转化。通过品牌营销、数字营销和整合营销，京东已经为品牌商打造出了一个从用户洞察、数据分析、传播推广到销售落地以及后续物流服务、客户管理的全价值链体系。

京东开放自身营销能力，协同品牌商共同发布营销方法论，是为了从根本上解决新阶段面对的零售新关系。当然，这种新关系的重构背后，并非属于无源之水，而是根本立足于京东本身经济属性的基础之上的。

首先，基于京东完备的供应链管理体系，借助大数据分析，京东方面可以掌握消费者购买的全流程，进而通过数据指导品牌商对商品进行定价，对客户进行细分。其次，京东还基于消费行为数据分析，在实现精准化营销的同时，深层拓展发掘全新市场。

另外，立足于京东原有的仓储系统、金融能力等，均为全新品牌与消费关系奠定了具有零售本质的经济基因。

这一切能力都仰仗 JD IDEAL 营销方法论，当其真正被赋予品牌商或者第三方商家之后，则可以充分实现与实体经济的紧密融合、无缝对接，构建一个全新的实体经济。而这种全新实体经济的形成，可以真正做到整合品牌商的前、中、后端，通过全平台的打通，确保产品全链条的营销，在降低成本提高效率的同时，从用户洞察、数据分析、传播推广到销售落地以及后续物流服务、客户管理等全价值链体系，打造一站式的营销新体验。

1.3.2 京腾计划

京腾计划：两大巨头的数据魔力

2018 年第 2 季度的京东财报显示，京东年累计活跃用户为 3.18 亿，而京东和腾讯联合打造的京腾计划，帮助品牌商连接了腾讯系近 10 亿级活跃用户。

在信息爆炸、移动社交全面渗透大众生活的新环境下，商业生态已经发生了巨变。京东和腾讯作为电商和互联网的领导企业，通过深度整合双方优势资源，引领互联网＋时代的前沿商业趋势，共同向品牌商家提供了一整套建立品牌、提升营销效果和顾客体验的完整解决方案，打造"互联网 +"时代的电子商务新模式，助力商家互联网 + 转型。

随着"80 后""90 后"等新兴消费群体的崛起，用户需求、购买行为、沟通互动方式等都发生了翻天覆地的变化。个性化、碎片化、社交化的趋势，促使每个品牌都渴望在新兴的消费群体中树立品牌形象，建立独具特色的商业场景，有效触达目标消费群体，并提供更好的消费体验，在互联网 + 大潮下，及早抓住机遇，布局未来。

2015 年 10 月 17 日，京东和腾讯在北京联合召开发布会，双方宣布共同推出战略合作项目"京腾计划"。京腾计划包括"精准画像""多维场景""品质体验"等在内的营销解决方案，团队由京东和腾讯共同搭建，双方将拿出最强资源和产品打造名为"品商"（Brand-Commerce）的创新模式生意平台。

在京腾计划中，重点突出"品商"平台，京东和腾讯表示，双方将共同向品牌商家提供一套建立品牌、提升营销效果和丰富顾客体验的一站式营销方案。

京东 + 腾讯：品牌建设与商业交易结合的创新生意平台

京腾计划的本质是大数据的融合，将京东的购物属性数据与腾讯的社交属性数据相结合，呈现更加精准的大数据跨界营销。广告主根据广告平台上的标签及分类选择目标人群，使广告人群和店铺引流更加精准。定向模块包括地域分布、人口属性、购物行为、兴趣爱好、搜索关键词等，如图 1-6 所示。

图 1-6

京腾计划五大优势

① 打通用户 ID，涵盖海量用户（微信、QQ、京东 PIN、腾讯视频、新闻、Cookies）。

② 数千个标签，灵活定制，精细描绘他 / 她画像（代言人粉丝、公众号粉丝、关键词、忠实购买者、潜在客户）。

③ 营 + 销优质生态闭环（新品首发、在线预约、吃货节、电脑节、美妆节、超级品牌日 \ 王牌争霸）。

④ 全链条效果追踪（曝光、互动、点击、浏览、加购关注收藏、购买）。

⑤ Lookalike（相似人群扩展）+ 目标人群洞察 + 购买用户洞察（会员级别、行业偏好、品牌偏好、活跃度、社交影响力、价格及促销敏感度）。

京腾资源丰富多样，可选性更高

广告资源的多样性与便利性是京腾合作的重要体现，为京东的广告主提供更多选择，广告资源的计费方式分为 CPM 资源和 RTB 资源，如图 1-7 所示。

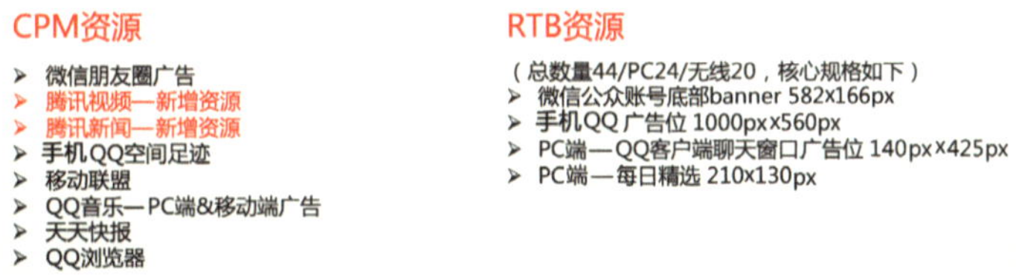

图 1-7

CPM 资源涵盖微信朋友圈广告、腾讯视频资源、腾讯新闻资源及其他腾讯社交资源。

RTB 资源主要为京东直投资源，分为六大站点：PC 端的 QQ 客户端、每日精选及 QQ 空间；移动端的微信、手机 QQ 及移动联盟。

京腾数据合作产品——京腾魔方，为广告主提供更为精细化的人群定向

京东数据体系：详细的购物数据，在京东网站上进行过搜索、浏览、收藏、加购、提交、支付等购物行为的人群，通过京腾魔方中的四大标签体系（用户属性、用户偏好、行为轨迹 、广告偏好）进行精准定向，细化目标人群的特征，真正做到触达高潜在用户，节约成本，如图 1-8 所示。

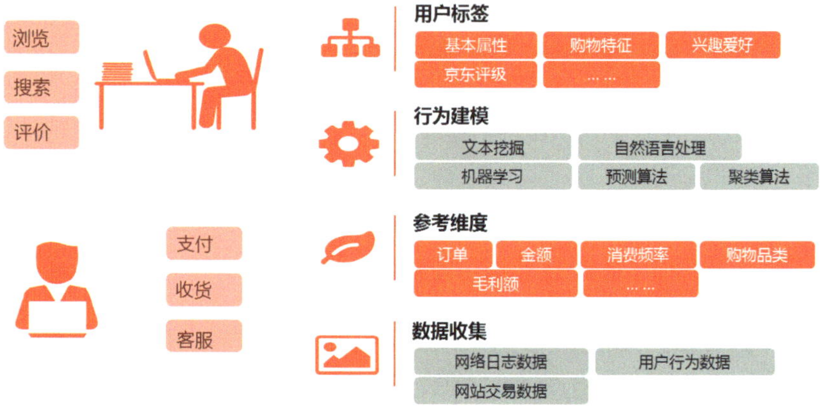

图 1-8

腾讯数据优势：产品全方位渗透生活

作为目前中国互联网最庞大的社交媒体平台，腾讯集中各大产品体系的用户数据，涉及微信、QQ、视频、音乐、新闻、游戏等媒介，将用户标签化，不仅为广告主提供了更多站外流量引入的可能性，更提升了流量的精准度。

京东购物标签 + 腾讯社交标签

打造数据平台，如图 1-9 所示为两大标签体系的细分情况。

京腾数据结合

京腾数据结合会产生更强大的相似人群拓展能力，在京东标签中选择目标人群，即可将其使用在广告投放中，如选择的京东人群不能满足广告主对流量及转化的需求，那么广告主可选择京腾魔方的扩展功能，通过 Lookalike 功能在腾讯社交人群中，寻找到更多与京腾购物人群相似的人群，以增加广告受众的量级。

品牌商家定制化服务

针对品牌商家更加个性化的诉求，京东将提供定制化的方案及数据服务，从投放前的需求确认、数据洞察及定向选品，投放中的实施效果反馈到投放后的数据分析，为品牌商家提供更加全面的针对性服务。

之后，我们可以展望，京东通过更多的媒体合作，提高复制京腾计划的可能性，通过不断创新的京条计划、开普勒计划等，利用更多的营销方法实现销售的落地。

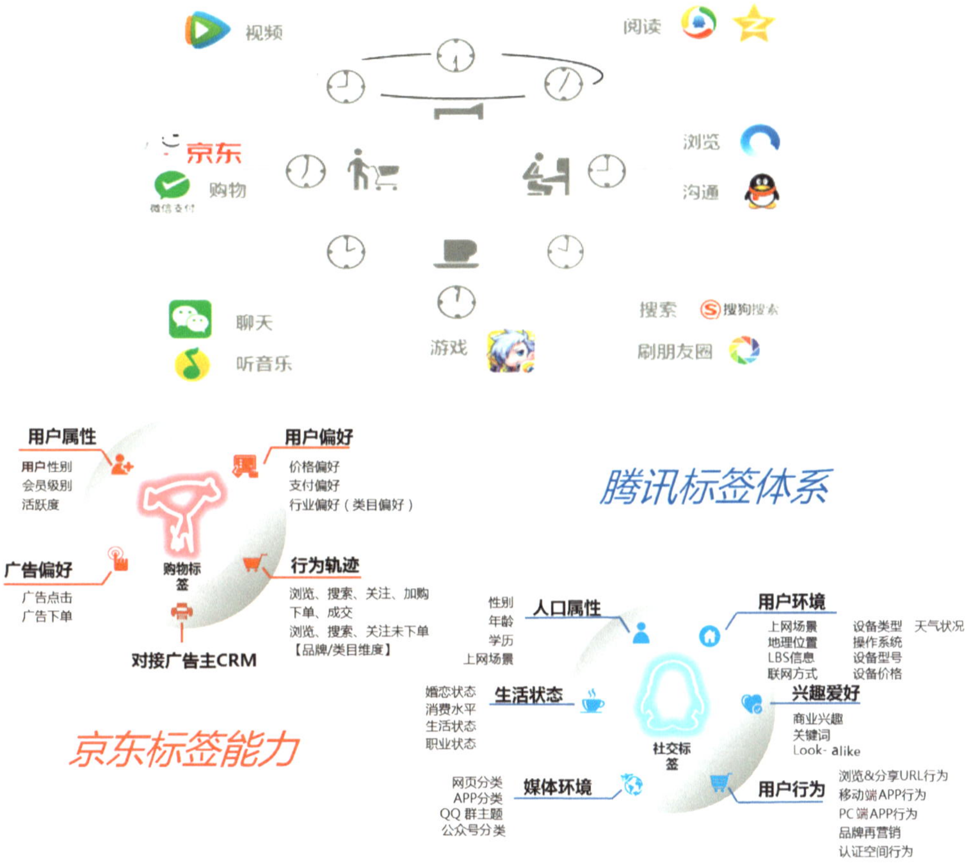

图 1-9

1.3.3 用户互动：SNS，无法抗拒的病毒

在微信、QQ 等社会化媒体受全民追捧的时代，营销拥有了全新的传播介质。通过社交网络，不断推陈出新，吸引用户眼球，建立与用户的关系，并将商品或服务售卖给用户，促成转化。从众多的爆品案例中不难发现，社交营销相比传统的营销方式，有如下几个优势。

其一，移动终端实现不被他人干扰的人机交互，拉近营销主与用户的距离。例如豆瓣的朋友圈广告《我们的精神角落》，设计了在密室中寻找开启精神世界钥匙的小游戏，实现用户与营销主的深度交流；

其二，利用视频、AR、VR 等新技术，吸引用户好奇从而带来传播和转化。

然而，在品牌口碑与用户记忆点之外，行业内对营销效果的追求从未止步。

在家家都做社交营销，人人都是网红大 V 的时代，品效合一是我们的终极愿望。京东微信购物、京东手机 QQ 购物的社交营销生态，正是以可持续的效果为终极目标，由社交效果营销能力链接精准客群的社交场景驱动的、可持续的效果营销。

拓展知识：什么是社交效果营销能力？

即能够带来实际流量、交易和用户拉新的营销能力。微信手Q运营中心的模式是“营销活动 + 工具沉淀 + 固化场景”，通过近百个营销实战项目，沉淀出产品化、可复用的社交营销工具，并在拼便宜、送礼栏目、购物圈等社交固化场景中，让成交与转化源源不断。如图1-10所示为由效果社交营销能力链接精准客群的社交场景驱动的、可持续的效果营销。

图 1-10

1. 微信、手机QQ的营销方法论

在不到3年的时间里，微信手Q运营中心共计打造91种SNS营销玩法，摸索出一系列特色的SNS营销模式，其中大部分玩法均为行业首创，如砍价、裂变礼包、好友众筹，一度引领行业风潮，并斩获众多奖项。其具体有3种类型，品牌型、品类型、营销工具型，如图1-11所示。

图 1-11

2. SNS 的 3 大类型打造电商社交闭环

（1）品牌型

品牌型即以品牌为维度的营销玩法。相比品类型，其用户群体和商品特质更为聚焦，营销的发力点着眼于挖掘品牌的社交特色上。我们为不同的品牌提供营销诉求，如拉新、曝光、预售等，定制打造 SNS 营销传播活动，追求品牌营销和效果营销合一。

新商品首发，适合用虚拟众筹 SNS 的玩法。例如，魅蓝 Note3 首发，采用了预约免费赢手机的玩法，仅投入 20 万元推广费用，就拉动预约销售额达 153 万元。

与品牌商进行深度合作，帮助品牌达成声量与成交的双赢。例如，为浪莎定制了“浪莎丝袜节“的创意真人互动玩法，共有 1137 万人次参与互动，渠道当天售出 150 万双丝袜。

在粉丝经济的红利面前，我们为品牌圈粉，打造粉丝特权玩法。例如，“GXG 粉丝盛典”拉动了 10 万品牌粉丝的增量，实现 600% 增长。

利用消费升级、需求个性化的趋势，我们为小众品牌、高端品牌定制玩法。例如，飞利浦 75 周年庆实现了 262 万元的交易额，其中单价 16800 元的黄金剃须刀售出 14 件；小众潮流佛珠品牌惊鸿佛珠首发，销售额突破 200 万元。

（2）品类型

品类型即以品类为维度的营销玩法。可以利用社交化的优势，完美串联品类特性和用户痛点，实现传播和转化。针对不同的品类属性我们也打造了适合不同营销场景，落地到销售转化的 SNS 案例。

最常见的是品类造节，社交玩法配合造势。例如，2016 年的“京东蝴蝶节”，女生上传自拍，男生来点赞，集赞赢拍立得，互动参与量达 300 万人次，增加了 3000 多万元的品类交易额。

为了提升品类丰富度，还需要为成长中的品类做针对性的突破。通过营销玩法，精准地捕捉用户。2016 年“京东车品节”的汽车版密室逃脱，实现了 42.7 万个精准用户的预约，汽车品类单天交易额峰值破千万元。

除日常运营外，我们把握热点时机，给用户刺激感，并带动品类销售。2016 年中秋节期间，“摇一摇集月饼卡抢拍立得”活动，共有 500 多万人次参与，发放 300 多万张优惠券，带来 5000 多万元的整体品类销售额。欧洲杯期间正值空调热销的夏季，我们通过竞猜冠军瓜分 1 亿京豆的玩法，拉动 100 多万用户预约，产生 2700 多万元销售额。

另外，我们还会为传统品类做节日升级，将社交玩法与内容相结合，实现场景营销。在 2016 年的“黑色星期五”，我们用 46 篇原创内容打造场景营销，阅读量超过 1000 万人次，拉动销售额超过 2000 万元。

（3）营销工具型

我们沉淀了各种玩法的适用场景方法论，针对相对频繁大量的 SNS 互动需求，打造了多种可配置的营销模板，也有效地解决了营销玩法制作成本高、周期长的问题，极大提升了 SNS 活动的制作效率。目前已有人人帮砍价、裂变礼包、摇一摇等 6 种工具。

人人帮砍价工具，是针对品类首发 / 促销活动的砍价类 SNS 工具，利用传播效应拉动单品预约，Thinkpad 首发活动采用人人帮模型，上线当天即打破了笔记本类的商品预约纪录。

裂变礼包工具，是针对多品类多场景的行业首个实物抽奖、奖券发放、品牌冠名、公众号拉粉等多种功能灵活配置的裂变礼包工具，流量扩散比峰值达到 1 ： 30（投入 1 的推广流量可以带来 30 的 SNS 传播流量）。

微信端 H5 卖场秒搭工具，是针对促销活动打造的全促销能力可配置卖场工具。包含商品 / 活动预约、单品秒杀、品牌分流、楼层 /Tab 页面组织、发券、京享街分享等多种能力，基本可以支持所有大型促销活动任意复杂卖场动线快速搭建，基本替代了每年大促时 200 多个复杂页面的开发工作，如图 1-12 所示。

图 1-12

我们已经逐步建立起效果营销的社交电商生态，也将持续倾听用户、关注社交营销行业趋势，让这个生态圈更热闹、更鲜活、更有效。

1.3.4 O2O：生意舞台的“二人转”

前文提到诸多线下品牌通过 O2O 模式将线上线下业务打通，为商家带来了新的营销模式。会员营销、产品体验、服务升级均能成为这一模式的新纽带，给家居、服饰等传统行业带来了新玩法。

2015 年，京东在行业内领先推出家居家装门店帮业务模式，实现线上用户订单处理以及服务安装流程的打通，打造线下体验、线上选购的新范本。

2016 年，华谊家具启动门店帮业务，将京东平台的线上销售与线下门店体验相结合。用户在线上获取商品信息后，可前往华谊线下门店进行体验并通过京东门店帮工具下单。

第一阶段，华谊家具转化 30 家线下门店进行试点。当年“五一”劳动节期间，华谊家具门店帮业务 3 天销售额即达到 300 万元，取得阶段性成果。618 大促期间，华谊家具以门店帮业务模式为突破点，联合全国多家门店进行线上线下同款商品零差别买三免一优惠，用户线上下单后还可前往门店进行线下体验，通过门店帮下单获取特权定金，还可享受进一步优惠。618 期间，华谊门店帮订单占比高达 85%，618 当天，华谊家具销售额达上年同期的 50 倍。

通过门店帮业务模式，京东以强大的线上流量带动了华谊家具线下实体店的客户流量，而线下门店则为京东用户提供良好的线下体验，进一步带动了线上销售，华谊家具 2016 年上半年销售额同比增长超 12 倍。

同样，京东服装 O2O 模式致力于为用户提供多种购物场景，打通线上线下的库存、销售和服务，给用户带来更多样的购物选择。用户通过京东下单购买商品后，商品可以由线下品牌门店就近配送，用户也可以选择到就近门店自提，提升配送时效。另外，用户可以在品牌门店试穿商品后选择“扫码下单”，由京东配送到家，让购物更加便捷。在售后方面，O2O 模式也将打通线上线下服务，用户只需到店出示京东订单，便可直接进行退换货，省去线上退换货的各种流程，大大提升用户消费的自由性和便利性。

京东服装 O2O 模式还不断推出三公里当日达、半日达等高效物流服务，获得商家的广泛青睐。未来，京东还将进一步完善 O2O 模式，如推出逆向物流、客户可选门店退换货服务等。此外，O2O 模式还被认为是服装品牌进行渠道下沉的有效途径。

1.3.5 东联计划：1+1 > 2

东联计划，即 JD.COM Co-branding Program，简称 JCP，京东通过东联计划，联合在京东平台销售的各大品牌的商家，在确认合作的各品牌方的广告中加入京东品牌元素，京东给予相应程度的资源互换，东联计划既是资源的置换，更是合作的营销，其本质是京东平台与各大品牌商家共建的互赢生态圈，如图 1-13 所示。

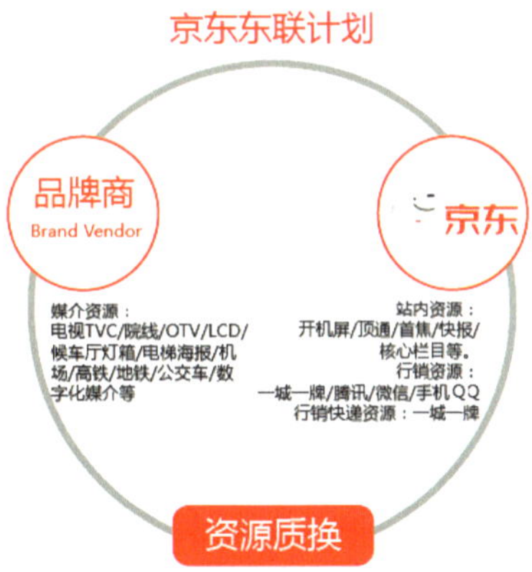

图 1-13

- 核心意义：合作营销，撬动资源。在京东服饰家居事业部相关品类的品牌传播和推广中形成合力。
- 双方品牌背书：将品牌商与京东融为一体，在营销层面加强与品牌的合作，拉近距离，赢得口碑。
- 增值传播费用：在营销节点集双方之力，提升传播效率，撬动更多资源，用同等传播费用获得更多曝光机会。
- 提升销售转化：通过京东站内外资源的投放与置换，直接获得销售转化。

1. 案例：天王表东联计划

2016 年 6 月 1 日至 6 月 30 日，天王表联合京东正式实施东联计划，在深圳机场的线下广告进行天王表与京东的品牌联合展示，并在广告页面中植入天王表京东旗舰店二维码，实现线上引流，增加店铺关注度和商品销量，如图 1-14 所示。

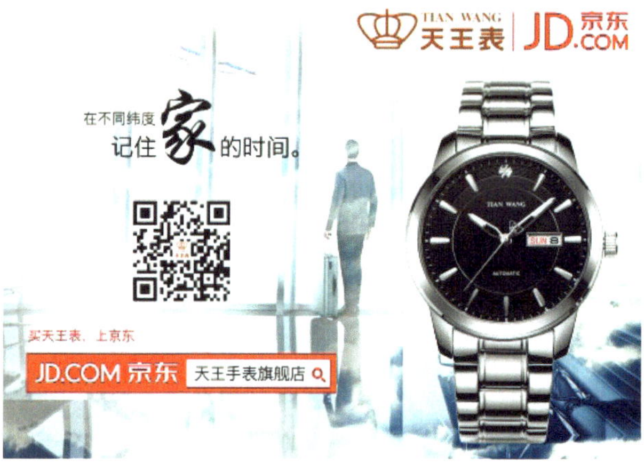

图 1-14

天王表深圳机场广告共投放 140 个机场广告位，广告页面每次展示约 20 秒，每 5 分钟轮播一次。京东通过对广告市值进行评估，为天王表置换 50 万元广告资源，包括京东单品秒杀、品牌秒杀、服装城首页焦点图等战略资源，为天王表的线上销售额带来有效提升。天王表在 6 月的流量环比增长 80%，销售额环比增长 40%，店铺整体关注人数增长两万人。

2. 案例：康比特东联计划

2016 年 4 月 27 日，由运动营养品牌康比特冠名的周播减肥真人秀《闪电大作战》节目在北京卫视开播，康比特在 5 月 4 日 ~6 月 15 日的 6 期节目中通过东联计划进行康比特与京东医药的联合展示，实现线上引流，带动销售，如图 1-15 所示。

图 1-15

6 期节目共计口播“康比特产品在京东有售”60 余次，节目片尾压屏显示“康比特产品在京东销售”6 次，康比特与京东医药的联合硬广植入共计 36 次，每次时长 15 秒。与此同时，在节目中植入店铺二维码进行销售引流，并在京东同步投放 App 焦点图与京东快车广告进行营销推广。

节目播出期间，康比特京东店铺以“闪电大作战”和康比特 15 周年店庆为主题，结合抽奖以及节目定制赠品等方式进行营销推广，并在微信、App、PC 端资源入口进行集中引流，5 月销售额同比增长达 100%。

京东通过对广告市值进行评估，为康比特置换 12 万元广告资源，其中，仅 8 月 10 日的一个单品秒杀资源即为康比特带来超过 16 万元的销售额。

1.3.6 “三超”：无超级，不化反

2016 年 1 月，京东在移动客户端开启了首个“京东超级品牌日”活动；3 月，“超级品类日”和“超级单品日”活动相继开启；7 月，京东“三超”实现移动端和 PC 端多屏打通，汇聚了京东与品牌商的双重优势及战略资源，同时也发挥了京东高品质的电商能力，有效地搭建起品牌商与用户互动的智能平台。

每月两次的京东“超级品牌日”结合了京东营销能力、供应链管理能力、大数据能力、流量运营能力、物流运营能力和金融能力等，以及品牌自身的核心竞争力，通过整合线下广告、公关、网络投放、社交平台传播等资源，可为特定品牌在“超级品牌日”当天提供 24 小时的平台战略资源投入和强视觉曝光，实现全方面的用户触达，在拉动商品销售的同时还能兼顾品牌形象和信息的最大曝光，在最后一公里延续高品质的服务。

京东利用自有平台优势为特定品牌或者品类做推广，在成本投入上其实并不占优势。但正是这样，反而能够有效降低品牌及品类下企业自身的投入成本，也能够帮助企业在更大平台上进行直接而有效的营销。

例如，2016 年 9 月 29 日，小米 5S/5S Plus 手机、3S 65/55 英寸电视首发，其与京东联合举办了“小米超级品牌日”活动，不但有新品首发，还有其他大量商品的优惠。据双方

联合发布的战报显示，活动刚刚开始 4 分钟，订单金额就已经突破 1 亿元，一举刷新京东“超级品牌日”的最快破亿元的纪录。2016 年 9 月 26 日上线的“飞利浦超级品牌日”活动中，30 分钟便售出彩电两万台，剃须刀平均每小时卖出万支，空气净化器平均每小时卖出一千台，整个活动不到 12 小时的销售额便超过 2016 年 618 全天的销售额。

此外，对于那些对某一品类有购物需求但可能并不忠实于某个品牌的用户来说，能够一站式横向对比同品类各大品牌的商品可能更有实际意义。这样的用户群体性需求触发了“超级品类日”的诞生。比“超级品牌日”更为频繁的“超级品类日”每月会举办 4 次，主要服务于三级品类。在“超级品类日”期间，京东会整合全平台战略资源，深度挖掘品类潜力，打造行业标杆，满足用户的多元化、深层次、立体化的消费需求。

京东适时推出的“三超”战略正是深入了解消费群体、看准时代动向的举措。在建立“三超”体系的过程中，将多年来积累的物流、品控、大数据等优势发挥出来，平台才有力助推品牌，用户才会认同平台。例如，针对京东的“超级品牌日”，戴尔史无前例地投放了近 200 万美元用于线上引流，在线下线上同步预热开展后，京东全球独家定制包销的戴尔“燃”系列轻薄笔记本，预约量突破 25 万台，打破京东笔记本的预约历史纪录。另一个品牌故事则是 LG。LG 相关负责人坦言，在京东的“LG 超级品牌日”助推后，很多用户才知道菲诗小铺（the face shop）、后（Whoo）、贵爱娘、睿嫣、竹盐等都是 LG 旗下品牌；同时很多国内用户，通过“超级品牌日”才知道，LG 品牌的品牌含义是 Life is Good，如图 1-16 所示。

图 1-16

京东“三超”是高品质、强大电商能力的集中呈现。结合了京东大数据、运营和金融能力，对品牌粉丝进行精准化、个性化提纯，吸引粉丝广泛参与、深度互动，使得销售达到一个高峰目标，并加强品牌的用户认知。

所以超级的并不是这个营销产品，而是京东“三超”业务，这是京东电商能力的体现。这种针对用户购物体验不断升级的电商能力，正是目前消费升级的大势所趋。就像所有那些辉煌一时的行业一样，对于如今的移动电商而言，面对 VR 等新兴业态的出现又扮演起传统行业的角色。甚至一些传统企业，也正在通过与时俱进的变化，来夺回自己的优势阵地。

如何在激烈竞争中继续立于不败之地，是移动电商行业领袖们需要思考的问题。

“超级品牌日”联合传统品牌营销的案例：可口可乐

以可口可乐在 2016 年 5 月 31 日的“超级品牌日”活动为例，经过受众分析、合理选品、布局搭建等工作，采取了“摇可乐赢大奖”的互动游戏，共计吸引 1383.7 万用户参与，不仅增加了可口可乐新用户和平台新用户，而且销售额是当年 11.11 的 8.7 倍，更是近 30 天日均 GMV 的 18.5 倍，进一步夯实了品牌在行业内的地位和影响力，堪称品效合一的标杆案例。

（1）用户为先，体验至上

一个好的营销活动，不单单只有销量一个目标，趣味性以及互动性也是我们要考虑在内的。要做一个好的互动有三个方面的考量，一是互动的形式，二是互动和品牌的结合程度，三是互动的可操作性。经过前期用户调研，我们发现可乐的用户群体以年轻人居多，因此我们借鉴年轻人中流行较广的游戏，采取了摇可乐的形式，摇一摇的游戏方式上手简单，并且与品牌商品也进行了有效的融合，游戏共计吸引 1383.7 万用户参与，PV 与 UV 持续走高。如图 1-17 所示为活动过程截图。

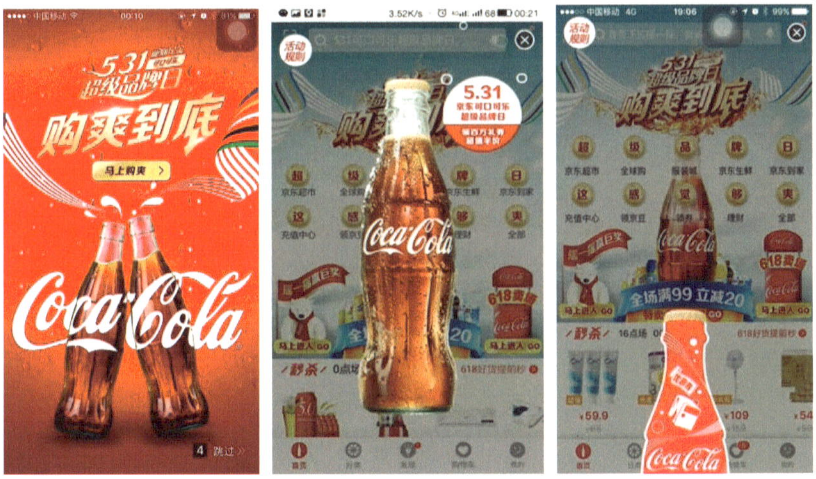

图 1-17

（2）资源联动，拓宽渠道

为了品牌能够被持续记忆，活动能够被持续传播，用户能够持续期待，推广与预热则是必不可少的。多资源联动，全渠道推广是我们这次宣传的主要思路，因此我们在线上主要以京东站内的资源为主，如启动图、首页焦点图、PUSH、搜索、战略通栏、京东快报、分类 Banner、京东超市；站外辅以门户网站、视频网站等，活动期间活动页面点击 PV 共计 1417689 次。

（3）合理选品，多样销售

结合京东“超级品牌日”流量大、转化高的特点，充分考虑客户对购物种类、价格优势、商品品质、用户体验的要求，我们的策略是重点突出明星商品，以点带面带动整个产品线，明星商品有着库存足、好评多、销量大、知名度高的特点，很适合作为这次活动的尖刀商品，而可口可乐旗下的商品线涵盖了碳酸饮料、功能饮料等多个领域，在流量充足的情况下，选品尽量满足不同需求的用户，在活动销售方式上，我们选取了全场优惠低至 5 折，满 99 元减 50 元，满 99 元减 20 元，满 99 元减 25 元，5 元、10 元、15 元优惠券、白条下单立减 5 元等多种销售方式，让用户有更多的途径去选择，优惠券使用率高达 1.02%。

（4）布局合理，循序渐进

主会场是此次“超级品牌日”的核心，搭建页面时主要考虑以下几个方面：一是楼层布局，如秒杀、满减、爆品的搭建顺序；二是商品的排序问题；三是如何处理预热期和高潮期页面转化的问题。活动预热期则要考虑商品的排序以及利益点的露出，能否持续影响用户预热期也是十分重要的。活动跟踪是运营必须具备的潜意识，注意秒杀数量实时变化情况、实时销售情况、库存是否充足；应根据实际情况调整实时单品推广计划、调整商品实时页面位置；老客户营销是否到位……

（5）活动复盘，厚积薄发

总结既是对这一次活动的梳理，也是为下一场活动提供数据支撑。每一场活动后都应该进行总结梳理，不仅要从全流程进行分析，包括预热和预约期，而且也要对重点环节进行分析，如互动与优惠券的发放等环节。

1.3.7 品牌竞争力计划：去中心化的全场景连接用户

假如你近期有购买冰箱的想法，你可能无意中去搜索过相关的冰箱信息，或者看过大街上、电视上等媒体的广告，又或者去电器店了解过冰箱的信息，这些信息结合大数据，分析出你家房子有多大，家里有多少人同住，需要多大的冰箱，大致消费水平的价位层级等。然后你会收到与你需求相匹配的广告推送或者促销信息。此时，你可能会很快地做出购买决定。

所以，如果我们能够比较了解用户的需求，在用户不同的需求阶段和情景里，给予适合的、不同的营销活动，就能够更好地满足用户需求，完成转化，且能让用户感受到更满意的购物体验。

品牌竞争力计划，是京东平台营销体系重点打造的服务平台与品牌商合作的营销工具。基于京东平台的用户大数据准确预测品牌用户的需求，做到对品牌的不同需求的用户讲不同的故事，在用户用手机浏览京东 App 的各路径场景中触达用户，做到知你所需、如你所愿的购物体验，这将使品牌与用户在京东平台里更精确、更紧密、更持续地连接起来，从而提升合作品牌商的运营营销效率和市场销售。

在京东 App 运营过程中，如何才能做到如此的连接呢？

构建这种深度的品牌与用户的连接关系，需要有精确的预测用户需求、整合用户在京东 App 各浏览路径的场景资源、持续跟进营销效果的全方位运营系统和能力。所以品牌竞争力项目运作的三个核心点分别为：精准化、全场景化、持续化。

（1）精准化是主动找到你的用户。京东平台大数据除了能了解用户的人口统计信息，如年龄、性别、地域等外，还能了解用户在京东平台里的浏览、关注、收藏、加进购物车等具体的行为特征，还能根据用户前期购买过的商品推测了解其价格敏感度、购物偏好等深度消费特征。另外，根据用户在平台里对曾购买商品的评价等主动性行为，通过大数据机器学习算法进行语义分析，充分了解用户的品牌偏好度。所以基于合作的品牌，我们将通过京东大数据预测购物工程系统建立品牌专属定制的用户数据模型，能够每日根据用户特征，不断地、智能地更新目标用户群。

根据用户与品牌的关系，我们将用户定位为：品牌核心用户、品牌意向用户、品牌潜在用户、品牌竞争用户。品牌核心用户即该品牌的老用户，可理解为近 12 个月内有多次购买过该品牌商品的用户类型。品牌意向用户即近期有浏览或者关注该品牌商品等行为的用户类型。品牌潜在用户即根据已购买的品牌商品的用户会购买其他那些品类商品的用户类型。品牌竞争用户即对于该品牌而言，从商品和服务匹配度上，明确为竞争类型的品牌的用户类型。不同的品牌类型，从预测是否购买的难易程度考虑，示意如图 1-18 所示。

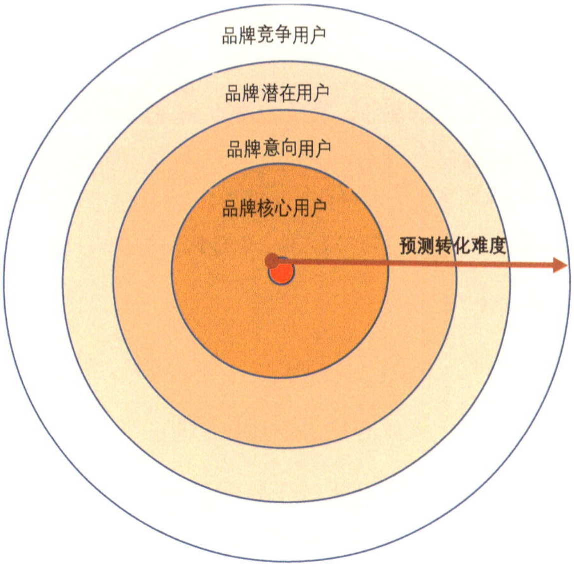

图 1-18

（2）全场景化是用适合的故事打动你的用户。用户在京东 App 上大致上可分为浏览场景、搜索场景、推荐场景、触达场景。

浏览场景是指用户在手机上打开京东 App 随意浏览时，我们会在首页根据用户的浏览特征，在首页焦点图、专属优惠频道等首页位置推送被算法命中的专属的品牌营销活动。

搜索场景是指用户在京东 App 主动搜索购物关键词或者品牌相关词汇时，主动对他弹出搜索红包、搜索金刚等专属的品牌营销活动。

推荐场景是指用户在浏览首页底部个性化推荐等时，系统自动推送专属的品牌营销活动入口。

触达场景是指可对用户通过京东 App 消息、短信、邮件等方式推送专属的品牌营销活动。

全场景化的营销路径，既包含用户主动行为，也是在预测用户有购物需求的前提下的拉动行为，这将尽最大可能地促使该用户被转化，满足其不同需求阶段的购物需求。

（3）持续化是将动态的京东海量用户源源不断地转化为该品牌的用户。用户在京东平台的行为是持续性的、动态调整的，不是静态的、单一性的，所以我们将会整合内部优质的产品资源，打造“品牌力营销中心”产品系统，通过该系统，品牌可持续不断地寻找目标用户，投放专属定制的营销活动到各场景中的展示位。

精准化营销是大势所趋，这将能极大地提升品牌方的营销效率。再加上全场景的触达能力，必然将帮助品牌商更有目标性、计划性地对自身目标用户实施有效的营销计划。当然，任何品牌营销都不单是一次促销活动，更应该是系统性与持续性的统一，这才能做到更好地找到用户、连接用户，实现品牌进一步提升自身的市场竞争力。

1.3.8 流量运营：从大曝光到精准营销

电子商务的流量运营精髓是什么？不再是采买大曝光类广告位，现在要改变以往传统媒体的方式，由程序化人群匹配方式进行广告投放，通过精准人群捕捉及优化，获取到优质且可以带来转化的流量，也就是说数字营销 3.0 时代来临了。

什么是数字营销 3.0 时代？

1.0 时代——门户营销时代：从线下转到线上，开始购买大曝光流量，有了人群的定向；

2.0 时代——搜索营销时代：开始有需求地精准定向；

3.0 时代——电商营销时代：打造线上线下整合营销，不仅有需求地精准定向，还要有效果精确衡量及洞察用户的功能，这就是数字营销 3.0 时代。现在开启探索模式，了解一下京东的精准投放“神器”京准通吧。

拓展知识：什么是京准通？

京准通是京东旗下的营销推广平台，是京东专属 DSP（Demand-Side Platform，是从广告交易平台通过实时竞价的方式获得对广告进行曝光的机会）。在广告平台基础上创新升级后的营销推广平台，拥有更多样式的广告营销产品、智能化的投放系统和完善的服务体系，可以为客户提供精准高效的流量，帮助客户实现营销效果的最大化。目前京准通下包括品牌展位、品牌聚效、无线通、京东快车、京东直投、京挑客等多种广告推广产品。

1. 京准通的优势

（1）海量优质资源：京准通聚集了全网最广泛、最优质的流量资源，包括京东商城站内、QQ、微信、今日头条等海量资源。

（2）精准锁定目标受众：依托京东大数据优势，实现多维度的定向功能，精准锁定目标受众。京准通专门开发了用于人群精准定向的 DMP 工具（后文称“京准通 DMP”），基于精准的人群画像，建立不同的人群种子包，从而实现精准的目标群体投放。

（3）操作简洁：一个账号即可实现所有营销产品的操作，随时监控全网投放。

2. 如何使用京准通做精准营销

（1）使用京准通 DMP 精准定向。

如何在网络海洋中，更准确地找到高匹配度的目标人群呢？

将商家的产品推广给明确的人群或指定的人群，使用京准通 DMP 基于京东用户浏览行为、运用人群属性标签做定向，“物以类聚，人以群分”，如图 1-19 所示。

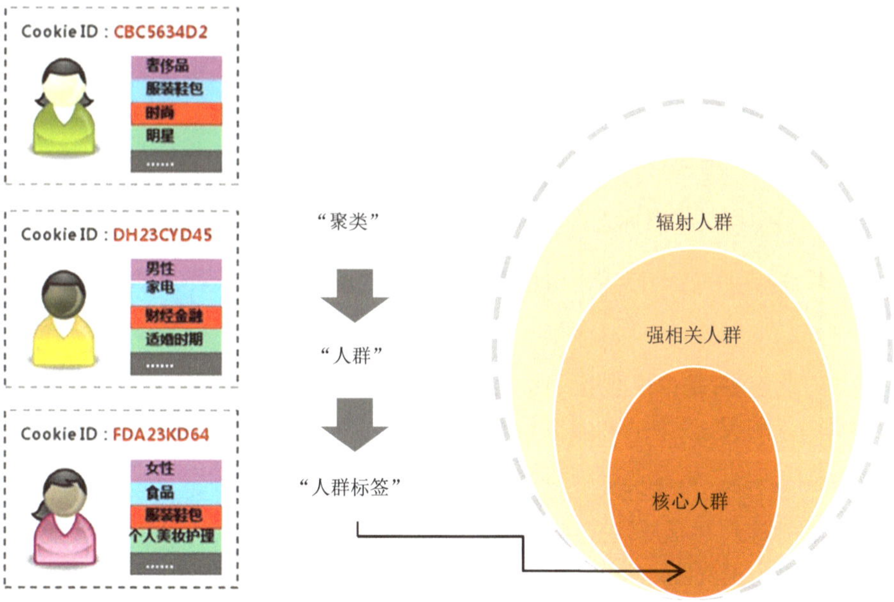

图 1-19

京准通 DMP 整合京东海量用户数据、广告主自有数据和第三方数据，提供基于用户行为、属性、人群包等维度的定向，多种标签自由组合帮助广告主圈定目标营销人群，实现可预估、精准化的定向投放，如图 1-20 所示。

图 1-20

（2）京准通精准营销定向的维度

京东京准通人群管理包括京选人群和自建人群。

- 京选人群：是京准通 DMP 通过行业投放积累的大数据发析，筛选出符合品牌或者类目投放的目标用户。以“人群包”的形式供店铺直接挑选。

京选人群暂时在快车产品线搜索位中提供，在创建或修改投放单元时，可添加“京选人群”的入口选择人群包。

- 自建人群：则是根据标签人群，自建人群种子包。

标签人群包括用户行为标签、用户属性标签、广告再营销标签（见图 1-21），另外还有频道标签等。

- 用户行为标签：是指根据用户的行业进行人群筛选的标签范围。包括浏览、搜索、加购、购买、未购买、关注，以及其他上网行为等。
- 用户属性标签：是指根据用户各类属性来圈定的人群。包括基本信息（人口属性、资产属性等）、生活属性（用户终端、社会属性、体质特征）、消费属性（促销敏感度、消费偏好、消费能力等）因素。
- 广告再营销标签：主要是根据广告点击数据来圈定的人群。
- 频道标签：是指以内容频道来圈定的人群，包括发现好货、会买专辑、京东快报等。

通过标签管理，用户可以创建人群包。

图 1-21

在“用户行为”标签中，浏览行为品牌商品标签有 8 种推荐筛选标签，如图 1-22 所示。

所有标签 > 用户行为 > 浏览 > 品牌商品

已筛选出8个标签

标签名称	标签注释	筛选项示例	行业热度	覆盖度
浏览过指定品牌商品-近15天	近15天浏览过指定品牌商品的用户	SKU	9.9	9.9
品牌+三级类目商品浏览-近30天	近30天浏览过指定品牌+三级类目商品的用户	SKU	9.9	9.9
品牌+三级类目商品浏览-近15天	近15天浏览过指定品牌+三级类目商品的用户	SKU	9.9	9.9
品牌+三级类目商品浏览-近7天	近7天浏览过指定品牌+三级类目商品的用户	SKU	9.9	9.9
浏览过指定品牌商品-近30天	近30天浏览过指定品牌商品的用户	SKU	9.9	9.9
浏览过指定品牌商品-近7天	近7天浏览过指定品牌商品的用户	SKU	9.9	9.9
品牌+三级类目商品浏览-近3天	近3天浏览过指定品牌+三级类目商品的用户	SKU	9.9	9.9
浏览过指定品牌商品-近3天	近3天浏览过指定品牌商品的用户	SKU	9.9	9.9

图 1-22

选择“浏览过指定品牌商品—近 15 天”标签，则可以根据指定某个 SKU 的浏览行为人群加入到指定的目标人群中，如图 1-23 所示。

图 1-23

在“用户属性→消费属性→商品折扣率偏好”中，可以筛选对价格敏感程度不同的消费人群，如图 1-24 所示。

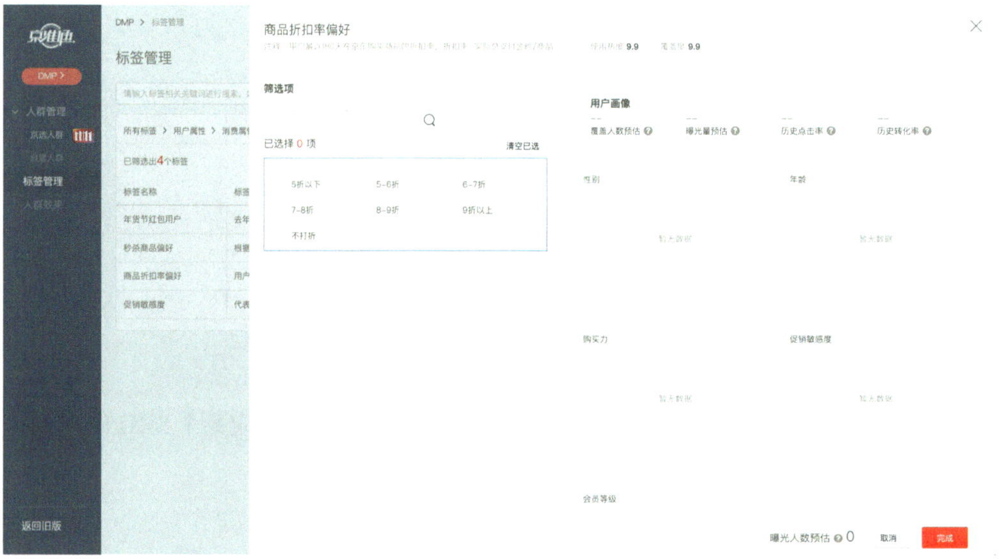

图 1-24

第2章 爆品突破

本章导读：本章从爆品出发，讲解京东营销的新玩法，从爆品的选择与打造、自营爆品方法、搜索玩法、众筹玩法等多个维度，介绍京东营销玩法的创新机会。着重分析如何协调、处理京东自营与POP店铺的共生关系。

2.1 爆品策略

2.1.1 爆品的意义

1. 爆品的定义

爆品，也称爆款，即在商品销售中，销量很高的商品，也就是我们通常所说的卖得很多、人气很高的商品。

放到行业里看，爆品无非就是品牌。例如购买手机，C 端用户的第一反应是苹果、华为、三星等品牌，买电视是飞利浦、夏普、海信、长虹等品牌。

缩小到商品中来看，爆品就是在细分品类中通过商品实现断代的概念。何为断代，就是在现有这一类商品中，无论品牌、商品质量、价格定位、口碑、累计评价、好评数量、好评度、排名等细分品类中占据领先位置且很难被复制，因此爆品本身具备壁垒化特点。

回归到零售本质来看爆品，爆品具有如图 2-1 所示的特质。

图 2-1

下面，我们以一个具体的案例来进一步理解爆品的意义。

案例：天梭（TISSOT）力洛克系列机械男表（T006.407.11.033.00）

2003 年，天梭为庆祝其品牌诞生 150 周年，推出了最具天梭风格的腕表——力洛克自动系列，它的命名源自天梭的诞生地——瑞士小镇力洛克，是天梭唯一使用其诞生地作为系列名的腕表，在天梭系列产品中占有重要地位。

如图 2-2 所示是某店铺该款天梭手表的 SKU 截图，累计评价 6.3 万多条，同一店铺中销量排名第二的商品的累计评价数是 1.5 万多条，由此一点便可看出这一款商品是当之无愧的爆品。

图 2-2

从断代的角度来说，这款手表是天梭的经典款，说到天梭很容易让人们想起它最经典的力洛克系列。

从周转率角度来说，大多数零售企业的库存周转天数是 70 ~ 90 天，京东通过自建物流体系，将库存周转天数缩短至 32 天，但是爆品的周转天数一般只有 20 天左右。

从产品标准化角度来说，越是标品，生产、库存、售后等环节越容易提升服务质量，从而保证顾客购买到的产品和服务相对优质，确保用户体验。

从产品利润角度来说，为了保持与线下专柜的竞争优势，这款产品的专柜价是 4450 元，京东定价 3589 元，实际售价 3489 元（大促时价格会更低），相当于专柜价的 7.8 折，对行业有所了解的朋友都知道，按照瑞士手表的拿货成本，加上其他运营费用，利润非常有限。

以上是对爆品的宏观理解，但是细分到每个店铺，可能我们的产品大多数并不能达到断代的水平，换句话说，我们看到竞争对手店铺中非常畅销的爆品似乎也达不到断代的要求，但是我们了解了爆品的本质特征之后，再去查看竞争对手的爆品，也一定能发现其独特之处，这种独特之处可能体现在某个细分领域独特的产品设计、高性价比的卖点、极致服务、营销策略，或者购买过的用户发自内心的评价等，总之，能够得到顾客的认可自然有它的过人之处。

因此，在挖掘和包装产品时，尽可能换位思考，多问问自己以下几个问题：

- 顾客需要的是什么？
- 我们的产品能为顾客带去什么？
- 顾客凭什么看中我们的产品？
- 顾客在考虑我们的什么产品？
- 我们的产品能否被大多数人接受？

当我们真正想清楚以上问题，或者能够给出让顾客认可而不是卖家一厢情愿的答案时，相信您的产品离爆品就更进了一步。

2. 爆品的意义

大家都知道二八定律，又名帕累托法则，由 19 世纪末 20 世纪初的意大利经济学家维弗雷·帕累托多发现，他认为在任何一组东西中，最重要的只占其中一小部分，约 20%，其余 80% 尽管是多数，却是次要的，因此又称二八定律。它被广泛应用于社会学及企业管理领域，在电商领域的表现更加鲜明。

如表 2-1 所示为京东某细分品类 TOP 商家一段时间内的 TOP1 爆品的流量与销售占比情况。

表 2-1

全店 SKU 数	爆品数	爆品流量占比	爆品销售占比	全店平均客单价	爆品客单价
237	1	77.28%	58.85%	1300 元左右	1099 元

（以上数据仅为个例，不可作为评判爆品的参考指标）

从表 2-1 可以看出爆品对于一个店铺的意义，具体如下所示。

① 爆品是店铺引流的重要工具。一般来说，如果某个商品是爆品，那它在自然搜索排名和类目排名中都会比较靠前。爆品是引进免费流量的重要商品，承担着店铺引流的重要功能。

② 爆品是能否完成店铺销量指标的重要因素。一个店铺里，爆品的销售占比相当大，一个店铺的层级，很大程度上要靠爆品来支撑。

③ 爆品是维持转化的重要手段。之所以成为爆品，往往是因为选品得当、产品有独特的优势而被消费者所看重，因此，其应当是转化率很高的商品，一个店铺的转化率往往取决于爆品的转化率。

④ 从某种程度上来说，爆品还承担着品牌定位的功能。一般来说，一个消费者，最先接触一个店铺是从爆品开始的。爆品的形象、定价、页面设计水平等因素会给消费者第一印象，而这第一印象，就是整个店铺在消费者心目中的品牌定位。

当然爆品的最直接意义是提升销售、获取利润。不同阶段、不同资源的卖家要根据自身的需求，确立打造爆品的目的。一般来说，相对成熟的店铺以提升销量为目的，而在成长期的店铺都是以提升人气为目的，但是大部分的店铺或成熟期的店铺都是以获取利润为目的。而一个店铺如果把打造单个爆品作为附带的营销手段，则以带动整店的销售为目的。

总之，爆品是店铺运营的一种手段，好的爆品，能够起到引流、提升转化、提高销售、盈利、扩大品牌知名度等多种作用。

2.1.2 爆品的选择与打造

1．爆品的发展阶段

首先，介绍一种常见的爆品发展阶段论：爆品和种树一样，有导入期、成长期、成熟期、衰退期，所以需要运营者掌握好时间节点，如图 2-3 所示。

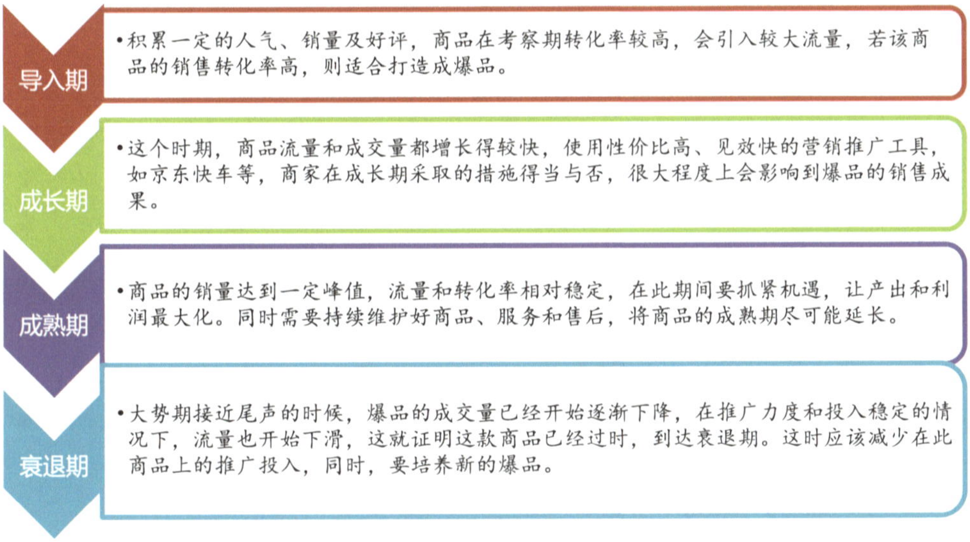

图 2-3

其次，我们用平台发展理论给大家介绍另外一种爆品发展阶段。

我们同样将爆品的发展分为 4 个阶段，即起步、真空、爆发及衰退阶段。有别于上一种分析方法的是，我们更侧重于 X 点到 Y 点的突破，以及 Y 点到 Z 点的爆发，如图 2-4 所示。

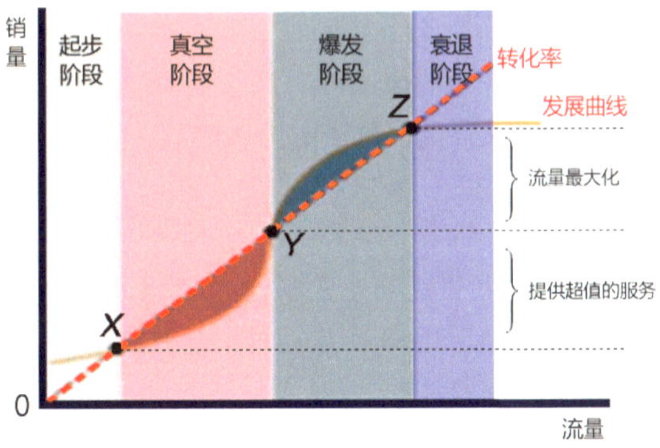

图 2-4

起步阶段，几乎所有的爆品差别都不大，流量和销售量都比较小，一些基础的流量能够带来或多或少的转化，但由于样本太少、测试周期短，一时无法分出优劣。

当商品发展到 X 点时，我们希望通过广告、搜索优化等方式获取更多流量，但我们很快就会发现，销售与流量出现不同步现象，销售的增速往往低于流量的增速，我们把这段时间称为真空期，又叫瓶颈期，很多失败的爆品打造计划都是在这个阶段。在这个阶段，我们通常需要从两个方面进行优化：对内优化内功，对外提供超值的产品或服务。优化内功主要包含主图、标题、详情、评价、视觉等基本工作，以及提升流量精准度；对外则通过超值促销、赠品引诱等工作，通过压缩利润给消费者提供超值的产品或服务。

当商品从 X 点经过比较漫长的摸索和优化后达到 Y 点时，商品会进入转化相对稳定的状态，并且获得大量相对稳定的流量，销量增长速度往往大于预期，在此阶段，我们需要做的是做好供应链、物流、客户服务、评价等工作，将该商品的流量最大化，从而实现利润最大化。

商品到达 Z 点，进入衰退期之前，往往需要及时培育其他新的爆品来进行衔接或对商品进行升级。

以 2016 年下半年兴起的共享单车为例，一经推出便吸引了对新事物高度敏感的少部分种子用户，同时也引来大量竞争者，随后进入扩张期，在此阶段对硬件的投入远远大于产出，且产出和市场份额也并不一定伴随投入自行车数量的增加而同步增长。此时各公司一方面优化产品，如摩拜增加链条单车投放数量，而 ofo 也相继推出扫码解锁功能；另一方面则是大力度补贴，如摩拜的红包车和 5 元 3 月的月卡服务等。随着用户习惯的养成、市场份额的稳定，通过骑行带来的收入才会成为主流。回顾团购、外卖、打车领域的爆品，都是这条发展思路。

2. 如何选择潜质爆品

一款商品要成为爆品，必须要符合爆品的基本潜质，在此基础上再找准商品的细分市场及竞争优势，从而将商品推介给潜在用户。

那么，我们应该如何选择有潜质的爆品呢？通常有两个步骤：第一步是参考行业数据定向，做好宏观分析；第二步是依据店铺数据定价、定款。

（1）参考行业数据定向

前期需要参考子行业排名、行业关键词搜索量、行业竞争系数、行业客单价、子行业走势。相信很多运营者都已经非常了解自己的商品并且对市场发展趋势具有较高的敏感性，这里简单列举具有爆品迹象的商品的五大要素。

① **避开商品壁垒——市场竞争情况**。如果打算推广的商品在市场上已经有处于绝对垄断地位的竞品存在，除非相比于竞品我们有绝对的其他优势，且这种优势足以扭转消费者对竞品超高评价数及良好口碑的绝对信赖，否则推广起来只会事倍功半。

仍以 2.1 节的天梭力洛克系列手表为例，虽然这款商品已经在全网处于相对垄断地位，但售卖这款商品的商家仍然很多，仔细分析我们就会发现，这些商家中动销相对较好的店铺有一个共同的特点——价格上占据绝对优势，且评分并不低于该竞品，这类商品尤其以全球购店铺为甚，同款最高价差可达到 500 元左右，对于 3000 元左右客单价的商品来说，这个价格优势足以吸引许多价格敏感型的用户。

那么，行业竞争度如何计算？

举个例子，例如某关键词的搜索指数为 A，竞争商品数量为 B，竞争系数为 C，则竞争系数 C=A/B，即每个商品能分摊到多少流量。理论上来说，竞争系数越大，竞争度越小，爆品打造过程越容易。但是，这里还必须有另一个因素——关键词的转化率。如果某关键词流量很大，商品很少，但转化率很低，那么它即使竞争度小，也不能给我们带来可观利润，因此在计算竞争系数时，往往还需要乘以转化率，即 C=A/B× 转化率。

② **竞争对手分析——平台竞争情况。**如果我们经营的是自有品牌，对于多平台的价格管理则相对简单。但事实上我们有不少卖家代理其他品牌的商品，类似或相同的商品在每个平台随处可见，针对这样的商品，我们很有必要做好竞品分析。相同的商品，我们是否有成本优势，或者更成熟的推广模式，否则自然无法与竞品直面竞争。

做好跨平台竞品分析，还有另一个潜在误区，即如果某款商品在 A 平台已经成为爆品，但在 B 平台尚未出现，那么我们可以初步判断该商品已经具备爆品潜质，即在 B 平台有发展成为爆品的可能。不过这里并不能画等号，因为每个平台的用户特征和营销策略有一定区别，很多人盲目地认为某商品在 A 平台已经成为爆品，在 B 平台就也一定能成为爆品，事实上这是一个容易被忽视的误区。

③ **数据分析——销售经验分析**。在爆品的选择上，业务人员的销售经验，以及过去一段时间的销售样本数据分析同样不可忽视。

④ **受众人群——明确销售目标特性**。爆品往往是符合大多数人消费习惯的商品，在明确销售目标后，一定要做的是受众人群分析。但是，并不是涵盖人群越广越好，任何竞争往往都是细分领域的竞争，具体选择怎样的受众人群要依据商品特性和销售目标而定，如果商品定位为新奇特或小而美，那么精耕这部分人群，打造这个细分品类的爆品即可。

⑤ **价格梯度——合理的竞争价格**。定价往往包含许多策略，一方面要保证公司的基本利润，另一方面要让顾客感受到优惠，同时还得配合平台各种活动的促销力度。因此在定价上，我们主要强调两点：一是爆品的价格均落在该细分领域的主流价格区间；二是爆品的平均毛利率偏低，但必须要保留促销空间。

（2）参考店铺数据定价、定款

参照前面对爆品的理解，以及对行业数据的分析，相信大家对店铺中哪些商品具备一定的爆品潜质已经心中有数了，那么从店铺中圈定出来的这部分商品是否真的具有爆品潜质，以及具体应该推哪一款商品呢？定什么样的价格呢？这个并不能由我们自己拍脑袋决定，此时应该将商品呈献给顾客，也就是常说的“测款”，让顾客和数据来帮助我们决策。

① **产品定价**

在详解测款之前，我们先谈谈定价。很多人可能会好奇，商品的定价不就等于成本加上合理的利润吗？这个理解当然没有错，但是：其一，每个人对合理利润的理解不一样；其二，这是站在卖家角度的思考方式。目前电商竞争如此激烈，完全站在卖家角度思考肯定得不到顾客的认可，因此定价往往是一种销售策略。如果你经营的是高端商品，那么你的定价要向顾客显示出品牌的价值，相反，一些接地气的商品，就要充分体现便宜的优势。

首先，我们要借助平台功能确定好自己的主攻价格区间，然后在此区间内定价，如图 2-5 所示。

图 2-5

如图 2-6 所示的三款商品，均为三支装毛笔套装。第一款定价 48 元，第二款定价 79 元，第三款定价 200 元，第一款和第二款均在主流价格区间 39 ～ 106 元之间，第三款则和前两款不在同一个层面竞争。在这里，我们并不是比较或评论彼此的价格，而是思考每个价格对应的逻辑。第一款的定价很容易让人想到便宜，第二款在对比中让人形成性价比高的感觉，第三款则“不怒自威”地展示出其高端品质，对比它们的评价数，我们也能够感受到这一点。这三种定价方式并没有优劣之分，因为它们定位的目标人群各不一样。

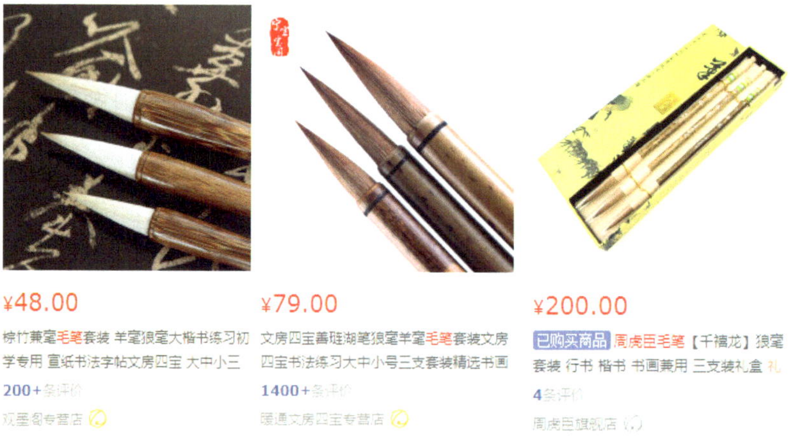

图 2-6

下面重点介绍几种常见的定价方法。

A．折中定价法

这种定价法又称为“安全定价法”，即出于稳妥起见，将售价定在最优的折中水平，如图 2-7 所示案例中的第一款商品的定价，介于 59 元和 39.8 元之间。

图 2-7

在使用这种方法定价时，还可以引入黄金分割率 0.618 这个概念，引申出一种定价策略：

最优价格 =（相似最高客单价 — 相似最低客单价）× 0.618+ 相似最低客单价

以图 2-8 所示的三款童鞋定价为例，我们将第一款 39 元和第二款 129 元分别理解为相似最低客单价和相似最高客单价，我们想在二者之间给第三款定出一个折中的最优价格，那么我们用这个原则定出的价格为：

$$(129\text{ 元} - 39\text{ 元}) \times 0.618 + 39\text{ 元} \approx 94\text{ 元}$$

图 2-8

由于在中国文化中，不同的数字往往具有不同的意思，比较吉利的数字通常有：5，代表富有；6，代表六六大顺；8，代表发；9，代表长长久久等。其中位数以 9 结尾是被使用最多的，主要有三个原因：其一是 9 有长长久久的寓意；其二是巧妙地体现出性价比，比如定价 100 元与定价 99 元，在大多数消费者心目中会形成两个不同的概念；其三是可以让商家的利益最大化。而 4 与“死”谐音，所以通常定价尾数不含 4 是一种约定俗成的规则。综上所述，虽然上面计算出的是 94 元，但定价为 89 元是比较合理的。

特殊情况下也会有例外，比如能够组成特殊寓意时，如图 2-9 所示两个案例便是如此。

图 2-9

B．分段定价法

分段定价法即不同的型号，价格各不相同，这种商品往往容易以外露的较低价格将顾客引入，但涉及具体商品时，价格则各不一样，如图 2-10 所示。

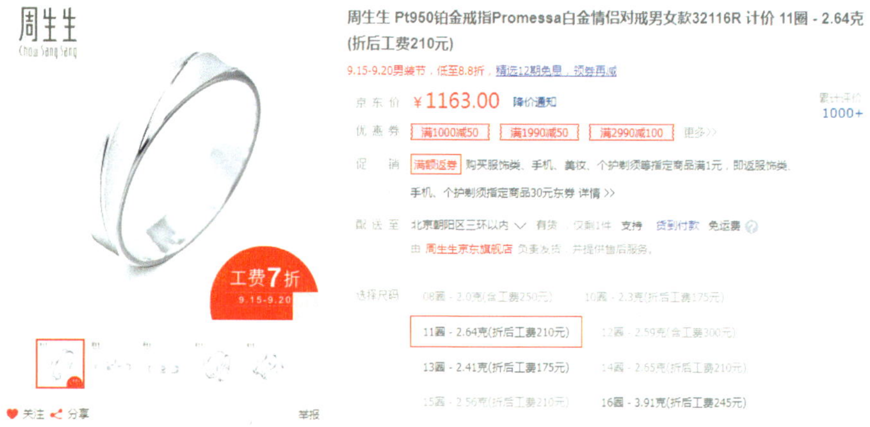

图 2-10

此外还有如表 2-2 所示的几种定价方法，供大家参考。

表 2-2

方 法	举 例
一口价定价法	比如常见的 9.9 元包邮、全场一口价等
产品组合定价法	比如买手机壳送贴膜，事实上贴膜的价格已经涵盖在手机壳中
折扣定价法	先将商品定一个较高的价格，然后以 1 ～ 5 折的促销折扣呈现成交价
习惯定价法	比如手机配件类等商品，大家习惯性接受的价格为 9.9/19.9/29.9 元等
非整数定价法	比如将价格定于 199 元，而不是 200 元

② **流量测款**

流量测款最常用的方式是通过优化商品、导入流量来测试点击率和转化率情况，从而筛选出对流量承接能力比较好的商品，然后加大流量导入。

在这里，给大家展示另一种测款方法，即先将待测商品植入一个独立的活动页中，然后通过申请精选券、投放品牌聚效等形式导入大量流量，再根据每一款商品的流量和转化情况计算出综合得分，从而确定爆品。如图 2-11 所示为某商家用此方法筛选出的潜在爆品，此后将推广重心放在这些潜在爆品中，确实取得了较好的表现，并逐渐打造出店铺自己的爆品。

商品信息	下单金额	浏览量	访客数	转化率	UV价值	GMV*UV价值	备注
SKU：105194	8796	226	47	6.38%	187.1	1646162	需再测
SKU：100137	32990	1,760	850	0.94%	38.8	1280400	潜在爆品
SKU：101912	5520	157	34	5.88%	162.4	896188	需再测
SKU：102610	5780	92	52	3.85%	111.2	642469	需再测
SKU：148162	2599	61	11	9.09%	236.3	614073	需再测
SKU：155096	16743	1,175	505	1.39%	33.2	555105	潜在爆品
SKU：174342	8998	309	150	1.33%	60.0	539760	需再测
SKU：111988	10209	954	290	4.48%	35.2	359392	潜在爆品
SKU：157201	9891	953	307	2.93%	32.2	318671	潜在爆品
SKU：102610	2720	38	25	4.00%	108.8	295936	需再测

图 2-11

3．爆品的打造

如图 2-12 所示，从 8 月初的日均交易不到 20 单，稳步提升至日均交易百单。

此时你一定在想，上面截图的商品是怎么做到如此增长的呢？总地来说，即如图 2-13 所示四个步骤。

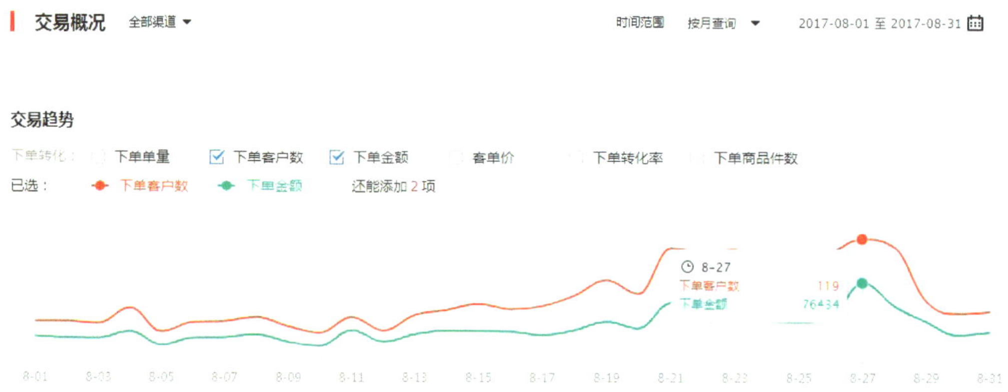

图 2-12

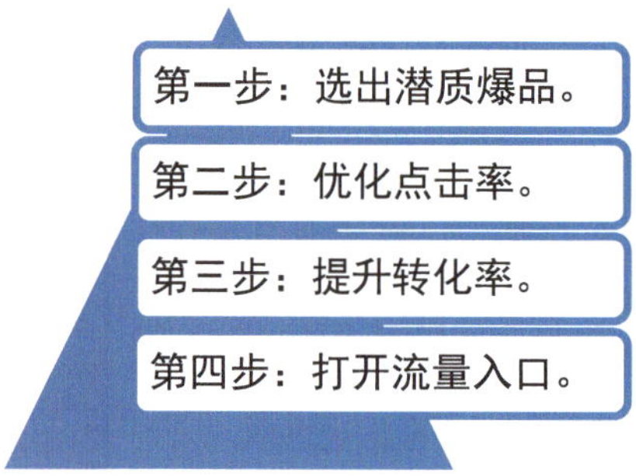

图 2-13

第一步：选出潜质爆品。前面我们已经详述，这里我们从第二步开始分析。

第二步：优化点击率。

情景：小明计划给即将过生日的父亲买一块机械手表，在京东首页搜索“手表”关键词，结果如图 2-14 所示。

图 2-14

消费者在选购商品时，会面临大量可供选择的商品，但往往只会选择少部分吸引他注意力的商品做进一步了解，对卖家而言，让商品展现在顾客面前，并且被点击尤为重要。而点击率就是点击量与展现量之比，因此它反映了商品的受关注程度，如图 2-15 所示。

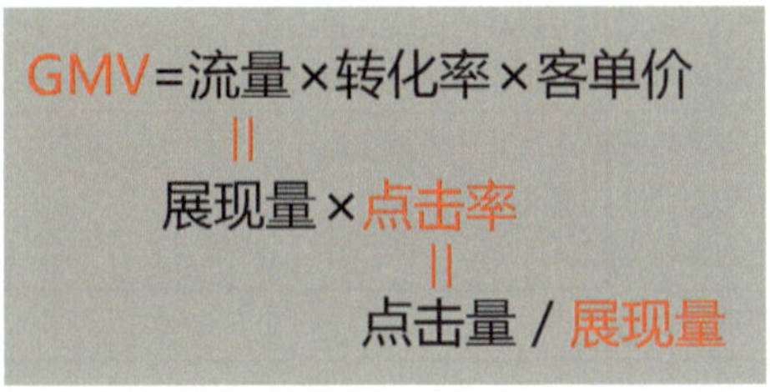

图 2-15

从上述公式推演中我们可以得出这样一个结论：点击率是将展现量转化为店铺流量的关键环节。那么，影响点击率的因素具体有哪些呢？具体如表 2-3 所示。

表 2-3

要　点	解　释	举　例
1. 关键词不匹配	商家对某关键词的理解与大多数客户的理解出现分歧，或者某些关键词本身的意义过于宽泛，导致了关键词的不精准展现	咖啡壶 —— 手动式或自动式
2. 产品风格不符	产品风格主要包括款式设计、品牌风格与知名度等	连衣裙 —— 淑女范儿或潮牌范儿
3. 价格段不合适	商品所属的价格段不符合顾客预期，或者同价格段竞品有明显的促销优势	
4. 基础销量太少	基础销量主要包含累计评价数和好评率	评价数与好评率明显低于同屏竞品
5. 主图无吸引力	商品符合顾客预期，但主图的展示形式或风格与顾客审美需求背离	

针对上述问题，我们的解决思路如图 2-16 所示。

图 2-16

第三步：提升转化率。

影响转化率的因素有价格、文案、视觉、评价、服务质量等，如表 2-4 所示。

表 2-4

分　类	举　例
价格	找到最合适的价格区间，并用定价技巧呈现出来
评价	（1）好评中尽量引导顾客强化核心卖点 （2）评价中尽量避免出现对核心卖点的攻击 （3）对顾客的评价进行有效回复，但切记长篇大论，并非越多越好
文案	（1）关注商品实际用途，而非罗列功能 （2）使用用户语言，而非专业术语 （3）与用户直接对话
视觉	主图呈现核心卖点
服务质量	客服反应速度、语气、解答问题专业度等
其他增值服务	如运费险、7 天无理由退换货等，最大限度打消顾客顾虑

价格策略前面我们已经详述，下面重点从文案和视觉两个方面进行详细讲解。

（1）文案

最有效的文案是客观且中性的，不管是空洞的营销口号，还是隐喻或专业术语，都会使用户难以快速理解。文案人员经常接触专业术语和行业惯用词，用它们来构成内容是很自然的事，但要把专业术语转化成用户能立刻理解的文字，反而要花更多精力思考。用户往往就是被这些难懂的专业词搞晕了，经常要浪费时间去想我们写的文案到底是什么意思。这显然违反了一个好文案的原则：容易让用户理解。如果你也想要写出更关注用户需求，而不是从公司和商品角度出发的文案，则可以参考以下 3 个建议。

① 关注商品实际用途，而非罗列功能。即便我们列出一个很长的功能清单，用户也不会有兴趣，因为列出一长串功能名称不能让用户对它们产生感性的认识，尤其当功能名称是企业自创词汇时，用户会更加难以理解。用户只想知道这个商品能做什么、有什么用，他们根本不在乎这些名称取得有多么酷炫。

② 使用用户语言，而非专业术语。一般写文案时往往会使用自己熟悉的词汇，不会去想用户是否了解这些词汇。然而，用户往往就是不懂这些行话和专业词。

③ 与用户直接对话，忌用第三人称。网站文案往往会使用第三人称，例如我们的用户、我们的商品，间接地提到用户和公司。如果改变视角，使用“你”“您”和“我们”，则会更加亲和，有人情味。毕竟我们的商品页面和文案是与用户沟通的最佳场所。

（2）视觉

视觉上，除了符合基本的规则，比如图片清晰、搭配合理、不含违禁词等，还可以植入更多营销思维。具体而言，有以下几个步骤。

① 深度分析用户画像。

通常我们可以借助京东商智、百度指数、微指数等工具了解顾客的喜好、消费能力、地域分布等，如图 2-17 所示是易观关于 2017 年 618 期间的用户画像。

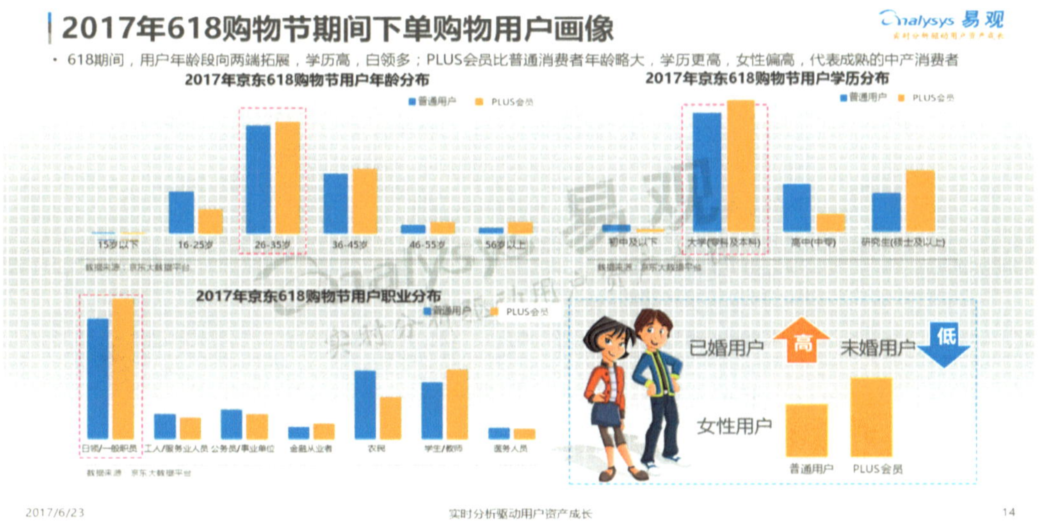

图 2-17

② 不同年龄用户的购物心理分析。

我们以图 2-18 所示的这款血压仪为例，来分析不同年龄阶段用户群体的心理状况。

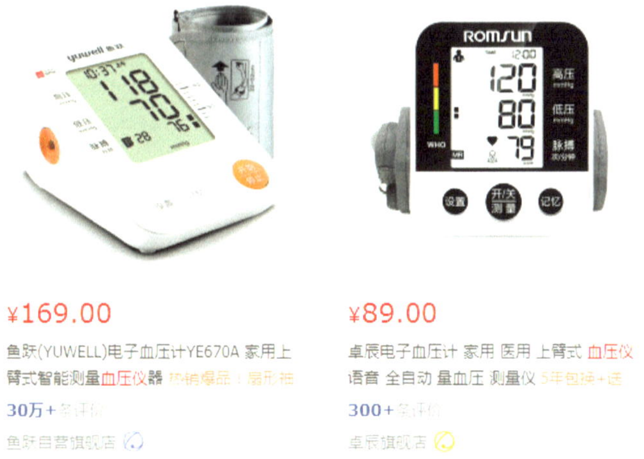

图 2-18

消费者的年龄阶段与心理特征如表 2-5 所示。

表 2-5

年龄阶段	心理特征
1. 青年消费者	• 对消费时尚敏感，喜欢新颖时髦的商品 • 购买具有明显冲动性 • 购买动机易受外部因素影响 • 购买力强，价格因素不太考虑 • 最新商品的第一批购买者
2. 中年消费者	• 理智型，自信 • 追求经济实用 • 喜欢购买已经被评价为具有正面使用价值的新商品 • 对可以改善家庭生活，节约家务劳动时间的商品有兴趣
3. 老年消费者	• 喜欢购买已经习惯的东西，对新商品不感冒 • 购买心理稳定，不易被广告宣传影响 • 购买方便舒适的商品 • 对导购人员态度反应敏感 • 对保健类商品感兴趣

③ 分析消费者的关注点。

一般而言，通过统计分析，我们得出顾客的主要关注点如表 2-6 所示。

表 2-6

关注点	专注人数占比
1. 商品详细用途和功能	67%
2. 是否适合自己	61%
3. 商品附件清单	61%
4. 商品规格型号	58%
5. 商品质量认证文件、标准认证	51%
6. 商品制造商信息	48%
7. 商品的特点、特性和卖点	45%
8. 商品各角度清晰图片	31%
9. 使用流程或说明	27%

总之，要弄清楚顾客想要知道什么，而不是卖家想要告诉顾客什么。

④ 挖掘商品卖点。

挖掘商品卖点的方法有很多，如图 2-19 所示为一种从竞品的评价中挖掘卖点的方法。

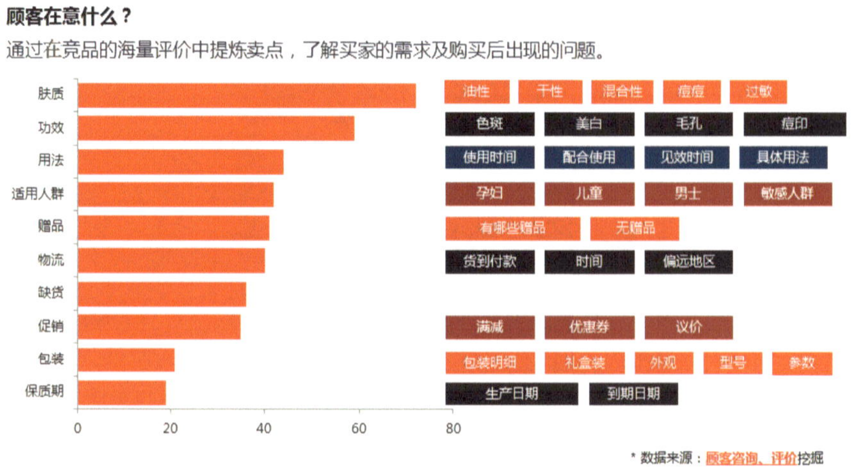

图 2-19

⑤ 视觉设计四步走。

视觉设计四个步骤如表 2-7 所示。

表 2-7

步　骤	要　点
1. 引起注意，留住顾客	（1）创意海报：引起注意，留住顾客（3 秒原则） （2）前三屏决定客户是否想购买商品
2. 提升兴趣，确认需求	（1）客户需要什么（了解目标群体的需求，买给谁用） （2）我们能提供什么？商品是否能满足买家需要（激发潜在需求） （3）是否超出买家预期（什么是消费者心理预期） （4）如何表达能让顾客感兴趣，容易接受
3. 建立信任，消除疑虑	（1）情感展示（讲故事原则：情感营销吸引买家共鸣） （2）为什么购买（好处设计、痛点设计） （3）无风险购物、承诺保证 （4）专业实力、认证授权等
4. 替顾客做决定	制造紧迫感，给顾客一个马上购买的理由

⑥ 设计详情页。

PC 时代的详情页设计逻辑如图 2-20 所示。

2015—2017 年京东 618 移动端流量占比情况如图 2-21 所示，移动时代正在来临。

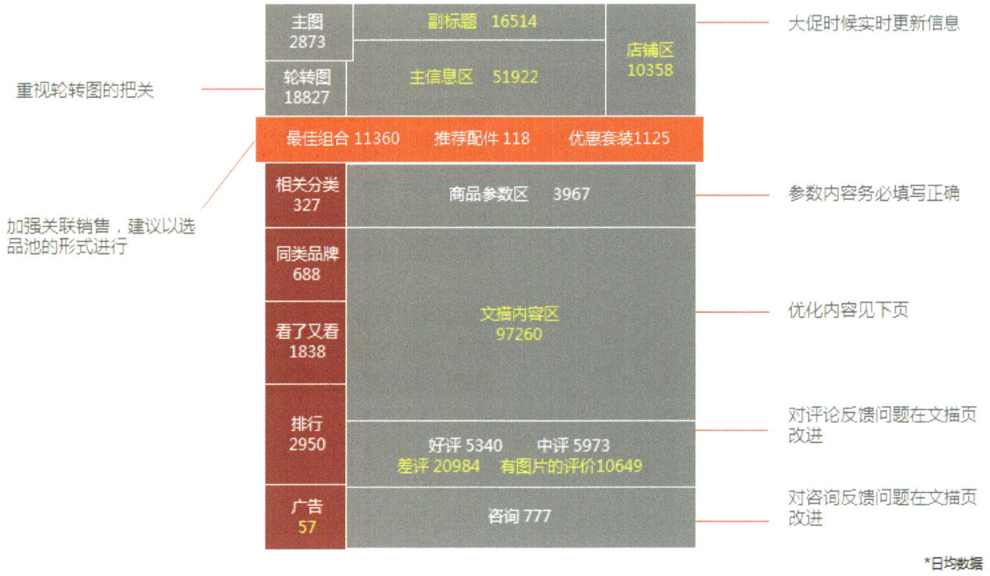

图 2-20

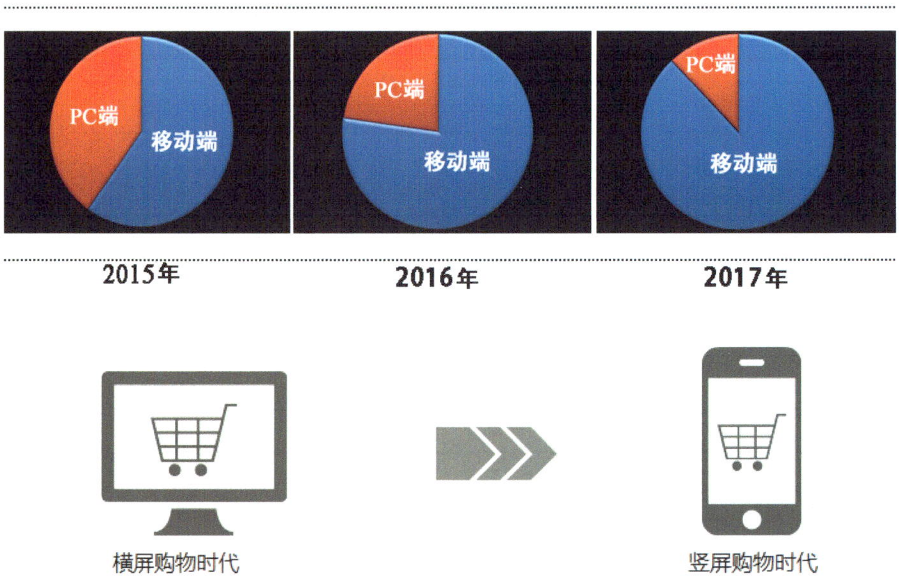

图 2-21

移动端时代的特征如表 2-8 所示。

表 2-8

要　点	特　征
1. 用户占比	随着移动端越来越便捷，用户群体倾斜度越来越大，移动端用户占比越来越高
2. 用户体验	PC 端与移动端消费群体各有差异。PC 端热卖的商品移动端用户未必看好。PC 端大量的图片加载速度慢，商品描述页的用户体验差，方便快捷的移动端消费能更好地提升购买体验
3. 流量成本	移动端用户流量非常珍贵，特别是 3G、4G 手机，就算 Wi-Fi 用户也希望有很好的用户体验。PC 端超长的页面展示会严重影响用户的体验
4. 消费群体	移动端用户群体年轻化、购买碎片化、易冲动消费、下单速度快、对比权衡少、转化率高

那么，移动端与 PC 端的详情页如何差异化展示？如图 2-22 所示。

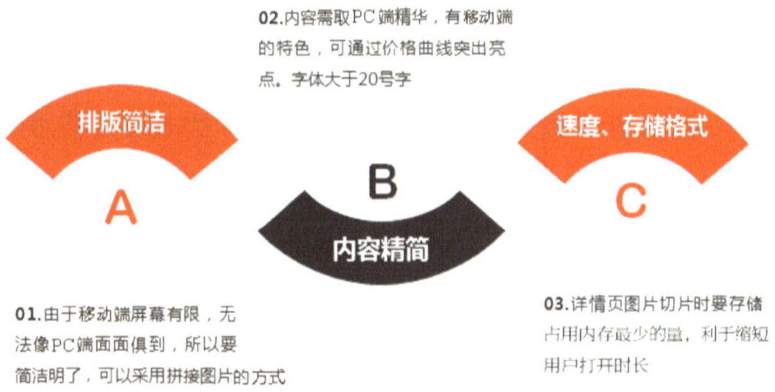

图 2-22

第四步：打开流量入口。

经过前三个步骤，我们已经将爆品锁定，并将转化率稳定在较高水平，接下来的工作就是将流量最大化。一般而言，京东的流量主要由如图 2-23 所示的几个部分构成，但具体到每个店铺则有所区别，按不同流量渠道的占比，可将店铺分为搜索驱动型、活动驱动型、广告驱动型，以及综合发展型四种。

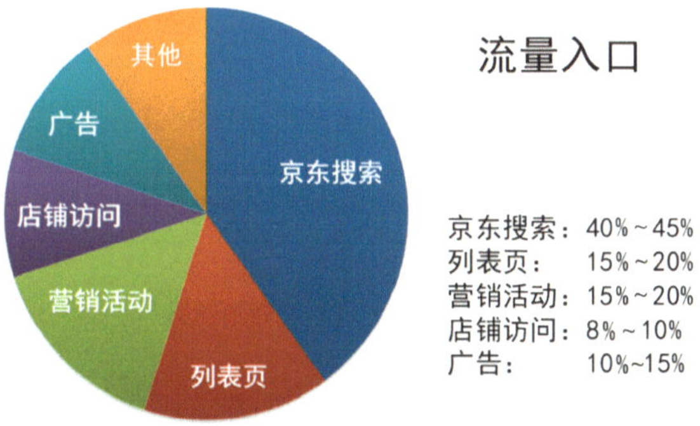

图 2-23

店铺在选择自身的驱动模式时，需要从自身的基础条件和品牌特征出发，活动驱动型的店铺需要得到京东运营的支持，而搜索和广告驱动型则更依赖于运营团队的运营实力。

四种驱动模式只要能给商家带来利润即可，并无优劣之分，但由于流量的来源不同，对外界条件的依赖自然不同，总体而言，搜索是占比最大的，同时也是最稳定的流量来源，是任何一个店铺都不能忽视的流量渠道，关于这一点，我们会在 2.3 节详述。

2.2 自营——成就尖刀产品

2.2.1 自营模式的意义

“人货场”的概念被大家所熟知，京东自营最完美地诠释了“货”，很多人认为京东的核心竞争力是物流、用户体验、正品承诺，也有人认为是价格比线下低，以上答案都没错。但是借用京东创始人刘强东自己的话说：“京东的核心竞争力是通过技术手段降低供应链成本，提升供应链效率，从而获取企业价值。”

所以整个京东商城的战略制定主要关注两个方面，前端是用户体验，后端是供应链成本和供应链效率，二者表现出来的结果便是良好的用户体验和口碑。

那么京东打造出来的核心竞争力如何才能商业化，并赋能其他商家呢？答案是在商品流通环节扮演中间商的角色，即零售商。因为只有通过商品才能将用户体验传递给用户，也才能将供应链效益提升的价值分享给上游生产厂商，如图 2-24 所示。

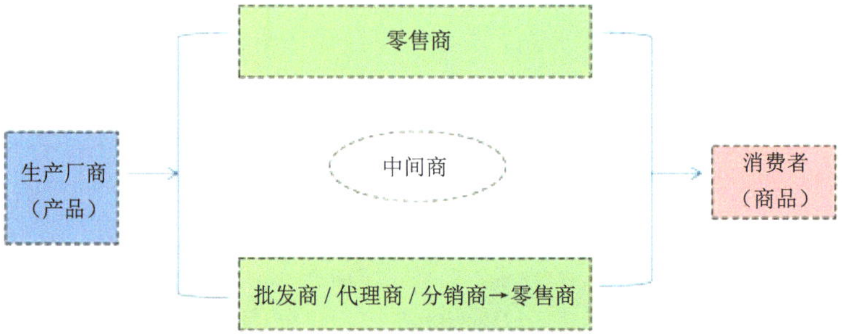

图 2-24

由此来看，自营模式在商品流通环节扮演的角色：零售商。由专业的采购人员从上游的厂商、批发商、代理商等渠道采购产品，并由产品经理针对产品进行加价销售给顾客，赚取差额。所以上游的厂商、批发商、代理商都统称为供应商或供货商，而负责采购与销售的专职人员统称为“采销”。

这种模式的核心竞争力在于：对消费者而言，自营商品就等于良好的购物体验，比如配送优势、售后优势、正品承诺等；对生产性企业而言，缩减中间渠道环节，经京东这个零售商直接将商品送到顾客手中，可以大幅提升企业的利润和流通效率。

2.2.2 打磨尖刀产品

既然自营模式有明显的优势，那我们为什么又要强调单品制胜呢？正因为京东自营的核心价值在于良好的用户体验和高速的产业链效率，因此产品越标准、品种越少，流通效率就越高，经济价值也越大。京东自营是自采自销模式，SKU 宽度越大，成本越高，流通效率也越低；相反，产品越集中，流通效率越高，成本越低。因此，我们将自营的明星单品定位为尖刀产品。

1. 尖刀产品的含义

尖刀产品是指企业面对竞争市场和特殊的消费群体而推出的一种针对性极强的攻击性产品，它们具有如下特征：

产品性能强、外观精美、使用便利、代表一个品类独特的品牌名称，有质量区隔并且与消费者有互动沟通。同时，消费者对其有独特的感觉等。

2. 行业成功案例

以图 2-25 所示的海尔热水器为例，海尔品牌的热水器种类很多，但京东自营仅采购其中的十余款来进行销售，其中排名第一、第二的爆品累计评价数高达 16 万多条，在众多单品中独树一帜，成为名副其实的尖刀产品。

图 2-25

以海尔双缸洗衣机为例，全店 4 个单品，其中爆品的累计评价数遥遥领先，如图 2-26 所示。

再比如下面这款天梭手表，一共 10 个型号，但在 2017 年 8 月份的品类日中，白盘钢带这个型号当天的销售额超过 250 万元，占该品牌销售额的 10% 左右，如图 2-27 所示。

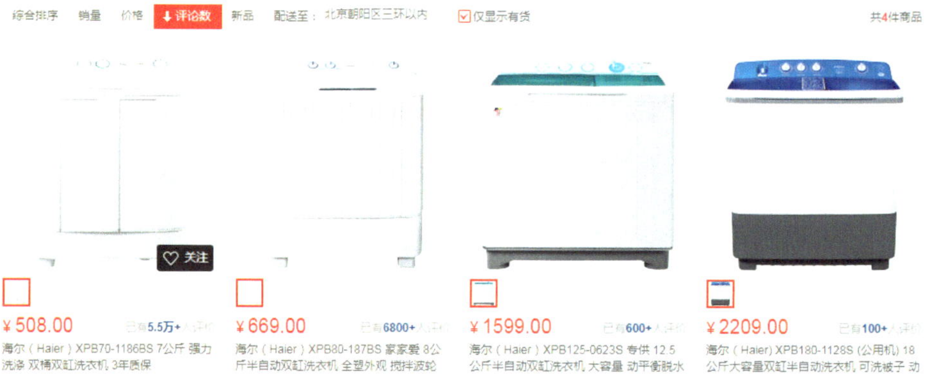

图 2-26

图 2-27

2.2.3 尖刀产品的选拔流程

1. 如何选择潜在尖刀产品

从市场角色关系看，选品，即从供应市场中选择适合目标市场需求的产品。从这个角度看，选品人员必须一方面把握用户需求，另一方面，要从众多供应市场中选出质量、价格和外观最符合目标市场需求的产品。成功的选品，最终实现供应商、客户、选品人员三者共赢的结果，此为选品价值之所在。从用户需求的角度看，选品要满足用户对某种效用的需求，比如带来生活方便、满足虚荣心、消除痛苦等方面的心理或生理需求。从产品的角度看，选出的产品要在外观、质量和价格等方面符合目标用户需求。

自营的尖刀产品的选择同样符合上述原理，但也有它自身的选拔因素，如表 2-9 所示。

表 2-9

因素		解释
商品指标	客单价	品类及品牌综合考虑的入门价是多少，低于入门价会拉低整体类目的客单价、增加成本，高客单价不利于顾客接受及爆品的打造。
	转化率	日常转化率是否高于品类标准，是否有可提升的内部及外部空间
	毛利空间	前台毛利、后台毛利、广告投入毛利、净利成本及毛利
	品牌	品牌知名度，品牌美誉度，此爆品在此品牌中的排名及结构是否有补充地位
供应商配合		日常配合是否良好，自我引流能力，优化商品的能力，供应链基础
品类数据		将爆品池的属性进行细分分层，如品牌、价位段、材质、特殊功能、外观特点，以A+B+C+N 的模式来分析爆品是否有可持续性及竞争力
客户需求		客户诉求变化及趋势，专业消费者的诉求；普通消费者的痛点；特殊人群的变化及趋势
行业现状		（1）市场规模；（2）品牌结构；（3）行业特点
竞品对比		（1）竞争品牌的优势商品；（2）竞争品牌的差价分析
友商平台		（1）平台人群特点；（2）平台商品特点

2. 尖刀产品的营销

由于自营商品的优势是有强大的自带流量，因此在搜索流量方面，前期无须关注太多，而应该将重心放在活动流量上，其核心营销思路就是高强度曝光。

比如在新品上市阶段，可采取的促销方式有新品首发、预售、众筹等，如图 2-28 所示。

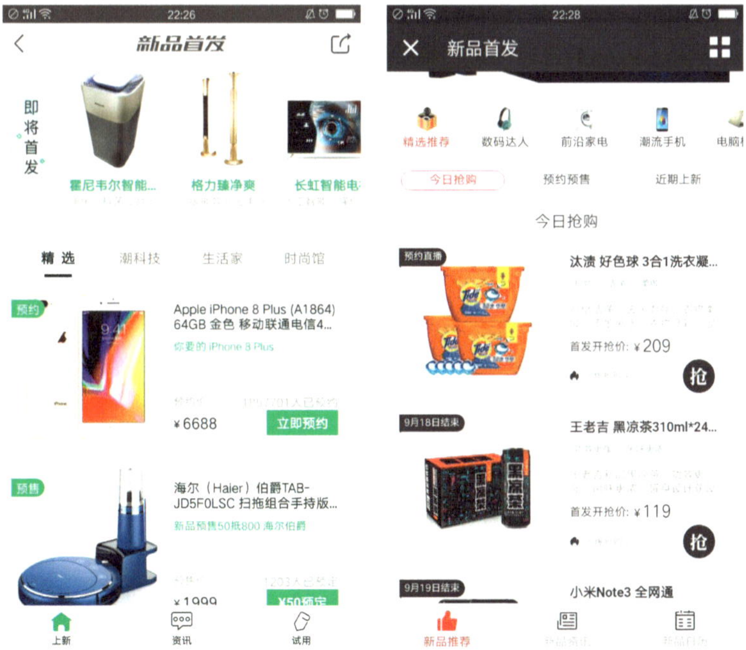

图 2-28

此外，由于闪购、品牌秒杀、品类秒杀等资源坑位较多，在提报时可多带新品，如图 2-29 所示。

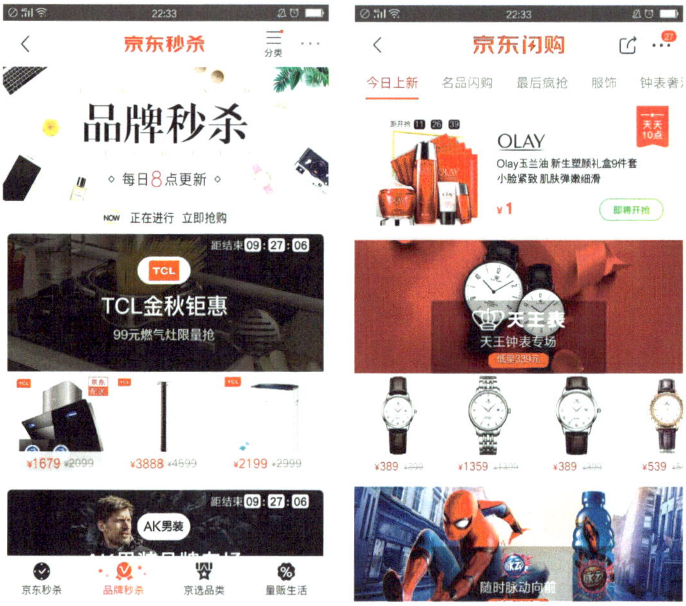

图 2-29

随着尖刀产品的成熟，在搜索流量方面也占据重要位置，此时可以用流量更大的京东单品秒杀、优惠券等大流量活动营销，如图 2-30 所示。

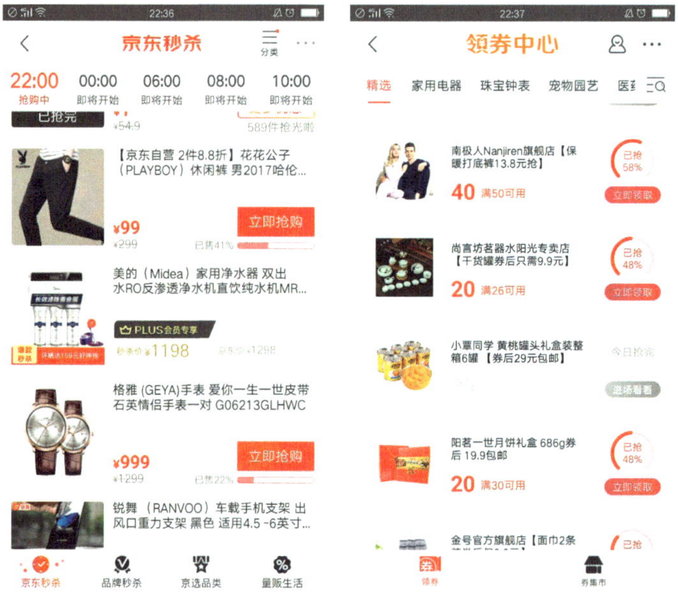

图 2-30

3. 尖刀产品的库存管理

① 销量预测。产品经理根据过往销售数据，再结合季节的变化、人均销售、促销等因素，用经验预测未来的趋势，确定库存及未来销售的量。

② 补货系统。补货模型包括阶段性的补货与时间的匹配，保证库存不是一个最大的值而是一个最合理的值。用补货点与安全库存点的逻辑关系来驱动整个补货系统效率的提升。补货模型的目标库存由补货点和备货周期组成。根据上述的销量预测计算出在途物资花费天数的销量及一次备货周期可满足的销售天数，得出目标库存 = 安全库存 + 在途物资花费天数的销量 + 备货周期。同时在补货过程中纳入成本模型，使整个模型更适合。

③ 健康库存。高库存是所有企业的突出问题，库存规模庞大使得这类企业在之后的几十年间频频倒闭，由此整个行业都普遍开始通过库存管理来降低剩余库存。京东利用其天然的数据收集优势来获得诸如商品信息、库存、销量、采购、促销、内配、供应商退货、销量预测等大数据，进行全销售模拟、促销模拟、采购模拟、调拨模拟、供应商退货模拟等模拟测试，得出库存健康报告，根据不同的报告，分析现货率、周转率、滞销、下柜等状况，提供促销建议、退货建议、报废建议、调拨建议等措施，以期达到健康库存。

④ 供应商密切沟通。积极与供应商沟通，将补货建议、库存建议发给供应商。

⑤ 在爆品缺货等紧急情况下，可将商品转为厂送，即由厂家直接发货。

2.3 占据流量高地

2.3.1 京东流量的构成

1. 京东流量路径

从流量路径来区分，京东的主要流量由以下 5 种端口产生：App、PC 端、M 端、微信、手机 QQ，如表 2-10 所示。

表 2-10

端口		流量占比	备注
移动端	App	50% ～ 65%	该流量占比仅供宏观参考，不同品类、不同统计周期存在较大差异，具体到单个店铺，差异会更加明显
	微信	15% ～ 20%	
	手机 QQ	3% ～ 6%	
	M 端	3% ～ 6%	
PC 端		12% ～ 20%	

2. 京东流量的来源渠道

从流量的来源渠道划分，以上每个端口的流量又可分为以下 4 种，如表 2-11 所示。

表 2-11

分　类	入店来源	明细举例
自主访问	我的京东	我的订单、评价中心、浏览记录、我的优惠券等
	购物车	购物车主页、结算页等
	其他直接访问	商品二维码、商品链接的直接跳转等
京东免费	搜索	京东搜索、店铺搜索
	栏目	秒杀、发现好店、排行榜、为你推荐、优品专辑等
	京东首页	京东首页、领京豆、领券中心等
	其他店铺的商品	商品页、购买评价
	分类	三级类目等
	京东综合活动	京东综合活动、促销商品聚合页等
	消息中心	消息中心页、我的日历等
	其他	其他店铺等
京东付费	京东快车	快车、海投、秒杀计划等
	京东直投	微信、手机 QQ、今日头条、百度等合作渠道
	京选展位	品牌聚效、品牌展位
	京挑客	https://xjzt.jd.com/jingtiaokequickstart/index.jhtml
	无线通	https://xjzt.jd.com/zhituimedia/1025.jhtml
其他	比如站外的百度搜索、360 搜索等	

3. 明星单品的流量特征

无论是京东自营还是 POP 店铺的明星单品，我们看到的结果层面是销售火爆、订单量巨大、贡献大量的 GMV 和利润，但在过程层面，明星单品的背后往往是巨大的流量支撑，相比较于非爆品而言，明星单品的流量具有以下几个特征。

① 在全店中占比很高；

② 流量的转化率较高；

③ 搜索流量占比较大，且相对稳定；

④ 搜索、活动或付费流量三者中，由一种或多种构成。

京东自营和 POP 店铺流量区别如表 2-12 所示。

表 2-12

流量类型	京东自营	POP 店铺
搜索流量	东京自营自带搜索流量，无须刻意获取	搜索流量是 POP 店铺的重心所在，也是最精准的流量，给商家带来最多利润的流量，一般在爆品中的占比为 30% ～ 70% 之间
活动流量	日常主要提报各种活动，以获取活动流量，活动流量在日常销售中的占比很大	POP 店铺的爆品在活动流量中直接销售，由于爆品的流量承接能力较强，所以在活动流量中一般都表现不俗
付费流量	根据供货商的意愿投放，一般与品牌合作的商家投入较多，一品多商的情况下付费流量较少	一般而言，爆品的付费流量占比在 10% ～ 30% 之间。有的爆品是搜索驱动型的，但也有部分商家擅长广告投放，纯粹靠付费流量拉动爆品，这就对商家的广告投放技巧要求较高

2.3.2 搜索流量

搜索流量，即顾客通过搜索特定关键词而带来的流量，搜索是一种 C 端行为，C 端用户通过自己对商品的认知，以关键词的形式在平台中寻求自己需求的商品。影响搜索流量的关键环节是搜索排序，官方对搜索排序的解释是：“将匹配关键词的商品按照对用户需求满足程度依次展示，目的是帮助用户快速方便地找到所需商品。此外，用户还可以按照一定条件对商品进行精确筛选。”

搜索流量的产生，往往是因为下面 3 个条件被满足：

① 你的标题里面含有顾客搜索的关键字；

② 你的商品在众多竞品中排名靠前，能够展现在顾客面前；

③ 你的主图更有吸引力，吸引顾客的眼球，从而让顾客点击。

一笔订单的产生，则是在上面 3 个条件的基础上，你的商品能够说服或打动顾客，让他愿意为你的商品买单。

通俗地说，搜索规则无非是将上述逻辑通过机器语言和算法规范下来，把每一个影响因子赋予一定的权重，并按照一定顺序完成计算工作。

在搜索流量环节，明星单品在同类目中往往是占据绝对优势的，这种优势主要体现在搜索大词、热词上，明星单品排名靠前，能够获得大量的用户点击，从而转化为店铺的精准流量，如图 2-31 所示。

关键词分析 APP 时间范围 按月查询 2017-08-01 至 2017-08-31

下载数据

搜索关键词	访客数	访客数增幅	人均浏览量	平均浏览时长	跳失率	
情侣手表	8,801	16.15%	1.89	38.83	62.75%	趋势
手表 女	7,038	-26.24%	1.68	30.68	70.26%	趋势
情侣表	2,969	46.98%	1.82	41.03	64.29%	趋势
女士手表	2,954	-25.72%	1.73	39.10	66.58%	趋势
情侣手表一对	2,126	73.27%	2.10	44.35	57.70%	趋势
手表	1,757	-37.89%	1.67	34.24	70.87%	趋势
女表	1,104	-20.29%	1.57	28.16	74.67%	趋势
手表女	1,023	-20.45%	1.68	30.59	67.79%	趋势

图 2-31

入店关键词带来的搜索流量分析如图 2-32 所示。

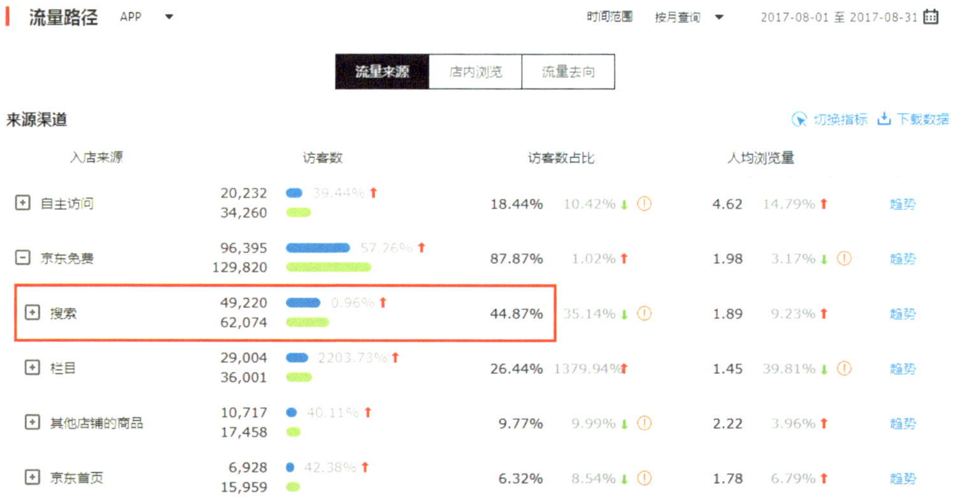

流量路径 APP 时间范围 按月查询 2017-08-01 至 2017-08-31

流量来源 店内浏览 流量去向

来源渠道 切换指标 下载数据

入店来源	访客数		访客数占比		人均浏览量		
自主访问	20,232 34,260	39.44%	18.44%	10.42%	4.62	14.79%	趋势
京东免费	96,395 129,820	57.26%	87.87%	1.02%	1.98	3.17%	趋势
搜索	49,220 62,074	0.96%	44.87%	35.14%	1.89	9.23%	趋势
栏目	29,004 36,001	2203.73%	26.44%	1379.94%	1.45	39.81%	趋势
其他店铺的商品	10,717 17,458	40.11%	9.77%	9.99%	2.22	3.96%	趋势
京东首页	6,928 15,959	42.38%	6.32%	8.54%	1.78	6.79%	趋势

图 2-32

从上述两张图中，我们可以看到，搜索流量给全店贡献了约 45% 的流量。

2018 年，京东搜索发生新维度的变化，主要体现在以下几个方面。

1. 京东达人搜索模型

京东平台生态发生新的变化，内容营销在 2018 年权重加大，达人搜索模型出现。在 App 搜索界面里，穿插达人精选广告位。就目前而言，截至本书出版之前，达人搜索正在进行灰度测试，这个位置目前暂时是无个性化的，也就是说所有人都可以看到，而且是通过达人精选的形式呈现的，若要提高转化率，则重点在于文案和价格、评价等。平台筛选文章的标准、算法应该趋向于文章阅读量和点赞、点击率等指标，如图 2-33 所示。

图 2-33

2. 京东服务主张权重模型（京东平台风向标）

从 2018 年 1 月开始，京东开启平台风向标，其主要目的便是提升和加强京东在服务品质上一贯的良好体验。

自 2018 年 3 月起，京东平台风向标全量介入搜索体系。介入方式为风向标因子，以在类目商家中排名越靠前越好。

京东好店打标，以平台风向、GMV、严重违规量、开店时长、SKU 数量及店铺状态等为因子，体现方式为在京东平台前台让客户看到特殊标签，进而结合发现好店、推荐等栏目引入流量。

DSR 店铺评分运用于京东平台风向标，体现方式为在京东平台前台展示分数。

在活动提报时，以 DSR 店铺评分为模型，不同类目的活动有不同的分数要求，秒杀活动需大于 9.35 分，DSR 评分引入活动提报系统基准资质线。

京东平台风向标主要考核的维度体现在特色产品、转化能力、成长指数、客服与售后、用户评价、物流履约六个方面，如图 2-34 所示。

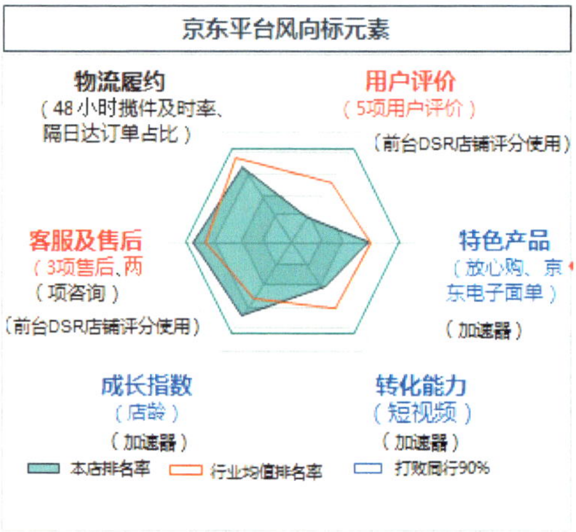

图 2-34

① 特色产品，考核的是京东电子面单的使用占比，以及京东放心购，也就是极速退货能力，还有是否包含退货险、化妆品类目的过敏险等（一级类目为家电类目的商品。截至本书出版时，不予考核京东放心购）。

② 转化能力，主要考核短视频能力。考核维度包括商品 SKU 数量、短视频的 SKU 占比、短视频的点播数，以及短视频的播放完成比例。需要注意的是，这些维度的考核，不单纯指数量，而是在同级类目所有店铺中的排名，前 10% 的商家才可以获得更优质的流量支持。

③ 成长指数，是指店龄，一般需要 9 个月以上的店铺才能进入考核体系，而且店龄越长的店铺，获得的指数越高。

④ 客服及售后，考核近 30 天售后处理时长、交易纠纷率、退换货返修率、咚咚平均回应时间，以及咚咚 30 秒的应答率 5 个方面。

⑤ 物流履约，主要考核 48 小时揽件及时率，以及 72 小时妥投率。不过，物流履约能力考核剔除大件、预售、定制、全球购、LOC、厂商自订单，以及延迟发货报备系统订单。一级类目为生鲜的商品暂不考核隔日达订单占比。

⑥ 用户评价，继续延续原用的 DSR 店铺评分体系，但是，一级类目为本地生活 / 旅游出行、整车类目的店铺不考核物流发货评价；二级类目为骑行运动 / 户外装备的店铺，物流发货评价指标权重设置低于其他二级类目；全球购模式店铺，物流发货评价指标权重设置低于其他模式。

3. 京东广告权重模型

目前，搜索已经开始全范围地体现权重价值，只要能看到列表页面的都有权重因子，比如详情页的达人精选位、快车的穿插生态位、快车左侧广告位，以及 App 端的为你推荐和排行榜等。

也就是说，京东广告权重模型在搜索体系里的价值越来越大了。

截至本书出版之前，京东快车质量分又开始体现了。这说明，在京东营销广告模型中，快车质量分、快车成交完成单量、快车的点击率，成了快车搜索的主要核心权重值。

4. 千人千面

京东平台在2016—2017年，开始有了千人千面的基础，2017年在首页的变化，还有在搜索上的一些个性化展示，都是千人千面的表现，2018年3月至4月，千人千面的表现更加强烈，有一个新的首页，从10%的流量、20%的流量逐渐切到100%的流量。京东平台在流量没有充分精细化之前，最关注的还是头部商家。2018年开始，京东落实分层运营的策略，针对新商家和腰部商家都有了适当的政策和流量的倾斜，形成真正的头部、腰部、尾部，新商家有各自的成长路径的健康生态，如图2-35所示。

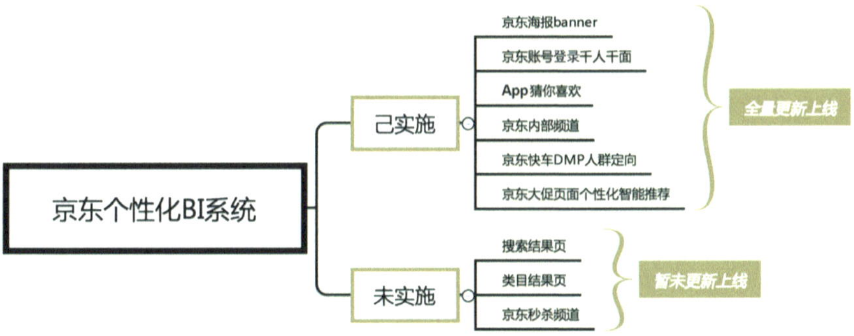

图2-35

5. 商家分层

京东通过商智平台数据，按店铺GMV在三级类目下的品类进行销售额区分，然后对相同主营行业的所有店铺做一个集合，按照统计时间内的下单金额的高低排序分为5个层级，如图2-36所示。

第一层级：A+级店铺。这个店铺数量占行业总数的1%，通常是一些大品牌或者销量比较高的品牌，而且这个占比是比较少的，这是根据类目总店铺数来计算的，1%的店铺比例，若每个类目300～500个店铺，则只有3～5个店铺属于A+级。

第二层级：A级店铺。A级跟A+级店铺相比，资源上会少一点。

第三、四层级：为B+级和B级的腰部商家，其店铺数量占总行业的30%和15%左右，这类店铺发展空间巨大。

第五层级：C 类商家。指新商家，以及尾部商家。

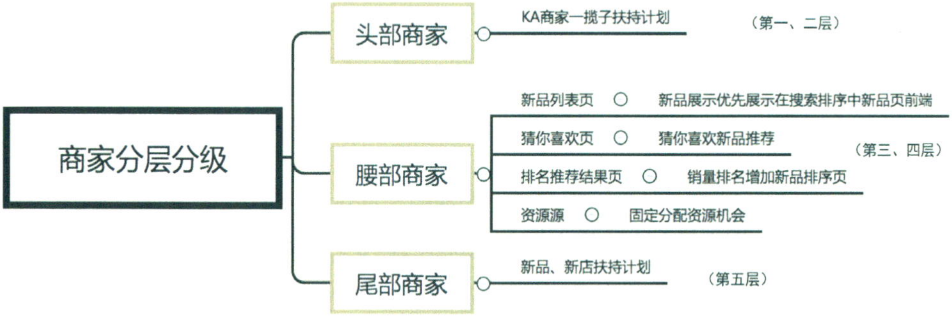

图 2-36

2.3.3 活动流量

在介绍明星单品如何利用活动流量前，我们先简单分析一下电商的活动，众所周知，各种电商平台，每天都会有各种各样、大大小小的活动来增强用户的购物体验，以及营造购物氛围，京东自然没有例外。但是，各种形形色色的活动背后，其实都是为了流量而生的，以活动为载体，通过各种利益点、文案等方式将顾客的注意力吸引过来转化为流量，并分发给特定的商家或商品。

1. 活动的分类

按照活动的类型，我们将京东的各种活动分为以下 3 种：

① 频道常规活动；

② 品类日常活动；

③ 全站大促活动。

不同的活动会在不同的时间面向不同的商家征集不同的活动主题，而且大多数活动都是免费面向商家开放的，商家可以根据每个频道的特征与用户需求，联系运营人员提报适合自己店铺的活动，活动带来的效果可在流量构成中查看。

下面，我们针对每个类型的活动做更细致的介绍。

（1）频道常规活动

京东的频道活动，即相对固定、主题明确的活动，比如服装城、闪购、领券中心等频道栏目，每个频道都有特定的团队运营，因此也有每个频道的定位、特色和要求，这些频道面向的用户群体和运营策略相对稳定，引入流量也相对稳定，一般都是定期提报，如图 2-37 所示。

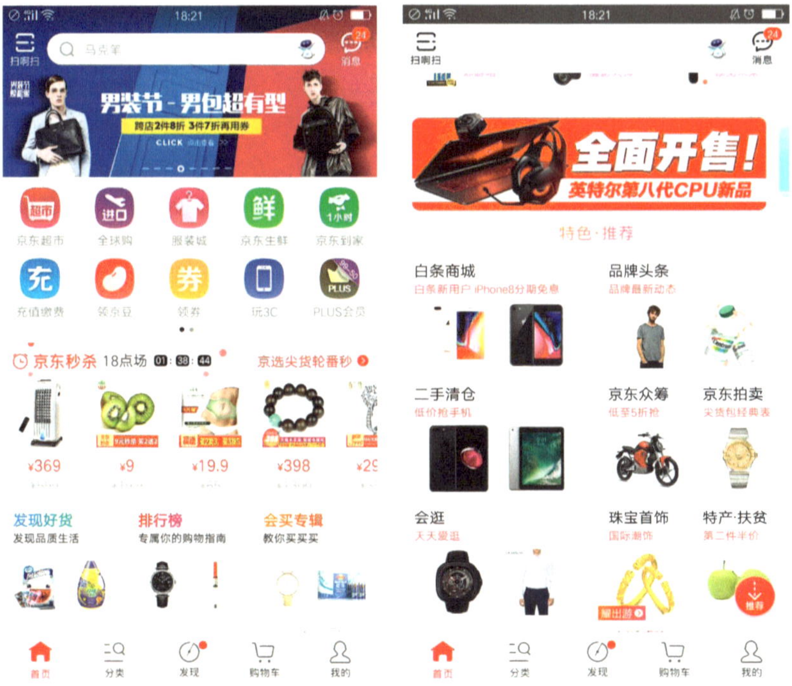

图 2-37

当然，频道也会随着顾客需求的变化而推陈出新，比如直播和内容营销的兴起，每个电商平台都会新增一些栏目。这些栏目的资源位，大多数是分配至相关品类的运营人员手中，运营人员再分配给商家，有一些是提报了就会排上的，还有许多是自由提报后择优筛选的。另外还有一部分频道，如达人频道等，商家可以申请达人账号后自主上传。

针对自由提报的活动，很多商家会发现报了一般都选不上，在这里告诉大家一个小技巧，自由提报的活动选不上的原因大多是因为不符合频道要求，比如频道想征集折扣力度大的商品用来引流，而商家提报的商品折扣力度非常小；再比如频道针对的是中高客单价的人群，但商家提报了大量的低客单价商品。面对这种情况，建议商家首先加强对该频道的了解，最简单的方式是找到该频道，然后分析目前选上的商品的特征，参照这些选品，或者直接询问运营人员，问清楚频道的要求以后再进行提报，提报表最后一栏可自行附加提报理由等。

（2）类目日常活动

类目日常活动分为两种：一种是常规的日常活动；另一种是类目的“三超”活动（“三超”是指超级品牌日、超级品类日以及超级单品日）。

日常活动：每个类目每月甚至每周都会组织策划该品类的综合活动，然后在各种站内的频道寻找入口资源位，帮助商家集中引流。这类活动一般月初就有规划，主题和利益点也会很明确，运营人员日常会组织商家提报这种类型的活动，至于活动的效果则依据活动的策划能力以及引流效果而定。这类活动除了京东官方发起，商家自己也可以单店铺或联合多个商家发起，提前联系运营人员，告知活动规划和力度，让运营人员协助寻找露出位置。

“三超”活动：超级品牌日是针对单品牌的活动，产出非常高，但投入也比较大，对品牌要求也很高，因此在此不详述。重点给大家介绍一下超级品类日，超级品类日每个品类一年一次，品类日当天全站主推一个品类，主站渲染、开机屏、首焦、战略通栏等资源位会聚焦这一个品类，这时该品类的商家都有参与的机会，一般而言，品类日对于该品类而言不亚于一次“618”或 11.11，是一个不能忽视的活动。超级单品日是依托京东全渠道进行的全场景爆款单品聚合促销活动，商家可以根据提报要求提报活动。

（3）全站大促活动

每年的各种节日节点，京东都会为全网用户组织大型的主题促销活动，并配以大量的线下推广，无论是品牌效应还是流量导入，都非比寻常。目前已经成型的全站大促活动如表 2-13 所示。

表 2-13

活动时间	活动名称	活动介绍
2 月	214 情人节	以礼品、箱包、珠宝、首饰、钟表、鲜花等品类为主
3 月	春雷行动 —— 蝴蝶结	以美妆、服饰、户外灯品类为主
6 月	618 大促	全品类大促
8 月	七夕情人节	以礼品、箱包、珠宝、首饰、钟表、鲜花等品类为主
9 月	开学季	以礼品箱包、图书、户外、服装等品类为主
10 月	秋尚新、男装节	以男女装、户外等品类为主
11 月	11.11 大促	全品类大促
12 月	12.12 大促	全品类大促
1 月	年货节	以京东超市、酒品、生鲜等品类为主

无论是大型全站活动，还是小型日常活动，商家想要从中获取资源和流量，都需要积极配合、用心参与。

2. 巧用活动流量

虽然我们看到的活动很多，面向的商家数量也是非常庞大的，但每个商家能获取到的活动资源也非常有限，那么如何才能最大化地争取活动流量，并将活动流量最大化地利用呢？下面介绍几个方法供大家参考。

（1）做好活动规划

我们必须清楚，对于明星单品而言，我们需要的是精准的流量，并不是任何一个活动的流量都对我们的明星单品有帮助，也不是说活动流量越多越好，因为活动流量相比较于搜索流量而言精准度略差，因此转化率往往不如搜索流量。如果给明星单品带来的是大量垃圾流量，则未必是好事。

所以，在提报活动之前有必要做好活动规划，哪些活动适合上爆品，哪些活动适合上新品，以及哪些活动适合上长尾款等，需要全盘考虑。针对适合爆品的活动，我们需要主动争取，但对爆品有伤害或产出不好的活动，我们也要学会主动规避。

（2）做好活动准备

活动准备主要分为以下几个步骤。

第一步是分析活动级别，确认活动力度，指定活动目标。我们只有对活动力度、活动级别了如指掌，才能有针对性地选品报名，从而更符合活动需求，销售目标也更有保证。

第二步是针对性选品，认真准备素材。每个店铺都有自己的货品结构，弄清楚了第一步的活动级别和力度，接下来就是将店铺的商品与活动进行有效匹配。

第三步是积极备货，做好关联营销。一旦活动确定了，在积极备货的同时，还要做好流量承接准备，将活动流量最大化，比如制作活动页就比直接提报店铺效果更佳。

（3）主动提升活动效果、做好活动总结

主动提升活动效果很容易被商家忽略，很多商家以为报完活动等着流量进来销售就行了，商家为什么还要主动为销售负责？事实上，京东组织活动的目的是为了帮助商家提升销售量，这就注定活动的效果应该由平台和商家共同负责，这是其一；其二是京东通过活动组织营造了促销氛围，商家趁势主动出击，往往更容易脱颖而出；其三是同样参与活动，如果 A 商家与 B 商家获得同样的资源位，但最终 A 商家的销售比 B 商家更好，那么京东运营无形中就会认为 A 商家的运营能力或商品更加突出，在其他活动分配时也会更倾向于 A 商家。

至于活动总结，更是被大多数商家抛之脑后。大型活动时京东运营一般会要求商家做总结，但如果是各种中小活动，有机会参与了，就用少量时间总结一下，将亮点、不足和自己的思考写出来，反馈给京东运营，是不是让京东运营看到商家用心程度的大好时机呢！

2.3.4 付费流量

获得免费的搜索流量和活动流量是明星单品的基础内功，而付费流量对于明星单品而言，同样不可或缺，在爆品打造以及将爆品利润最大化阶段，付费流量都是得力的助手。它与免费流量相互影响、相互补充、相辅相成，从而让店铺进入良性循环。

京东的付费流量工具统称为京准通，旗下包含 6 个营销工具：京东快车、品牌聚效、品牌展位、京挑客、京东直投和京东无线通，如图 2-38 所示。

图 2-38

下面我们对这 6 种营销工具做简要对比分析，如表 2-14 所示。

表 2-14

推广工具	京东快车	品牌聚效	品牌展位	京挑客	京东直投	无线通
付费模式	CPC	CPM	CPD	CPS	CPC	CPC
定义	按点击付费	按千次展现付费	按天付费	按销售额付费	按点击付费	按点击付费
优点	精准、高效	覆盖广、精准定向、实时竞价	强曝光、无竞价	精准、稳赚不赔	覆盖广	高曝光
缺点	依赖广告创意	难优化、对创意要求较高	不精准	见效慢，需长期优化	对投放技术要求高	依赖广告创意

对于爆品而言，建议中小商家主要使用京东快车；投放技术一般的商家，更建议用京东快车中的海投计划，大商家或品牌方则在京东快车的基础上考虑品牌聚效和京东直投。

2.4 POP店铺与京东自营共生

2.4.1 京东自营与 POP 店铺的角色区分

从商品流通的角度来说，自营模式与 POP 模式在角色扮演和人员分工上有明显区别。

自营模式中，京东是“零售商”角色，由专业的采购人员从上游的厂商、批发商、代理商等渠道采购商品，并由产品经理针对商品进行加价销售给客户，赚取差额。所以上游的厂商、批发商、代理商都统称为供应商或供货商，而负责采购与销售的专职人员岗位统称为“采销”。以前采销其实是同一人，既负责采购又负责销售，随着品类丰富和规模扩大，现已采销分离，采购经理负责采购，产品经理负责销售，二者通过前端与后端的密切配合完成销售目标。

前面提到的京东自营是“货”，那么做 POP 店铺就是做“人”，京东平台就是“场”，如果到今天为止品牌或者店铺都不明白做渠道最大的价值就是获取用户和维护用户，那么在激烈的市场环境中则很难生存。在 POP 模式中，京东是“零售平台”角色，POP 开放平台的卖家都成为商家，京东只负责搭建平台，POP 商家利用京东平台实现商品的流转销售，京东只收取销售额的扣点“佣金”，以及商家在商品推广过程中产生的广告费用，商家对应的品类负责人的岗位称为“运营”，运营只负责商家的运营管理工作，店铺的具体运营工作由商家自己的运营团队完成，而商家的入驻环节则由招商岗位同事完成。

从更细节的指标来看，京东自营（简称“自营”）与 POP 店铺还存在如表 2-15 所示的区别。

表 2-15

对比项	京东自营	POP 店铺
招商方式	邀请制招商：采销根据品类发展需求和行业发展状况进行定向招商，倾向于与品牌方直接合作或与高级别代理商合作	开放式招商：符合相关资质要求即可申请入驻，可以是品牌方，也可以是代理商或经销商（部分饱和品类也逐步开始邀请定向招商）
运营单元	单品制胜：重点把控的是单品，从新品选品、成本议价、定价、促销推广走“短平快”运营方式，尽量加快周转，避免长尾产品	店铺运营：店铺销售依赖于爆品和中、长尾款的共同销售，旗舰店可最大限度提升商品丰富度，树立品牌形象；专营店则更加灵活，在取得相关资质后想卖什么都不受限制。
产品售价	京东定价：依据品牌的建议零售价和行业竞争自主定价，在采购价的基础上加上利润，赚取差价。因对产品经理有销售与毛利双重考核，非特殊情况下不得低于仓报价销售	商家定价：商品的定价完全由商家自主决定，可随时依据市场变化或营销节奏调整价格。比如需要清理库存的款式，商家可自主降价，甚至低于成本价销售
日常运营	京东主导：京东自营的日常工作主要是商品管理、促销管理和库存、周转管理，在此过程中京东处于主导角色，而供应商处于配合支持角色	商家自主运营：POP 的店铺运营完全由商家自己的运营团队主导完成，京东运营人员扮演着服务和活动分配的角色，帮助和配合商家达成销售目标
物流	京东配送，实效、服务质量高度保障	商家自主选择，也可入仓享受京东配送
京东营收	零售价与采购价之间的差额，以及部分厂商自主投放的广告收入	平台扣点与广告收入

2.4.2 自营模式与 POP 模式的协同

1．品牌曝光

前面我们提到京东自营的尖刀产品的优势，但毕竟是需要先采购入库才能销售，因而在挑选货品上只能精益求精，只能尽量筛选较好的品牌入驻京东自营，换言之，能够入驻京东自营的品牌或单品，从某种意义上来说，也算是每个细分品类比较优质的品牌。

因此，对于品牌来说，入驻京东自营一方面能带来供货利润，同时也是京东平台对品牌的一种认可，将 POP 与自营模式协同发展起来，可以最大限度地在京东平台为品牌曝光，从而达到提升品牌知名度的目的。

而且，自营与 POP 作为两种不同的销售模式，也可以拓宽品牌的销售渠道，增加销售额和利润。

2. 货品协同

说到京东自营和 POP 店铺的商品，很多人想当然地认为自营和 POP 是冲突的，或者存在自营有售，POP 店铺的商品就基本卖不出去的情况，京东会把全部流量导入自营商品等想法，但事实果真如此吗？从货品维度，我们将自营与 POP 店铺的关系划分为以下 5 种模式，如表 2-16 所示。

表 2-16

模 式	分 析
1. 纯自营模式	出于公司战略考虑，部分品牌并不组建自己的电商团队，而是仅扮演供货商的角色，简单省事
2. 纯 POP 模式	同样出于公司战略顾虑，或不符合自营入驻条件，由自己组建团队或聘请代运营公司入驻经营
3. 完全独立模式	自营与 POP 货品完全区分开，彼此互不重叠，爆品也完全独立，商品之间不存在冲突和竞争关系
4. 部分重叠模式	这两种模式比较类似，由于自营的 SKU 宽度有限，为了最大限度展示品牌形象，自营精选部分款式，其余大部分或全部呈现在 POP 店铺，因此他们之间存在部分与自营款式重叠的现象。重叠部分看似竞争关系，但如果协调合理，实则不然。这种情况下自营与 POP 的爆品通常是分开的，但之所以在彼此店铺都出现，是为了给彼此衬托价格优势，比如 POP 店铺的主推款，自营店可以少量库存，但把价格相对标高，可以引导用户去 POP 店铺购买，反之亦然
5. 包含模式	至于自营包含 POP 模式，虽然存在这种可能性，但实际价值并不大，因为这种模式势必造成 POP 与自营的绝对冲突

3. 资源联动

在日常活动提报中，京东许多频道往往是从品牌维度而不是店铺维度进行区分的，比如品牌秒杀、闪购等，因此自营或 POP 店铺只要有其中一方争取到资源排期，则两方均有机会露出，况且二者在主推款方面已有区分，在同一活动页面上不仅不会出现商品冲突的情况，而且会形成互补格局。即便是在店铺维度的活动中，如果一方的多个活动排期冲突时，则可以让给另一方提报，确保资源位不会被释放或被浪费。

在框架广告等年度规划中，以品牌维度与京东签订相应的广告消耗框架，可以得到不同程度的优惠政策，对于单个店铺而言，能签署的广告框架有限，获得的优惠力度自然有限，将自营与 POP 店铺的共同消耗放在一起，则可以保证消耗完成的同时，将利益最大化。

此外，由于部分品牌在入驻自营时签有毛利保护协议，当自营销售毛利率低于约定的比例时，需要用货款补贴毛利。而 POP 店铺只需要交平台使用费和扣点佣金，对毛利率没有任何约束，但出于店铺发展考虑，往往需要购买各种付费广告资源，此时则可以以自营店铺的名义购买，POP 与自营共同享受，而广告所产生的毛利则全部计算在自营名下。

2.4.3 案例分享：POP 店铺与京东自营的相处之道

1. 美的空调

美的是大家电品牌的代表，其不同产品线均有不同的自营店铺和 POP 店铺，其中空调更是核心产品之一，下面我们仅以美的空调的自营与 POP 旗舰店为例做对比，如表 2-17 和图 2-39 所示。

表 2-17

	美的空调自营旗舰店（自营）	美的空调旗舰店（POP）
上架商品数	36 个	4 个
主爆品评价数	6.6 万多条	700 多条
次爆品评价数	6.3 万多条	500 多条
商品价格	保持一致	

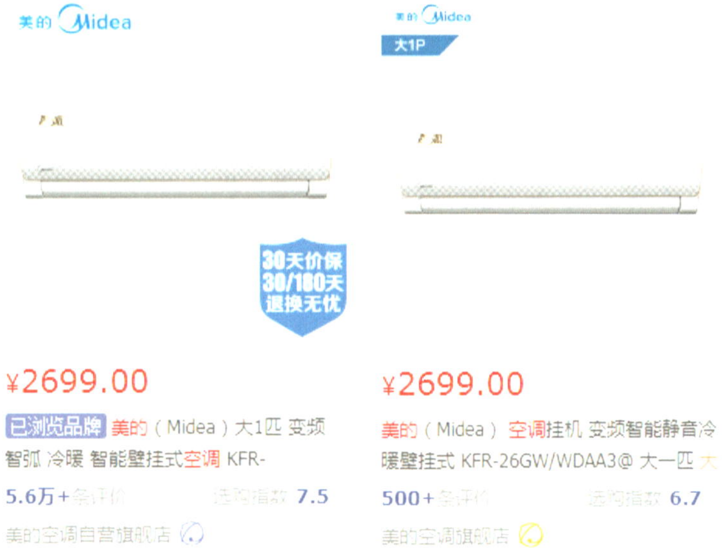

图 2-39

点评：

从自营与 POP 店铺的商品数量，以及爆品的评价数量便可看出，美的空调这个系列产品的重心基本全部放在自营上。

当然，这种策略与品类和产品属性有较大关系，3C 家电一直是京东自营的优势品类，其核心竞争力之一是解决了配送与安装的痛点，顾客在京东购买大家电的理由除了对京东正品行货的信任，更重要的是对配送、安装及售后服务的认可，虽然品牌方自己也能就近安排服务网点完成配送和安装服务，但比起京东自营的强大口碑还需要得到顾客的接受和认可。而且大件物流零散配送的成本居高不下，远不如委托给京东物流这种成熟的服务网络。

2. 三只松鼠

三只松鼠是休闲零食的代表品牌，尤其以坚果品类见长，通过对店铺销售商品的分析，我们很容易辨别出它们属于自营与POP部分重叠模式，我们对每个店铺TOP5的单品进行统计分析，具体情况如表2-18和图2-40所示。

表2-18

	三只松鼠自营旗舰店	三只松鼠旗舰店
商品数	共67件商品	共302件商品
爆品1	巴旦木（235g）评价数70万多条	碧根果（210g×2）评价数32万多条
爆品2	碧根果（225g）评价数70万多条	夏威夷果（265g×2）评价数29万多条
爆品3	纸皮核桃（210g）评价数70万多条	开口松子（218g×2）评价数23万多条
爆品4	开心果（225g）评价数65万多条	夏威夷果（185g）评价数21万多条
爆品5	炭烧腰果（225g）评价数65万多条	碧根果（225g）评价数18万多条

三只松鼠自营旗舰店TOP4商品截图

三只松鼠旗舰店TOP4商品截图

图2-40

点评：

首先，表 2-18 所示的京东自营的是 5 种不同的商品，而 POP 店铺的是 3 种商品，这主要是因为自营消费群体与 POP 消费群体需求差异的影响，两者针对的消费群体不同。

其次，自营与 POP 店铺的爆品中，重叠的只有 225g 装碧根果，且自营是爆品 2，POP 店铺是爆品 5，并且，二者在价格和营销策略上也有显著区分，如图 2-41 所示。

图 2-41

虽然是相同的克重和包装，自营是一口价 19.9 元，暂无其他促销活动，而 POP 店铺则是标价 42.9 元，然后以满 199 元减 110 元的优惠券形式进行促销，且最终的成交价仍然比自营高，这样更能突出自营的价格优势。

再次，POP 店铺主推两袋装的套装组合，且统一类型的商品在克重上予以区分进行“伪装”，可以打消顾客对价格的高度敏感和顾虑。

以上可以看出，自营与 POP 店铺是并重的，自营是主攻每个单品，但 POP 店铺则在营销玩法上更加灵活，且十分注重通过套装、礼包等形式提升客单价。

3. 周黑鸭

周黑鸭是卤味零食的代表品牌，因其锁鲜装口味更加好，但存在保质期短、配送要求高等障碍，因此在自营与 POP 店铺的分布上存在另一番景象，如表 2-19 和图 2-42 所示。

表 2-19

	京东自营零食专区	周黑鸭官方旗舰店
商品数	共 6 件商品	共 124 件商品
爆品 1	袋装鸭脖（210g）评价数 9.5 万多条	锁鲜装鸭脖 / 锁骨 / 鸭翅套装，评价数 2.9 万多条
爆品 2	袋装锁骨（300g）评价数 5.6 万多条	锁鲜装鸭脖（200g×2）评价数 2.9 万多条
爆品 3	袋装鸭翅（250g）评价数 2.7 万多条	锁鲜装鸭脖 / 锁骨套装，评价数两万多条

图 2-42

点评：自营商品数量少，且全部为袋装，保质期 3 ～ 6 个月不等，其商品特征决定了更适合在 POP 店铺发展。

不同的品类结合商品的特殊属性，依据实际情况制定自营与 POP 店铺的运营策略，在此并没有统一的答案，以上 3 个案例分别从不同的角度给出了 POP 店铺与自营的相处之道，以供参考。

2.5 众筹

2.5.1 京东众筹平台

京东众筹平台于 2014 年 7 月正式上线，是国内最大的众筹平台，平台上线 5 个月众筹总募集金额破亿元。2014 年 9 月，三个爸爸空气净化器项目，成为国内首个众筹项目破千万元的权益众筹项目。PowerEgg 小巨蛋无人机项目打造了国内首个破亿元众筹金额纪录，2015 年 6 月上线的三星 S6 钢铁侠项目有近 36 万人参与，创单个众筹项目参与人数全球之最，而 2016 年 5 月上线的爱情约定项目，支持人数超过 37.4 万，再次刷新了单个项目参与人数之最的全球新纪录，如图 2-43 所示。

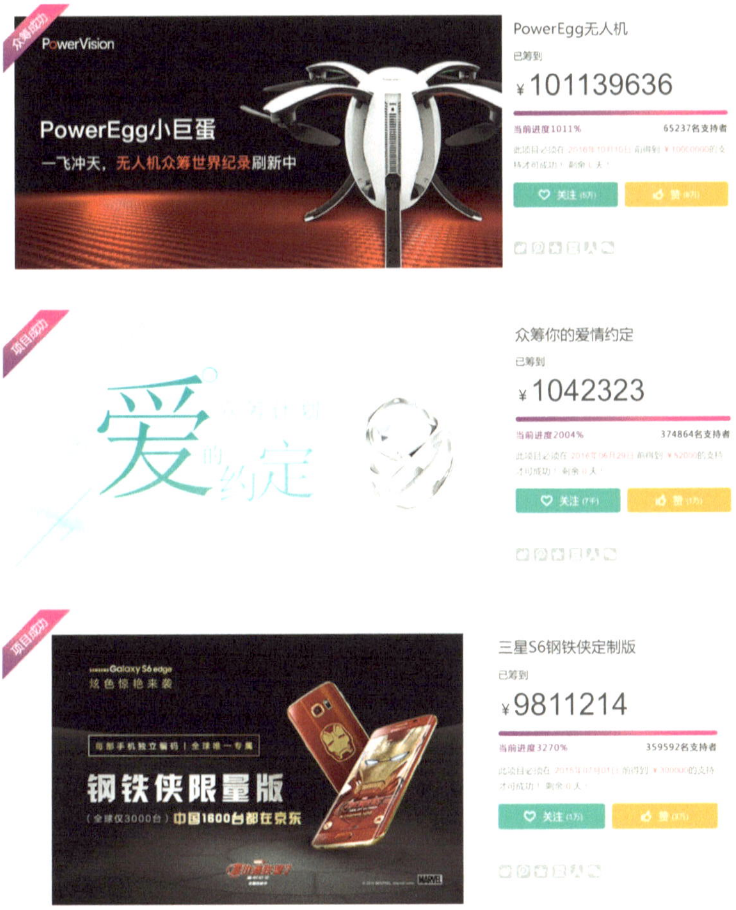

图 2-43

2.5.2 众筹方法论

1. 众筹选品

京东众筹，分为黑科技、好创意、暖公益三大模块，而众筹的选品，也主要依据这三大模块来进行。

从平台的维度来讲，黑科技类、有匠人情怀、解决消费痛点类商品，还有地理标志性美食，以及获得 IF、红点、IEDA 类设计奖的商品，能够被平台青睐。京东曾经专门推过“巨匠计划”项目、工业设计大奖项目等来提升选品的含金量。

从商家的维度上来看，选品的核心，是商品本身具有的独特性。2016 年 5 月，一款 T 恤上线京东众筹，以 68 元的价格，极简的风格，在京东上获得 60 余万元的众筹业绩，成为当时服装类众筹最高金额的项目，这款商品，以良好的性价比、极简风格、莱卡面料等特点，获得了 9000 多名消费者的支持，如图 2-44 所示。

图 2-44

同样是服装，2017 年，一款内裤获得了 167 万余元的众筹业绩，以竹纤维以及银离子、除菌、除臭等独特卖点，获得了 7500 多名消费者的支持，如图 2-45 所示。

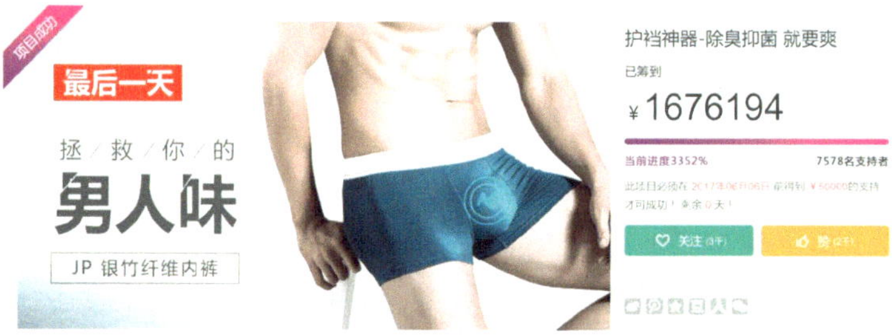

图 2-45

京东众筹的消费群体，已经从原来注重黑科技的人群，逐步转变为尝鲜、解决生活痛点，或是为了表达、参与和体验生活。为此，京东金融重新定义了众筹，提出了扶持项目“激活新消费形态，倡导新文化主张，传递新生活态度”的“三新”标准。

因此，在商品选择上，有以下几个参考维度。

① 智能类黑科技商品，例如小巨蛋无人机。

② 特别是获得 IF、红点、IDEA（美国工业设计奖）类设计奖的商品，如图 2-46 所示。

（生铁壶类众筹金额最高的项目——获 IDEA 设计奖的雕楼壶）

图 2-46

（表类众筹金额最高项目——获红点设计奖的机械表）

图 2-46（续）

③ 解决消费者痛点的产品。

2015 年年初，一款止鼾器产品，解决用户睡觉打鼾的痛点，获得了 10000 多名消费者的支持，众筹业绩 131 万元，如图 2-47 所示。

图 2-47

④ 走极致路线的产品。

独美眼镜，以极致轻为卖点，解决消费者使用眼镜时压鼻等痛点，获得了 271 万元的众筹业绩，成为当时眼镜类目众筹金额最高的项目，如图 2-48 所示。

图 2-48

云米净水器，作为小米系的产品，秉承小米系一贯的极致路线，加上智能科技，获得1003 万元的众筹金额，如图 2-49 所示。

图 2-49

2. 产品用户群体的定位方法

众筹是一种集中力度、攻破一点的营销方法，讲求资源的集中和目标的精准。因此，在用户群体的定位上，也需要精准的定位。用户群体集中、精准是取得众筹成功的关键因素之一。

对于用户群体定位，笔者提出以下 4 个标准。

（1）用一句话，即 10 个字以内精准描述用户群体画像

空气净化器，使用人群是不受限制的，男女老幼均可，是不分年龄、性别、职业的。但三个爸爸空气净化器把人群精准定义为：孕妇和 0 ～ 10 岁儿童。从表面上看，是把用户群缩小了，实际上是更加聚焦在需求更明确的群体上，如图 2-50 所示。

图 2-50

用户画像并非常规的性别、年龄、职业、地区等维度，而是一句话就能够描述清楚用

户的范围。从严格意义上讲，是用户群体的描述。例如，女性设计师、驴友、骑行者、摄影爱好者、HIFI 发烧友、果粉、英雄联盟玩家等。

（2）有共同的兴趣话题

每个人，都只对自己感兴趣的信息产生反应，同时，每个人都会有自己不同的圈子。在不同的圈子里，讨论圈子里感兴趣的话题。

不买房的人，对房产销售的电话恨之入骨，想买房的人会与房地产销售人员聊半天；妈妈们都会有个小圈子，天天讨论孩子的健康、营养、教育等话题；摄影爱好者通常会在群里发片，讨论去哪里拍片，讨论拍片的技术与方法；果粉有无数个论坛发布苹果的信息与使用心得。

（3）有共同的意见领袖

每个群体，都会有个圈子里的意见领袖，这些意见领袖的言论，会影响到圈子里群体的认知和决定。

摄影圈子里意见领袖召集的活动参与的人数众多，医生的话宝妈们会严格执行，明星们的穿着打扮会引起款式的跟风，汪峰作为歌手，能吸引粉丝为其 FIILDIVA 智能耳机众筹近 1700 万元，如图 2-51 所示。

图 2-51

（4）有共同的信息获取渠道

每个圈子，都有这个圈子的信息获取渠道。摄影爱好者，会有摄影论坛、摄影群、摄影杂志、摄影师公众号等；驴友有驴友群、驴友论坛网站。总之，每个群体都会有共同的信息传播渠道。

之所以对用户群体精准定位，找到共同的意见领袖，找到共同的兴趣话题，找到共同的传播渠道，就是要在众筹过程中，策划用户群感兴趣的话题或活动，通过精准的信息传播，到达精准的用户群中去。而并非是广撒网的投放广告模式，既浪费广告费，也达不到预期的效果。

3. 产品策划

一个好的产品，除了本身具有的优秀特性以外，还需要通过卓越的策划，让用户感知到产品的优秀。一件产品的好与坏，某种程度上并不取决于产品本身，而是用户的体验，只有用户说好的产品，才能算得上好产品。

（1）关于痛点

人的极致追求是两点，一是追求快乐，二是逃避痛苦。但相对来说，一个人逃避痛苦的动力，远大于追求快乐。

产品策划卖点，是帮助用户追求快乐，而策划痛点，是帮助用户逃避痛苦。因此，从产品策划的角度，策划痛点比策划卖点对用户的吸引力更大、更有效。

空气净化器的卖点是帮助用户除去 PM2.5 和甲醛的能力和效果。从痛点的角度上来讲，是帮助客户逃避白血病和肺炎的痛苦，而白血病和肺炎的易感人群是儿童，这又恰恰是三个爸爸空气净化器定位的用户群体。

近视的人都有很痛苦的体验：鼻梁长时间被眼镜压迫，会导致酸痛；运动出汗的时候，眼镜容易下滑，独美眼镜正是抓住这一痛点，深挖场景，阐述佩戴眼镜人群的痛点与解决方案。几乎每个佩戴眼镜的人士看到这个场景都深有体会，引起共鸣，如图 2-52 所示。

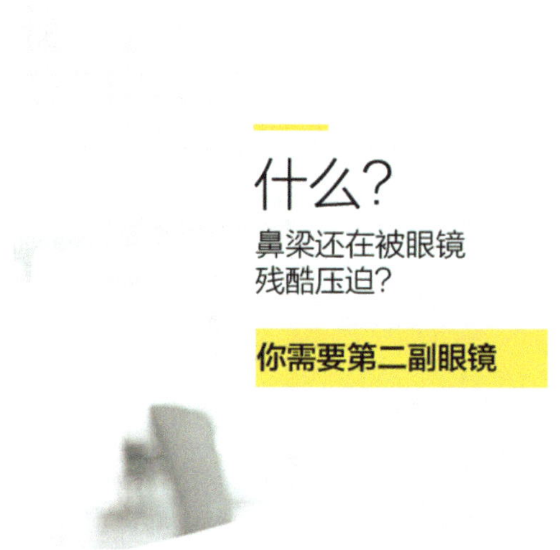

图 2-52

（2）种子用户的召集方法

提升客户体验的有效方法是召集种子用户，进行用户实测体验，从而获得用户的感知，并在这个过程中，调整产品包装的策划。

种子用户的召集，一般通过朋友圈、好友转发的方式进行，意在获取第一批种子用户。

问耕——郑老师的茶（以下简称“郑老师的茶”）在众筹种子用户召集的过程中，采取的方式是通过朋友圈召集茶客关注公众号、留地址，寄样品茶。在这个过程中，怎么辨别用户是不是真正的茶客、是不是目标用户成为重点。只是冲着免费样品茶留地址的，不仅会加大营销成本，而且也不是目标用户对象。因此，需要用户做一个简单的小动作，把自己的茶具拍照片上传。

通过一张照片，可以简单地分辨出目标对象：有茶台、专用泡茶壶或专用烧水壶的照片，很明显是老茶客，不喝茶的人，只能是一个水杯。通过这种方法，召集了1000多人的种子用户群，在群里互动，讲茶的特点，引导用户关注茶的品质与健康。

（3）用户体验

郑老师的茶是由华南农业大学退休茶学教授郑永球老师开垦的茶园，全程不打农药、不施化肥种出来的茶，通过欧盟最严格的SGS认证，最大的特点是不含农药残留。为了突出这种特点，让用户体验到茶叶的优秀品质，众筹团队找专业机构采购农药残留检测试纸，随2000多份样品茶寄给种子用户，让用户对比测试郑老师的茶，与用户自己喝的茶进行农药残留对比试验。

结果在种子用户群里引起了热烈的讨论，收到样品茶和试纸的用户，纷纷晒各种测试对比图，从而达到最佳的用户体验。

用户的体验，是需要让用户能够直观感知的，三个爸爸空气净化器在种子用户中，发放空气质量检测仪，检测用户家里PM2.5和甲醛的含量，既让用户能够直观地感受到痛点，激发购买欲望，也让用户感受到使用三个爸爸空气净化器带来的极致效果。

体验的最好方式，是能够数字化！

并非所有的体验都能够数字化体现，所以众筹项目应该策划用户体验的直观表现形式。

4. 品牌故事

品牌故事是承载品牌文化、寄托品牌情感的表现形式，意在通过品牌故事，引起特定用户群体的情感共鸣，为品牌传播塑造价值。

三个爸爸成功地塑造了一个为了女儿健康、放弃百万年薪从头创业的英雄人物。抓住了为人父母的心和大众创业的热潮。

褚橙的故事，描述的是老人创业的励志故事。郑老师的茶借助当时褚橙的热点，塑造了一个茶界老人创业的故事，属于借势营销。

猫王收音机，则是打造了一个音响界的工匠故事，与当时匠心与匠人情怀的热点互为呼应，如图2-53所示。

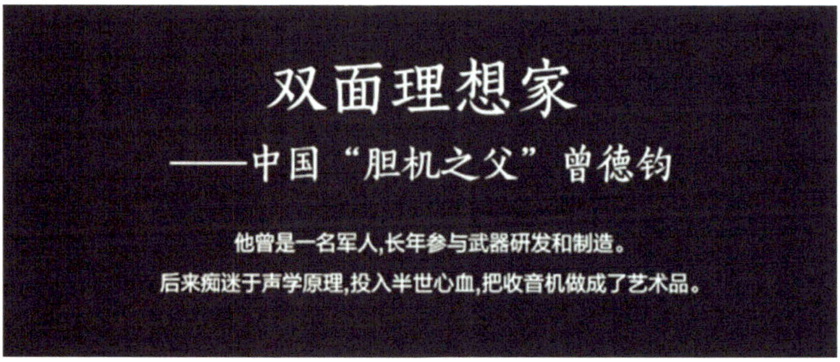

图 2-53

雕楼生铁壶项目，则是推出了一位中国本土工业设计师比肩世界大师、声名远播全球工业设计界的青年才俊形象，如图 2-54 所示。

图 2-54

·米兰世博会《产品造型设计的源点与突破》宣讲

（碉楼生铁壶项目所有图片由项目方负责人温为才先生提供）

图 2-54（续）

以下几种类型的品牌故事易于引起人们的情感认同和社交的传播，供读者参考：

- 成功创业，特别是“草根”创业的励志故事，在这个“大众创业，万众创新”的时代，易于引起大家的关注和情感认同；
- 为家人、为爱付出的故事，易于引起大众的情感认同；
- 时下热点事件的热议关注，会成为广泛传播的题材；
- 弘扬中华文化，赢得世界尊重的故事，能激起民众的自豪感；
- 获得知名投资机构投资的故事，能迅速引起关注。

5. 众筹策划

众筹的策划是众筹项目的整体包装。

首先，项目必须有一个好的标题。好的标题有两个维度：一是必须要有足够的吸引力；二是标题要包括关键字段，能够被众筹页索引得到，方便用户搜索。

在独美眼镜的标题中，“比 A4 纸还轻”是一个吸引人的点，A4 纸是消费者熟悉的东西，比它还轻，能够抓住消费者的眼球。而“眼镜”是关键词，是给用户搜索的核心关键词。既抓住内部流量，又抓住外部流量。

在碉楼壶项目中，“获美国工业设计大奖”是吸引人的点。而“碉楼壶”在做众筹项目以前，因为获得 IDEA 设计奖而被国内众多媒体报道传播，是已经形成有一定知名度的词，是利于搜索的关键词，如图 2-55 所示。

图 2-55

其次，详情页的策划。如果说标题是要抓住消费者的眼球，那详情页，则要抓住消费者的心。

详情页的设计逻辑，要从卖点总述、痛点（卖点）场景、产品细节、品牌故事、意见领袖、媒体报道等几个维度，对产品进行立体包装，让产品变得有血有肉，还有灵魂。

下面以独美眼镜为例进行详细解读：

首先，不滑落，无负重感，这是解决戴眼镜人士的两个重要痛点，作为主打卖点吸引用户的兴趣——为什么这款眼镜能够解决这两个关键性的痛点？同时，附加6个主要的卖点，表明产品的主要特色，如图 2-56 所示。

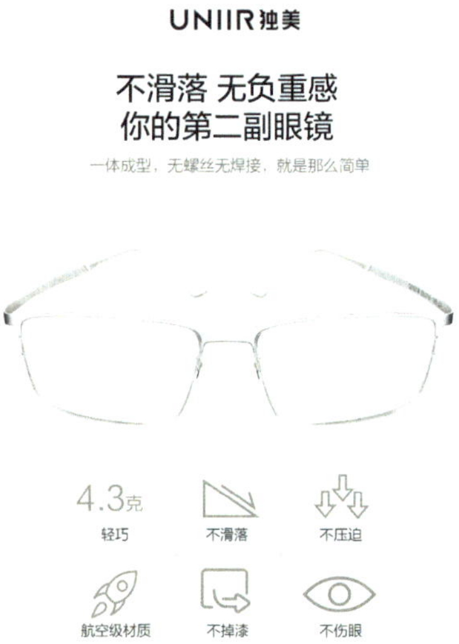

图 2-56

接下来，引入痛点的几个场景——鼻梁被压迫、运动时滑落、追剧时眼睛的不舒适感。这些都是日常生活中常见的痛点场景，很容易引起用户的共鸣。

怎么解决？

4.3 克的重量、一体成型的设计和工艺、116 道工序的加工、钛金属材质，等等，既是回答如何解决痛点，也是对产品的深入介绍。

随着对各卖点、特色、工艺、材质、细节等的深入介绍，用户的疑虑逐渐被打消。再用真实的场景总结产品带来的不一样的体验：办公场景、生活场景、运动场景、休闲场景、阅读场景等，将用户带入日常生活中的真实场景中，看客变成了用户！

这款产品在众筹过程中，一直维持着相当高的转化率，平均每天都会获得 6 ～ 10 万元的众筹金额。大多数佩戴眼镜的浏览者，都会被这款产品所打动，从而成为独美的用户。

众筹详情页如表 2-20 所示。

表 2-20

序　号	内　容	文　案	备　注
1	头图	核心广告语 + 三个主要卖点	吸引眼球
2	综述	核心卖点 +3-6 个主要卖点	详情转承
3	痛点场景	主要痛点	带入关注
4	核心卖点详述	卖点详述，痛点解决方案	解决方案
5	痛点解决原理	为什么能解决痛点	让消费者信任
6	细节详述	细节说明	附加价值，解决疑问
7	归纳总结	卖点归纳	重复加强，转承
8	品牌故事	情怀	情感诉求
9	意见领袖	名人站台	增加信任
10	媒体报道	媒体站台	增强公信力
11	资质团队		拉近距离
12	众筹原因		
13	众筹档位		
14	联系方式		

6. 视频策划

随着 4G 网络及 Wi-Fi 的普及，越来越多的用户喜欢通过视频了解众筹项目，视频策划成为众筹策划中一个重要的板块。

视频在众筹中的作用：一是让用户能够在众筹页直接通过视频了解产品、了解品牌，从而可以直接引导用户下单；二是视频本身具有传播价值，能够形成品牌传播。

视频的风格类型，一般分为以下几种：

一是平稳述事型，一般由品牌创始人来讲述产品开发初衷、品牌故事、产品主要特色。这要求品牌创始人有较强的镜头感和人格魅力，看似简单，却最考验功力。独美眼镜的视频，即采用这种模式，简单的叙述中，把产品的魅力散发出来，打动消费者。

二是唯美诗意型。以唯美的视觉画面，诗句一样的旁白，让用户，特别是有文艺情的用户为之心动。

郑老师的茶即是采用这种风格的视频（网络搜索“郑老师的茶”，观看视频）。

一般来说，茶客对茶文化、中国传统文化都有一定的爱好或研究，这个群体中，多数人骨子里有一定的文艺情怀。用唯美型的视频，是打动这个群体的不二之选。

人生一世，惟求一志

志贵专一，非专学难以至精

专学在于思虑，非深思无以言得

莫问收获，但问耕耘！

简单的几句诗一样的旁白，把郑老师的文人气质、匠心精神，以及品牌文化展现得淋漓尽致。这样一个美的视频，会吸引看视频的人不自觉地看完所有视频，从而对产品的特色，以及背后的匠心精神，包括对郑老师“不问收获，但问耕耘”的为师之道理解得更为透彻。

三是动画风、嬉皮士和搞笑风格。这类视频在社交时代，尤其易于传播。猫王小王子和小王子 OTR 音箱将这种风格玩得炉火纯青，特别有存在感。

猫王收音机的最厉害之处是把原本针对 40 岁以上有怀旧情结的用户群体，通过小王子这款产品和嬉皮士风格，成功地将用户定位为 90 后的年轻一代，百度视频上能够搜索 130 余条视频，其中大多数竟然是开箱体验视频（在京东个人众筹搜索“猫王小王子”可观看视频）。

7. 事件营销

事件营销，是众筹的核心要义。一次众筹成不成功，关键核心在于事件营销的影响力，而非众筹金额的多少。

事件营销是网络营销的重要与核心手段，能否在社交媒体中引爆，并获得传统媒体跟进，是事件营销能否有效的判定标准。事件营销的方法有以下几种。

① 借势营销。三个爸爸空气净化器在众筹期间，刚好北京在举办马拉松比赛。当时雾霾比较严重，有人戴口罩、戴防毒面具。三个爸爸借势让合伙人背着空气净化器也跑一下

马拉松。这种借势营销的活动，让马拉松在传播时，给三个爸爸带来了很多关注。

② “傍大款”。“傍大款”的方式有两种，一种是合理傍上明星 IP。三个爸爸在众筹之前，特地把样机送给多位影视明星和行业大佬体验试用，因为体验好，多位明星在其微博上称赞，明星 IP 的影响力相当之大，算是“傍大款”的典型案例。另外一种是制造话题，与知名品牌或知名人士互怼。某品牌毛巾与网易严选的一款毛巾为同一供应商。网易严选借 G20 峰会专用毛巾的名气做营销。双方为此大开“口水战”，一时 AI 财经社、经济生活报道、今日头条等各媒体跟进放大，开始了互撕模式。这场大战，双方都是危机公关的高手，都在危机中获益。但特别要说明的是，这种互撕模式是一把双刃剑，算是偏门，若非高手，很容易伤人伤己。没到一定段位还是不要去碰的好。

③ 直播。三个爸爸在众筹之前，发生了一件事情，罗永浩与王自如在优酷做了一次视频辩论活动，一时围观者无数，成为当时的一件标志性事件。在众筹期间，三个爸爸的创始人戴赛鹰也在优酷做了一次《净化论》的视频辩论，以 6 部 iPhone 手机和 500 个肘子为注，引起无数人围观，曝光无数。这是一次典型的直播营销，更是一次典型的事件营销，通过辩论的形式，引起公众的广泛关注，从而演变为事件，扩大影响力。

在 FIIL 耳机众筹期间，汪峰举办了一次演唱会（并直接把演唱会门票都拿出来众筹），对演唱会本身来说，也是一种明星利用 IP 的影响力，对到场的观众进行现场直播的一种营销方式。小牛电动在众筹期间，创始人李一男在北京 798 举办了一次千人发布会。李一男以自带光环，引无数媒体争相报道，创当时众筹项目的 No. 1。

直播的形式发展到现在，更为直接和方便，通过京东平台，就可以进行在线直播，比之以前的直播更为直接和有效，但直播本身更考验直播的策划和执行能力。

8. 众筹推广

众筹的推广，一般分为 4 个阶段。

第一阶段，众筹之前的推广。重点在于种子用户的召集，制造多种环节，让用户参与进来，共同推进项目。

三个爸爸项目众筹之前，利用种子用户，发放空气质量检测仪，让用户参与空气质量的检测，不仅激发消费者的痛点需求，也用数据的形式，增加用户的体验感。

郑老师的茶在众筹之前，通过种子用户，对茶叶进行农残检测，用定性的方式，让用户参与检测环节，更高程度上让用户体验农残的普遍性，并激发用户对茶叶安全的关注度。

通过用户的参与和体验，这批种子用户最有可能成为品牌的死忠用户。一旦众筹开始，这批用户是口碑传播的坚实基础。很大程度上，众筹的第一批用户，都是这批种子用户带来的。

第二阶段：众筹上线的引爆。通过社交媒体，对精准用户进行社群引爆。利用集赞、转发、小游戏、IP 大 V 传播、意见领袖传播等，大规模散开，提升曝光率。

社群的线下活动是这一阶段的重要形式。

爱国者 EROS HIFI 播放器在众筹上线后，组织发烧友在北京东方红酒窖召开“天籁之音，匠心力作”品鉴会，通过线下活动的形式，提升热度和影响力，如图 2-57 所示。

图 2-57

第三阶段：内容传播。内容传播的主要体现形式为软文和视频。

软文的主要形式分为三类。

第一类主要是评测类的文章，一般请一定权威性的媒体或机构，进行产品评测，以评测报告的形式呈现。特别是黑科技类的产品，用评测报告的形式更能获得用户的信任。

第二类是创业故事或者品牌故事类，以情感为主，激发有同感人的同理心，从而获得认同。

第三类是开箱体验，真实消费者收到产品的开箱体验，这类文章一般以早期种子用户为主，种子用户的真实体验，能够表达用户对这类产品的认可或者有待提升的地方。

视频类的主要形式分为两类。

第一类是创始人接受媒体的采访，谈创业初衷，产品特色为主；

第二类是用户的开箱实拍视频，使用体验视频。

第四阶段：社群留存。经过前三个阶段的推广，众筹也快进入尾声，如何在最后阶段引发高潮，是社群留存的重要意义所在。

一般来说，要顺势引导参与众筹的用户，进入微信群或者 QQ 群，在群内进行互动，激发参与用户的社群认同感。最后阶段的众筹，通过前期参与的用户进行传播，是重要的方式。

需要说明的是，众筹本身就是一个品牌知名度建立的过程，不仅是上述推广的形式，各种新的营销模式不断涌现，也使得众筹的推广方式多姿多彩，需要更多形式的尝试与创新。

9. 分销体系建设

借助众筹的影响力，顺势建立分销体系，是保障后期持续销售的重要手段。

首先，对参与批量众筹的客户深挖，发展分销的主要对象；

其次，有条件的项目方，可以开拓线下开发经销商，形成意向分销，在合适的时机，召开分销商招商大会，利用众筹影响力，转化意向经销商；

再次，要快速建立起完善的分销制度。例如分销定价、分销管理、价格管控模式、支持政策、返点政策、线上分销商与线下分销商的区分方式等，形成立体的营销渠道。

2.5.3 用众筹找到市场突破的起点

众筹通过市场实效，证明了其为一种快速有效打开市场、找到市场突破的新方法。

首先，众筹平台的选择。

众筹平台，主要由三个关键要素构成。

① 众筹平台有足够的信任背书。京东众筹平台在京东商城平台的基础上发展起来，多年的经营，足以赢得消费者的信任。

② 众筹平台需要有中心化的流量支持。截至 2018 年 9 月 30 日，京东平台活跃用户数为 3.052 亿，是国内第二大电商平台。京东众筹在京东商城有直接的入口，其中心化的流量数以亿计，京东众筹发展到现在，已经筹集了 64 亿元的资金，其中心化的流量，是众筹项目成功的核心保障。

③ 社交流量的支撑。腾讯与京东有着深入战略合作，并进行了战略投资。腾讯的两大社交资源微信和 QQ 直接接入京东平台，保障了其社交流量的有效链接。微信是全球最大的社交平台，其用户数量突破 8 亿，是京东众筹成为全国最大众筹平台的核心优势。

其次，众筹是各类资源集中火力突破市场的方法。调集各方资源是众筹成功的关键。在众筹之前，需要进行精心的策划，通过多种渠道将资源集中，不能盲目上线。众筹不是一次促销活动，而是一次完整的网络营销体系建设的过程，每一个环节，都需要充分的讨论与策划，才能确保众筹成功。

再次，众筹是产品营销和品牌建设的开始，与后续的营销发展一脉相承，不能独立运行。从品牌的定位、产品的定位、用户群体的定位等多方面，都需要深入思考，做好规划，才能使品牌长久发展。

最后，并非所有产品都适合众筹，不能对众筹的方式盲目相信，需要综合产品优势特点、自身拥有的资源，以及筹集资源的能力做一个衡量，评估能力后再决定是否适合。

京东

第 3 章
店铺打造

本章导读：本章从店铺的维度，讲述如何打造一个高品质的店铺，以及在打造店铺过程中要注意的大局、方向与细节，并从营销的高度，分析促销的方式方法等。

3.1 好店铺的标准

3.1.1 渠道布局：App、微信、手机 QQ、M 端和 PC 端

我们选择在京东平台开店，从此开启品牌的电商营销之路或个人的创业之旅，都是希望可以运营好店铺，并且希望品牌所在店铺能够被更多消费者找到并产生交易，为更多消费者提供优质产品和服务。既然如此，有一条最基础但也是最重要的法则对于达成这一目标具有重要的意义，即无缝覆盖京东平台所有的渠道。

提到渠道，大家都不陌生，营销 4P 理论，即产品（product）、价格（price）、渠道（place）、促销（promotion），其中之一就是渠道。对于京东平台而言，渠道具体指的是什么？渠道对电商而言意味着展示入口、流量入口，以及消费者能够在哪里找到你，看到你的商品和服务。京东有 App、微信、手机 QQ、M 端和 PC 端。面对众多渠道，会不会有茫然的感觉。不清楚哪个渠道的流量高？哪个渠道转化高？不同的渠道适合销售哪些类目？其实，在京东商智可以清晰地看到店铺在各个渠道的流量和销量占比，有高有低，如图 3-1 所示。

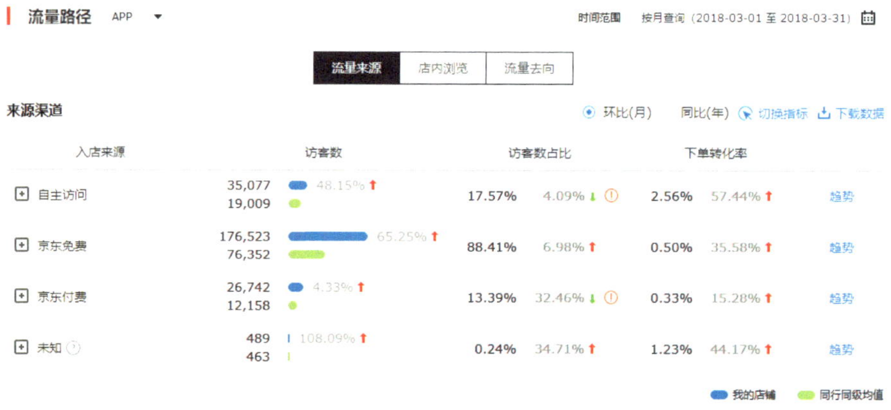

图 3-1

除此之外，我们还可以通过图 3-1 中的数据，分析出同行店铺的流量构成。如果我们刚刚开店，那此项数据可以有效帮助我们决定引流渠道的合理分配，防止盲目引流。

渠道作为流量的载体，其重要性毋庸置疑。以下将从京东现有渠道的独特属性、用户特征和平台愿景三个维度讲述“一条法则，让店铺飞起来”。

1．京东现有渠道的独特属性

① 京东 App 是移动互联网时代的重要产物，据京东 2016 年第三季度财报数据显示，移动端订单占比达到 79.9%，同比上年增长超过 110%，其中 2016 年 11.11 期间（11 月 1 日—11 日），移动端下单量占比达到 85%。

② 微信端口流量的强大就更不言而喻了。根据腾讯 2016 年第三季度财报显示，微信和 WeChat 的合并月活跃账户数达到 8.46 亿，同比上年增长 30%。来自微信团队“2017 微信公开课”PRO 版上发布的《2016 微信数据报告》显示，2016 年 9 月微信平均日登录用户数达到了 7.68 亿，同比上年增长 35%。50% 的用户每天使用微信超过 90 分钟。“80 后”和“90 后”为典型用户（满足每日登录和每天使用时长超 90 分钟的任一条件），占据活跃用户的 65%。其他用户定义为“95 后”用户（17 ～ 21 岁）和老龄用户（55 岁以上），月活用户的占比分别为 14% 和 1%。

③ 手机 QQ 覆盖的人群主要集中在“95 后”和“00 后”。根据腾讯 2016 年第三季度财报显示，QQ 月活跃账户数达到 8.77 亿，同比上年增长 2%。QQ 智能终端月活跃账户达到 6.47 亿，同比去年增长 1%。QQ 最高同时在线账户数（季度）达到 2.50 亿，同比上年增长 5%。

④ M 端与以上端口互为补充，多元入口聚合成一个矩阵。如图 3-2 所示。

adidas App 端入口　　adidas 微信端入口　　adidas 手 Q 端入口　　adidas M 端入口

图 3-2

⑤ PC 端是互联网时代消费者连接网络的主要入口，以京东 PC 首页为例，在移动互联网如此发达、用户时间如此碎片化的情况下，日 PV 最高超过近 3000 万。流量端口的重要性毋庸置疑，有流量的地方，就具备产生销售的可能，如图 3-3 所示。

adidas PC 端入口

图 3-3

2. 用户特征

从用户行为角度来看，在鼠标＋指尖的时代，用户是极其挑剔的，你永远不知道用户的下一个购物触发在哪一个入口。

举一个用户购物场景的例子：以京东平台为例，“95 后”的艾米和杰瑞通过 QQ 聊天，艾米分享了自己新买的一双运动鞋的图片，杰瑞觉得很酷，了解品牌后就在手机 QQ 京东购物入口搜索该品牌，首先映入眼帘的应该是艾米分享的那双鞋子，因为这里搜索后的结果对于杰瑞来说是第二次见到了，并不陌生。此时杰瑞会很兴奋地把链接发送给艾米，确认上次买的是不是这双鞋子，鞋子的质量怎样，穿着舒服与否，得到确认后，会产生几种不同的生活场景。

① 杰瑞因为艾米的介绍，认可该商品，马上购买。此类购物行为属于朋友推荐购物，订单完成于社交软件腾讯 QQ 中；

② 杰瑞想看看其他款式，于是将其加入购物车，再从关联页面进入店铺的其他商品页，了解更多商品，看到商品确实不错，于是关注了店铺；

③ 改天，杰瑞打开京东 App，看到“为您推荐”里，他看过的鞋再次被展示出来，从微信端进入京东购物有优惠券，立马领券下单，从而完成购物。

京东购物的入口渠道有很多，京东 App 是京东注册用户购物入口的主要渠道，而微信购物、手机 QQ 购物是社交流量的入口，这些移动端的入口渠道，都可以直接实现用户的个人账号登录，从而实现加购、加关注、加收藏的连动。同时，结合浏览记录，能够实现千人千面的推荐模式，浏览过的商品，也会结合推荐相关的商品，同时展示在用户的页面里。

如果你是品牌负责人，那每个渠道都有可以关注的点，如果没有去关注和做营销，那用户就可能会流失。

这是一个很简单的生活场景，用户在移动互联网上不断地分享购物信息，无论在手机 QQ、京东 App、微信或 M 端，好的商品信息、优惠的促销信息都在指尖传播，用指尖代替双脚站队，唯有全面覆盖这些端口，选择适合各个端口主推的商品方能取得事半功倍的效果。

3. 平台愿景

从京东平台的愿景来说，“让生活变得简单快乐”，多渠道覆盖，除了获取流量外，更重要的是优化用户体验，让用户的生活变得简单快乐。京东平台也非常有诚意地推出了“一键购”超便捷下单功能，如图 3-4 所示。此功能首次使用时，系统会提示你设置默认收货地址、设置默认支付方式等。让网购不再是逛，而是直接买买买。

图 3-4

由此来说，从开店铺覆盖渠道的角度来讲，京东平台是鼓励商家全渠道覆盖的，有些渠道虽然不是用户现阶段消费的重点，但不意味着未来不是。例如，用户通过手机 QQ 渠道购买家电和建材类商品的可能性很小，平台对于此渠道则不主推家电和建材类商品，但通过搜索或类目出现的优质展示是必不可少的。

通过研究各个品类的 TOP 商家、TOP 品牌，我们发现一个基本的规律，好店铺在渠道方面的特点是相似的，就是能够做到全渠道无缝覆盖，而有待提升的店铺则各有各的不同。

3.1.2 视觉营销：VI 与 VE

在眼球经济时代，视觉营销发挥着极其重要的作用。

UI（User Interface，用户界面）强调的是为用户提供良好的感官体验，当我们的品牌和商品在京东以店铺聚合的形式向用户展示时，京东现有的网站结构、系统等诸多方面是无法改变的，但平台具有包容性和开源性，你可以将品牌故事、商品展示、店铺装修、促销活动、互动游戏等通过创新性、融合品牌调性的 UI 设计理念，为用户提供极致的感官体验。

我们都有逛商场的经历，根据商场的定位不同，每个商场呈现给我们的感官是不一样的。在北京王府井的东方新天地商场，你能感受到的是聚合世界名品的调性，当我们来到北京亦庄的华联购物中心时，感受到的是以娱乐、餐饮、中端品牌为主的生活化的味道。这就是 UI 的基因，在展现之前，我们需要定位好自己的品牌基调。

UE（User Experience，用户体验，简称 UX 或 UE）是一种纯主观的，在用户使用一个产品（服务）的过程中建立起来的心理感受。因为它是纯主观的，就带有一定的不确定因素。个体差异也决定了每个用户的真实体验是无法通过其他途径来完全模拟或再现的，它重视的是对用户行为的引导。

无论是店铺装修、促销活动，还是用户购物后的快递送货、签收、售后等环节，用户体验毋庸置疑都被放在了最重要的位置，这些内容，我们在后面的篇幅会详细介绍。用户体验强调的是对人的行为的理解和习惯的把握。一次舒心的购物将为之后的复购奠定基础。

如图 3-5 所示为好奇自营官方旗舰店的 UE 设计。

图 3-5

谈到 UI 和 UE，前者重视视觉感受，后者重视心理感受。在自己的店铺向优质店铺迈进的过程中，必须双管齐下。试想你在东方新天地购物时，调性已经将你征服得很彻底，可是当你想买一条杰尼亚的腰带时，在里面转得晕眩了，也不知道店铺在什么位置，这样的体验是不是不好。

纵然感官是让你满意的，但用户行为引导如果不能跟上节奏，就变得徒有其表了。在运营线上店铺的过程中，我们经常遇到客户投诉，投诉的原因大多是图文介绍与实际商品不符。在我们向用户展示商品的过程中，通过优秀的设计师、一线的摄影师、顶尖的文案对商品进行包装，随后通过无缝覆盖的渠道与促销活动去推广商品，用户看到了、心动了、购买了。在经历有事儿没事儿看看物流信息的期盼过程后，收到货了，本来满是欢喜，看到实物后，却黯然失落。整个过程中 UE 做得很好，但 UI 是否存在过度的感官营造了呢？

UI 和 UE 是运营好店铺的必备条件，除了这个思维，更重要的是在使用的过程中要明确使用的原则。UI，注重感官，我们可以将调性、趣味融为一体，但不能华而不实，漏洞百出。UE，注重行为引导，引导的过程中要充分考虑用户的购物习惯以及需求。

3.1.3 如何进行店铺结构化设计

在 3.1.2 节，我们提到了 UI 和 UE 的重要性，如果将二者充分融合，为用户提供极致的感官和行为引导体验，那么一定能打造出优秀的店铺。因此，在店铺的实际运营过程中，我们将介绍一整套京东店铺运营的“视觉营销”结构性设计策略。

1. 品牌基因

品牌基因是在视觉营销过程中首要考虑的因素，它决定了页面传达的理念、表现的行为、视觉感受和听觉感受。

什么是品牌？引用现代营销学之父科特勒在《市场营销学》中的定义："品牌是销售者向购买者长期提供的一组特定的特点、利益和服务。"特点、利益和服务，这三点我们需要通过 UI&UE 去表达。如果不能充分地表达这三点，那么消费者也许不能完全识别你是谁，更不能通过一次又一次的购买行为记住你。有时候，购买商品只是因为它价格便宜、款式新颖或碰巧出现在面前了，比如 1 元疯抢、免单等，购买之后就结束了。因为上述商品没有明确标识、特点，之后也没有持续传播和曝光点，无法通过品牌深入购买者的心。

这里谈品牌，大家认为应该都是大品牌，国际一线、国内驰名，其实不仅仅是大品牌需要品牌基因，诞生期的品牌，也需要尽早设定品牌基因，因为品牌是消费者对于商品的具象认知，我们作为销售者，只能通过设定品牌基因，才能牢牢地抓住消费者，抢占消费者对于某一个品类的第一品牌印象。

对于经营代理品牌的商家，若想要改变品牌方的品牌基因实属不易。但是我们也给大家想到一种经营思路。假设，我们经营的是一家空气净化器的店铺，可能会拿到很多品牌的代理，那么我们的店铺类型就会被定义为一家多品牌类型的专营店。我们可以给自己的专营店设定一个"品牌基因"，例如，我们经营的这家空气净化器专营店，专注做雾霾重灾区市场。虽然我们经营多个品牌，但是我们已经帮各位消费者做过了产品的筛选，我们只销售各个品牌净化能力非常强的产品型号。这样设定的"品牌基因"，并不是刻意在缩小市场容量，获取精准用户，而是让精准用户，以及非精准用户，潜意识里认为，我们是在帮他们挑选空气净化能力非常强的产品。因为，我们专注做雾霾重灾区的市场，所以，我们的消费者潜意识里会认为，我们经营的空气净化器的空气净化能力一定都非常强。

2. 分类导航

分类导航，顾名思义就是以精准的分类为用户提供购买行为的引导。我们见过 hao123 的导航界面，见过京东首页的分类导航，这些并不陌生。分类归纳的最高境界是"相互独立，彼此关联"。因为营销的分类不是为了分类而分类，而是要满足消费者找到商品的需求。

如图 3-6 所示以手机配件为例，每一个手机配件相关的商品，在平台都会有相对的属性，当然每一个属性都相对应一种使用场景。它分为手机壳、贴膜、手机存储卡、数据线、充电器、手机耳机、创意配件、手机饰品、手机电池、苹果周边、移动电源、蓝牙耳机、手机支架、车载配件和拍照配件，等等。例如一个经营手机壳的商家，需要对手机壳进行分类导航设计。用户一般购买手机壳的逻辑是，买了某个品牌某型号的手机，需要买个手机壳，选什么样式、什么颜色、什么价格、什么材质、什么品牌等都成为考量的因素。那可以根据手机的品牌确定一级分类，接下来二级是手机型号，如此就非常明朗。每一个手机型号下可能对应不同的 SPU，每一个 SPU 将款式、颜色、材质等属性进行组合。

图 3-6

3. 营销活动

营销活动不等于促销活动，常见的促销活动包括满减、满免、直降、满赠、领券等，但营销活动包括促销活动，且不局限于此。如侧重品牌类的营销活动，京东目前有“超级品牌日”活动，活动将整合所有的资源，对品牌进行一次无缝隙的曝光和传播，带来的流量则通过单品促销、店铺整体促销区承接，转化为最直接的销售。

对于店铺的视觉营销而言，营销活动要出现在店铺的第一屏、第二屏的位置，服装的春季上新、商场同款、明星同款、热销爆品、满减或直降专区等，都要出现在比较显眼的位置，这些能激发用户的购买欲望，留住用户。电商的本质还是零售，当用户逛线上商城时，被吸引的不仅是品牌本身的价值，更是能映入眼球的营销活动，明星见面会、周末两件 8 折、新款限量发售等。用户看到这些，忍不住要去看看，满足自己的欲望，如果爱不释手，就尽收囊中了。如图 3-7 所示为 SELECTED 京东官方旗舰店店铺首页第一屏的营销活动。

图 3-7

4. 上新 & 更新

对品牌、对店铺忠诚的用户，总会不经意之间去关注它们所喜欢的品牌或商品最新的动态，最近出什么新品、什么时候上新，有时会对页面风格设计赞不绝口，对某一商品朝思暮想。因此好的店铺会单独建立自己的上新专区，并告知消费者上新的时间和节奏，也会设计打折专区。店铺的装修风格、素材优化和更新的频率也可以在固定的时间进行，每个月装修一次，或者一季度装修一次。为用户营造不一样的体验和感受，但主色调不容变，否则容易让人遗忘掉你是谁。如图 3-8 所示为 UR（URBAN REVIVO）的上新规划。

图 3-8

5. 客服

客服是京东好店铺极为重要的一部分，京东平台有自己的特殊属性，大部分用户都是静默下单。只有极小一部分，约占 5% 的用户是咨询后下单。此时可以回想你在京东的购物体验，有多少次与客服交流过。不过两者之间的比例应该会逐步缩小，因为用户需求的个性化、要求的多样性、对商品和服务的认知等因素，咨询量将逐步增加。无论之前较低的咨询量还是之后呈现的上升趋势，我们都必须高度重视。如何做好这一部分，好店铺一般具备以下两个特点。

① 坚持的理念：一切为用户服务，服务用户的一切，网销是零售的一种高效的运作方式，有用户的地方就有我们的服务在。

② 遵循的原则：以用户集中浏览、咨询时间为重心，规划一般期、波峰期、波谷期，

不同期间安排不同的服务方式，要求24小时都能响应用户的需求。电商消费者人群的消费时间基本是有规律可循的，上午10点～12点，下午4点～6点，晚上8点～11点，这几个都是黄金时间段，但不同的品类，访客高峰时间以及下单高峰时间也不尽相同。

6．完整的闭环逻辑

用户在京东平台找到我们，无论是通过搜索入口、活动入口，还是站外引流等入口，最终都会以单品落地、跳出或成交来结束购物。因此，对于完整的闭环逻辑来说，我们强调的是单品页面的闭环。通过店铺导航、标题促销语、商品详情页链接、看了又看、店长推荐、店铺分类、店铺热销、店铺关注、店铺新品等来完成闭环。

商品详情页完整闭环结构如图3-9所示。

商品详情页完美布局图		
顶部模版	店内活动／店铺利益点	
	单品推荐／套餐／测款	
商品详情页	商品海报	
	商品属性	
	实物对比	
	商品360度	
	卖点展示	
	模特展示（可替换）	
	搭配建议（可替换）	
底部模版	包装物流	
	售后承诺	
	公司（品牌）简介	
	店铺社媒	
	会员权益	
	特殊类目	保养须知（皮具）
		搭配建议（服饰）
		换食节奏（狗粮）
		服务网点（家具）
		使用禁忌（药品）
	功能导航	返回顶部
		店铺首页
		自定义

图3-9

如图3-10所示为联想（Lenovo）小新Air13商品展示页“人气配件”闭环逻辑中的一部分，对于用户购买电脑后可能需要的配件进行了闭环设计。

图 3-10

7. 全渠道：PC 端和移动端

前面已经为大家介绍了 PC 端和移动端具体的端口区别，在视觉营销的结构性设计方面，坚持的原则是划零为整，各个端口都有，但无论在哪里都能知道是你的颜色，是你的货品，是你的味道。

3.1.4 产品规划策略及详情页打造技巧

1. 产品规划策略

从商品逻辑的角度而言，店铺内的商品必须明确主次之分，一般可分为引流商品、利润商品、长尾商品。合理布局、主次明确，最终达到满足用户多样性需求的目的。

产品规划表示意图如图 3-11 所示。

产品规划表

没有规矩，不成方圆；没有规划，不成体系

产品主图	产品型号	产品标签	活动标签	当前售价	日常活动价	大促活动价	秒杀价	类目扣点	货品成本价	平均快递费/笔	包装	赠品	单品毛利
	336533	秒杀	万件	¥399.00	¥329.00	¥289.00	¥249.00	¥31.92	¥199.00	¥7.50	¥2.00	¥2.00	¥32.00

图 3-11

引流商品，这类商品用通俗的语言来说就是“噱头商品”“钩子商品”，其主要目的是帮助店铺进行引流，主要特点是价格低、性价比高，在平时的营销活动中我们看到的 1 元秒杀天梭、999 元抢购 iPad 等就是此类商品。此类商品的活动识别度高，是店铺引流的核心，是店铺流量的重要来源之一。另外，引流商品的策划还需要考虑季节变化、市场突然需求、热点时间等因素。

利润商品，主推商品必须是我们的利润商品，因为它们决定着店铺的盈利能力。在挑选这类商品时，需要从供应链强弱、产品质量考量、竞争对手情况、产品包装能力、资源投入程度、客服售后等方面综合考虑。否则，有可能会出现商品主推后库存不足、被竞争对手快速封杀、资源不够持久等一系列问题。在电商行业，“二八”原则是屡试不爽的，因此，在考量利润商品时需要更加严谨。

长尾商品，店铺的潜力商品，其主要特点是动销率低，但却能满足一类用户群体的需求。有些品牌的产品线非常长，SKU 多达几百，甚至几千个，但有些品牌的产品线却很短，比如苹果。作为开放平台的店铺，切莫重复铺货，需要根据所经营品牌的特点进行合理铺货。

每个店铺的实际经营情况不同，需要根据店铺的具体情况规划助推的商品。

2. 详情页打造技巧

商品描述主要体现在详情页维度，也是京东用户触达最多的页面。关于详情页的设计逻辑众说纷纭，详情页设计公司的专业水平是参差不齐的。真正好的商品没有详情页也会成为销售热点，例如我们熟悉的苹果手机，在 iPhone5、iPhone5S、iPhone6 的时代，只要是官方授权，有货就能卖。当然，不是每个商品都能成为苹果手机，必须重视商品描述。这里，给大家分享一些详情页设计的逻辑。

好的详情页会满足下面 4 个原则。

① 商品讲述得非常透彻。如果不知道是否讲述透彻，就问自己“我的商品讲透彻了吗？”

② 要能够感动自己。看完详情页后，自己都不以为然，就一定要再进行修改。

③ 用户一看就会选择。用户做出的选择一定是经过比较的，选择你意味着放弃别人。

④ 用户马上就下单。这是我们努力的目标，必须朝这个目标去靠近。

这 4 个原则对应的是用户的 4 个消费心理：

① 这个商品值这个价吗？

② 它到底好在哪里？

③ 为什么要选择他们家？

④ 我要马上下单，还是再等等？

关于商品详情页的设计，在没有思路的时候可以去学习同品类、跨品类的优质商家，切忌为了做详情页而做详细页，目的是让它场景化、情景化，激发用户的购买动机。好的详情页就是一个商品与消费者进行内心对话的短视频。

3.1.5 店铺营销体验

1. 关联营销，打造流量闭环

关联营销的重要作用，是通过商品之间的关联，使得进入店铺的流量，形成闭环，达到提升转化和客单价的目的。

在京东常见的关联营销有 BI（Business Intelligence，商业智能）系统和具体关联营销工具。BI 系统是根据用户的购物行为数据为用户推荐符合自身需求的商品。关联营销工具我们在前文“结构性”设计之完整的闭环逻辑部分已经进行了阐述。我们做关联营销的目的是为了增加用户，带来购买量，关联营销又可分为互补关联、替代关联和潜在关联。

互补关联指的是两种商品互为补充，例如用户购买了洗发水，则可以关联护发素；买了洁面乳，可以关联爽肤水；买了手表，可以关联表带；买了电脑，可以关联鼠标、键盘、屏幕保护膜、电脑包等。互补关联的例子是非常多的，其出发点要根据消费者的使用场景出发。

替代关联指的是当用户考虑买 A 商品时，B 商品是可以替代 A 商品的。如用户买了一盒极致超薄的安全套，可以关联情趣安全套，看着“情趣”二字，也许别有一番风味。

潜在关联指非直接关联，但有潜在需求。例如去滑雪时，因为雪票比较贵，所以如果选择购买一天的滑雪票，那么中午在雪场基本不会吃饭，吃饭一方面耽误时间，另外一方面吃完饭身体不能立刻运动，上述情况会极大影响当天滑雪的体验。所以，如果适逢雪季用户在京东购买了滑雪服、滑雪板、护具等商品，则可以推测用户近期有滑雪计划，由此可以关联红牛、乐虎等功能性饮料，也可以关联士力架等高热量食品，与此同时，由于滑雪是在户外，防冻霜也可关联。前者满足补充能量，后者更便于滑雪者做好户外防护。这一潜在关联场景的构建，可谓暖心十足。

2. 用户互动，心法

随着电商流量红利的弱化，获取新用户的成本增加，用户互动的营销方式日益重要。那作为一家好店铺，在京东如何通过用户互动来增强店铺的营销体验呢？

用户互动并不是指当用户真正和自己发生一次购买关系时才称之为是自己店铺的用户。它发生在你的品牌、店铺、商品出现在他面前一瞬间的触动。

第一次接触到你的店铺，可能是通过搜索或活动，店铺的调性、商品品质、活动力度、详情页说明等都是一次积极的互动形式，好店铺在这方面都做得让人无法拒绝。

当用户对你的店铺产生兴趣时，会与你的客服交流，咨询价格、促销、售后、品质、他人评价、发货时间等问题，这就是第二次互动了。

当用户觉得很好时，就果断下单了。物流信息成为第三次互动，每个用户购买的不仅仅是一件商品，而是一次希望和期待。等待期间就是时不时刷下手机，查看最新的物流动态。

到货后，签收的瞬间，打开包裹的瞬间，第一次使用的瞬间，7 天无理由退换货的阶段，一个月充分使用的周期，这些都是互动。因为在用户心里可能始终存有疑虑，而且时刻想着你，一旦有问题就会毫不犹豫地找到你。这个磨合周期是比较长的。

一次完整的购物流程，与用户的互动是时时都存在的。当这个流程完成时，不代表你们的互动就结束了，之后就要通过惊喜不断、节日关怀、纪念日关爱、传播与曝光等手段，持续与用户保持强有力的关系，如此便可在为用户提供更好服务的同时，为企业获取价值。

鉴于此，商家开展多种多样的老用户营销策略，平台自身和以品类为战斗单位的业务部门也会开展用户互动，例如平台推出的购物车营销功能、母婴推出的会员日和徽章等。如图 3-12 所示为京东推出的 PLUS 会员专享价。

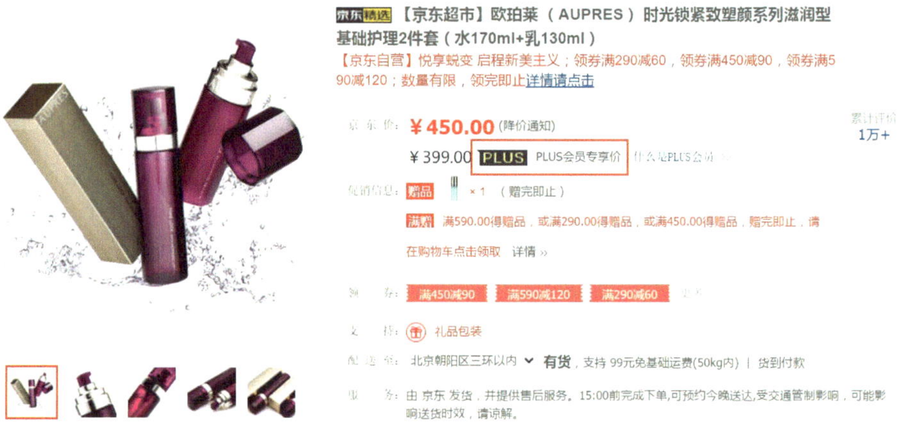

图 3-12

3.1.6 数据会说话

作为一家好店铺，和店铺相关的各项指标的表现都必须是优秀的。如何衡量这些指标是否优秀，具体方法如下所示。

1．这个指标很简单

销量指标可以拆解为销售订单量和销售金额，商家可以从日、周、月、季度、年度的时间段去观察，监测主要维度的环比和同比指标，整体需要呈现向上的趋势。

与此同时，对于其过程指标我们也需要高度关注流量、转化率和客单价三个重量因子。

2．雁过留声的用户体验

数据在平台表现为店铺的综合评分，店铺综合评分是京东结合平台监控和用户打分客观计算出的分数，其主要包括两大维度。

（1）180 天内店铺动态评分

主要包括商品质量满意度、服务态度满意度、物流速度满意度、商品描述满意度、退换货处理满意度这 5 个部分。满意度评分为 10 分制，得分越高越好，如图 3-13 所示。

图 3-13

这里重点讲述一下商品评价，《京东开放平台评价管理规则》对于商品评价给出的定义是，它指用户针对订单商品给出的评分、心得和晒单三部分内容；评分有好评（4~5 星）、中评（2~3 星）和差评（1 星）三个等级；心得是用户根据购物体验、商品质量等填写的内容；晒单即用户收到货后通过图片的形式评价订单商品。用户可以在订单完成后 90 日内进行商品评价。

设置评价的出发点是希望评价能够有利于为其他用户在购物决策和商家的经营决策中提供参考。作为好店铺，我们希望评价能够给店铺带来好的影响和较高的转化率，所以评价维护这方面的工作就显得尤为重要。

（2）90 天内平台监控店铺服务

平台监控店铺服务包括 3 部分，售后处理时长、交易纠纷率和退换货返修率。好店铺的这 3 个指标越低越好，如图 3-14 所示。

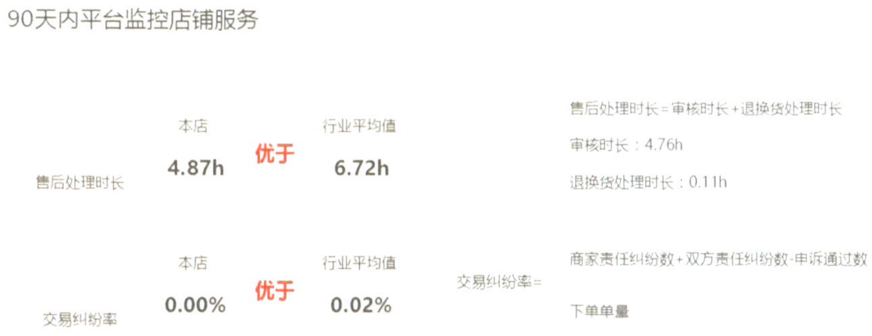

图 3-14

3.2 京东商城的“1+N”运营策略

“1+N”指的是一个品牌多个店铺的矩阵运营策略。

3.2.1 “1+N”运营策略的优势

1. 统一管理

一品多店铺的策略能够形成“统一化、规范化”的经营策略，对品牌布局电商渠道是极为重要的。品牌方授权各级别、各区域经销商，面对流量大、产量高的电商渠道，大家必定跃跃欲试，为了充分保证经销商的利益和品牌的价值，对于并无空间地域概念的电商平台需要统一步调，加强管理。

例如，七匹狼品牌在打响电商渠道的第一炮时，就确定了要依靠线上的代理商来为自己的品牌拓展线上影响力的方针。

首先是一级类目的划分。七匹狼品牌的发源类目是男装，风格为商务。慢慢从男装，拓展到男鞋、男包、男士内衣等类目。其次是不同一级类目继续划分二级类目，比如男包类目，又可以划分出商务公文包、钱包、单肩包、双肩包、拉杆箱。同一个一级类目下，会开设 1 个类目旗舰店，同时，会根据代理商的侧重品类，开设多个专卖店。既实现了统一化，又实现了规范化，完美地解决了品牌代理商直接的内部竞争，把内耗转化成外攻。七匹狼的电商发展策略，真正体现了形散神不散的核心理念。

2. 品牌为先

品牌的长期价值远远超过现阶段的短视行为，如不顾渠道、价格的混乱，纯粹为完成销售和毛利指标。一品多店铺的策略由品牌方发起，将始终以品牌为出发点，去组织、协调各类经营事项。

3. 共享共赢

按照上文所述的策略，如果悉心观察京东平台品牌和品类的生态，就可以发现有些已经得到验证，那就是能够实现多方共享共赢。

对平台而言，生态合理，各品牌直营或经销商齐心协力做大盘。

对品牌而言，品牌的传播、品牌价值的提升、货品、渠道、促销等方面均实现最优化、最大化。

对经销商而言，大家各司其职，合理布局产品线和规划运营策略，都能避开恶性竞争，进而为企业带来较好的收益。

对我们的用户而言，共享共赢产生的价值是能够享受多样性且物美价廉的商品和个性化的服务。

3.2.2 “1+*N*”运营策略的效果

品牌方需要商品有更多的分销渠道，就必然需要更多的代理商、经销商加盟，为品牌的发展并肩战斗。因为京东平台的开放性，品牌商启动的“1+*N*”运营策略在京东则呈现出百家争鸣的画面。如下是“1+*N*”运营策略的最好呈现。

1. 3C · 联想

在京东搜索“联想”二字（2017 年 2 月 24 日搜索数据），共 100 页的数据，41.1 万件商品，SKU 非常宽泛，商品范围覆盖电脑整机、手机通信、办公设备、外设等，品牌的影响力不言而喻。勾选“京东配送”后共计 4411 件，其中京东自营约 120 个 SKU，非自营且入仓的 SKU 达到 4291 个。其商品主要由京东自营、品牌专卖店和品类专营店组成“1+*N*”店铺销售矩阵。品牌方、经销商、京东平台三方高度协同完成各项日常和大促运营工作（大促指的是超级品类日、618、11.11 等活动。）。

2. 服饰 · 男鞋

奥康、红蜻蜓、意尔康、骆驼品牌在京东男鞋品类中被形容为“四大金刚”，品牌影响力和号召力极强。品牌方在进行渠道管控时，运用的是一家旗舰店加多家专卖店的矩阵模式，可对平台资源、费用投入、货品、价格等进行协调与管理，最终达到资源的优化配置，多方共享共赢。

3. 服饰 · 男装、运动装

我们看男装品类的思莱德（SELECTED）和杰克琼斯（JACK&JONES），其并没有采取多店铺联合运营的策略，而是只精细化运营一家官方旗舰店，集所有资源打造官方旗舰店。同理，女装品类也如此，如 UR（URBANREVIVO）、运动服饰类的安德玛（Under Armour）。

4. 服饰 · 钟表

钟表品类的 DW（Daniel Wellington）又表现出另外的一种运营风格，即品牌方与京东签订战略合作协议之后，品牌在京东的运营布局由国内业务和全球购业务两块构成，国内由丹尼尔惠灵顿京东自营旗舰店和 DanielWellington 旗舰店组成，国外采取同样的布局，将由 DW 全球购自营专区和海外旗舰店组成，整体操盘由品牌商的核心代理商完成。

上面讲述的只是品牌在京东“1+*N*”布局的冰山一角，为大家抛砖引玉，但无论怎样的布局策略，都是基于品牌战略、多方共赢的思维出发。如果抛开这两点，那么其他维度无从谈起。

3.2.3 如何快速布局“1+N”

既然众多的品牌在采取“1+N”的方式进行布局，那如何布局呢？简单来说，分为下面4个部分。

1. 品牌的战略需求

“1+N”矩阵构建的最终目的是为品牌提供多元展示及销售业绩，因此，战略需求是摆在第一位置的。平台方从搭建生态、充分满足用户多样性需求的角度出发，易与品牌方达成一致意见。

2. 充分沟通

因为规划的角度不同，对同样的问题会出现不同的见解。此时，充分沟通则显得尤为重要，沟通维度主要体现在具体实施计划、经销商选择、营销计划、费用投入、后续管控等。同时，沟通也包括商家矩阵建立之后的定期沟通，沟通对象包括平台方、经销商、品牌及其他相关支持人员。

3. 矩阵雏形：N等于几

矩阵雏形的问题需要在准入之前进行确认，是采取一家官方旗舰店的直营模式，还是采取共计超过10家、20家、50家或“百店大战”的模式，则需要进一步考量。其中品牌专卖店、品类专营店的比例如何，也需充分评估。所以，N等于几没有具体答案。

类似上文中提到的七匹狼线上品牌发展战略。我们可以拟定出以下几种较为实用的品牌方攻占线上市场的策略。

第一种：按类目划分

同一个品牌，拓展不同的类目，同一个一级类目下，开设一个第三方旗舰店、一个自营旗舰店。第三方旗舰店可以作为新品测款的重要渠道，自营店铺可以作为稳定爆品、稳定销售的重要渠道。同时，自营店铺还要负责配合京东平台，完成品牌意向消费者对该品牌的多种消费诉求。例如，商品品质、物流时效、售后服务、品牌活动等。

再以一级类目为划分对象，切分出多个三级类目。比如七匹狼男装类目下，我们的品牌专卖店，可以按三级类目来作为店铺主营品类。如A店主打衬衫、B店主打西装、C店主打风衣、D店主打内衣，用这种策略来防止内部竞争。

第二种：按产品划分

有的品牌可能会涉及多个类目，但有的品牌，可能只在发源类目上耕耘。比如戴尔笔记本电脑。作为品牌方，可以把不同的产品型号分配给线上的代理商，防止内部竞争。因为标品的竞争本来已经很激烈了，如果再加上同品牌之间的内部竞争，那么即使代理了戴尔这样的大品牌，经营起来，也会困难重重。只有品牌方把某个产品作为某个店铺的独家款，给予价格或政策上的扶持，才能有效解决内部竞争的问题。

4. 筛选标准

筛选标准的目标是保证渠道的最优化、运营效率的最高化和产出的最大化。有时，确定“1+*N*”的战略时，会有“抢先者”在战略未实施时就已经操盘，且战果累累。此时引入新的矩阵组成者，“抢先者”将是重要的评估对象。当然也有搅局者，那毋庸置疑请它出局。

筛选的维度包括货品能力、运营能力、人员素养、广告运维能力、资源投入能力等方面。一个优秀的矩阵参与者将在后续的经营中让整个矩阵充满活力。

3.2.4 “1+*N*”高效协同作战

1. 未雨绸缪，品牌规划先行

品牌运营规划指品牌为达成京东平台阶段性目标而制订的执行计划。阶段性分为5年、1年、1个季度、1个月等，以时间维度划分。计划的内容包括货品、渠道建设、人员配置、资源投入等，高效配置人、财、物，实现销售目标。

此外，不同发展阶段的品牌，需要根据自身实际情况分析，切勿照搬照套。品牌大致可以分为3种形态，即大品牌、发展中品牌、新锐品牌。

大品牌，前面有提到，包括国际一线品牌、国内知名品牌，这些品牌在行业影响力强，具有强大的号召力。它走到哪里，用户就会跟着到哪里，和内容创业时代的大咖是一样的性质，大咖到哪里，粉丝就到哪里。

大品牌的畅销货品多为硬通货，比如3M口罩、荣事达的小家电、杜蕾斯安全套、天梭手表等。谁有货，谁就有渠道优势，在市场久更具竞争力。所以，大品牌在制订年度计划时，采取的是三方会谈的策略，根据自身的年度战略，和经销商、平台方来共同制订新品上市、大促整合、货品架构、市场费用投入及使用原则等计划。

发展中品牌，这类品牌确定了自己必须走品牌的战略，但对于行业的影响力尚处于行程中，对经销商又无强势的管控能力，因为渠道需要经销商去铺，销售还需依托经销商去完成。如此一来，运营规划更偏向于品牌本身调性的建设计划，费用的投入、流量的导向、品牌的曝光会以旗舰店为载体。多店铺高效协同和联动表现较弱，能力强的经销商能快速打造爆品，处于成长中的经销商则需要更长的周期去推广。

新锐品牌，也称为网络品牌，它们是新生代的，现在每天都有层出不穷的品牌出现在京东平台。它们需要曝光，需要推广，更需要招代理商，需要更多的人来为这个品牌的成长发力。有按品牌调性发展的，但更多的是以款式和价格制胜，商品的生命周期短。新锐品牌在制订运营计划时，侧重的是新品的更新迭代和短线打造爆品的能力。

互联网具有包容性，丰富多彩，电商则很显然具备互联网包容性这个典型的特征，无论你是谁，你的商品只要有某一点能够打动用户，用户愿意为你买单，你就在为用户创造价值。京东平台的品牌运营规划也是如此，不同的特点的品牌，都有自己的生存之道，找到适合自己的特点来制订计划才是根本。

2. 协同作战，和赢未来

一品多店铺运营策略的终极表现就是店铺矩阵高效协同营销。基于现阶段的电商运营现状，协同营销实质体现为集中力量办大事。从京东平台“三超”项目就可看出，开篇关于“三超”项目已经有详细介绍，这里不再赘述。那如何实现多店铺高效协作营销作战呢？下面简单介绍几个例子，方便大家参考和理解。

案例一：杜蕾斯

杜蕾斯为全球知名的两性健康品牌，曾隶属于英国 SSL 集团，2010 年被利洁时集团（Reckitt Benckiser）收购。它在中国大陆地区独家代理经营企业是上海曼伦商贸有限公司。

京东平台是上海曼伦商贸有限公司极为重要的销售渠道，目前的布局采用了典型的“1+*N*”策略，京东自营杜蕾斯旗舰店由曼伦公司运营和管理，开放平台由 1 家杜蕾斯旗舰店、约 4 家品牌专卖店和多家品类专营店组成，如图 3-15 所示。

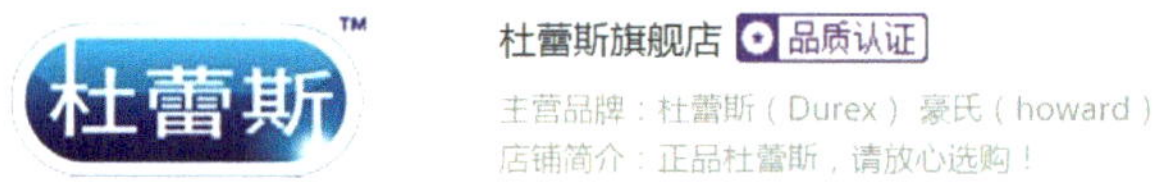

图 3-15

曼伦公司电商部门除了履行自营店铺的运营职责外，还需监管商品的价格。在年度规划时，品牌方希望各店铺从价格段和核心商品上进行区分，避免出现同一商品、同一价格段一拥而上的情况，导致潜力商品被搁置。如果出现上述情况，则将通过供货价格、赠品的形式对不同类型的店铺进行奖励或惩罚。其赠品对代理商的吸引力是非常大的，因为它相当于等值的资金支持。同时，品牌方在做活动时，如直播、品牌秒杀等，都会选择优质的经销商店铺参与，按照约定的规则，大家一起愉快地“玩耍”。更多杜蕾斯品牌的协同营销，大家可以通过网站去观察。

案例二：飞亚达集团

飞亚达集团专注于钟表行业，目前已经拥有自主品牌飞亚达、唯路时，同时收购了瑞士高端品牌艾米龙（EmileChouriet），采用授权经营的方式运营了 JEEP 时尚品牌，并通过合资参与北京牌手表的运营。此外，名表零售业务方面，旗下的“亨吉利世界名表中心”是国内统一商号的名表连锁网络，已发展为高端钟表零售业务的领军品牌之一。

目前，飞亚达、唯路时、艾米龙（EmileChouriet）、JEEP、北京等品牌在京东店铺布局策略均为自营和POP旗舰店模式。“亨吉利世界名表中心”则有亨吉利手表专营店、亨吉利名表专营店，前者以售后维修业务为主，后者以销售为主。

2016年8月2日，京东钟表联动飞亚达集团开启了“飞亚达集团腕表超级品类日”。如图3-16所示，超级品类日必须要“天时地利人和”。先来讲述“天时”，整个项目策划是618之后开始，切入主题是2016年8月9日的七夕，考虑到提前选购，到点能收货送礼的需求，所以选择了8月2日。“地利、人和”则表现为集中力量办大事。品牌方整合了在此期间所有的市场、公关、媒体、货品等资源，平台运营方也同步整合了京东的相关资源，双方合力之下，拿到了这天的超级品类日排期。

图3-16

接下来聊聊协同作战，对于飞亚达集团旗下品牌而言，集团的资源投入，对于旗下每一个品牌、每一个经销商都是平等的，大家可以共同享受资源的红利。于是，各品牌的运营方根据品类日的要求，开始备货，准备促销，整合现有营销资源，设计页面。

品类日是调动京东的战略资源来集中引流打造的，对于品牌和品类而言，流量是巨量级的。承接流量，进入主会场当然是首选。但是如果都进入，主会场的排序问题就出来了。谁先谁后？京东通过衡量品牌影响力、流量承接能力、业务贡献能力等因素，最终确定排序。

因为是钟表品类的超级品类日，飞亚达集团全线品牌和服务参战并不能100%的承接流量。除了流量问题，另外一个严峻的问题就是业绩KPI，每一次活动都需要产出。为了保证最终的效果最大化，平台品类运营方将引入竞争力极强的瑞士手表品牌参与战斗。

通过协商，页面整体风格皆需要渲染飞亚达集团，核心位置放置飞亚达标志及相关商品，其他位置均布局为瑞士品牌。天梭、浪琴、欧米茄、泰格豪雅、万国等品牌杀入主会场。

经过多方努力，活动最终完美收官，8月2日，超级品类日当天，销售额为2016年618的1.4

倍。其中飞亚达销售额为 1651 万元，是 7 月日均销售额的 110 倍。

这里讲述了品牌日常经营和超级大促中的“1+*N*”的店铺协同营销策略。协同营销执行的基础是统一步调，撬动更多、更大的资源，将资源的效用最大化，最终实现多方共赢的局面。所以无论是大品牌、发展中品牌还是新锐品牌，都可以借用这种思维模式。

案例三：玉表艺术家，小众表，大突破

艾华仕（Aivasee）玉石手表品牌，是一个新锐小众品牌，定位为玉表艺术家，旨在将中华文化与手表进行充分融合，让每一件商品都是可传承的艺术佳品，如图 3-17 所示。

图 3-17

腕表是一个品牌集中度较高的行业，国际知名品牌和国内知名品牌的烙印已经深入人心，如何在京东如此激烈的竞争环境中找到立足空间？

艾华仕（Aivasee）采取的策略是“中高客单的定位，双品牌并行，多店铺运营”。

中高客单的定位，由于翡翠玉石材质和极具考究制表工艺的原因，其价值自“娘胎”就打上了富贵的烙印，客单价在 3000 元左右。3000 元的客单价格，在腕表界是瑞士天梭品牌入门款的价格，是国内知名国表高端机械表的价格。如此，则瞄准的用户群体从客单价格的维度已经进行了明确的区分。

双品牌并行，艾华仕（Aivasee）的升级品牌是艾帝雅（Diella），如果说艾华仕是入门的玉表品牌，那么艾帝雅则为进阶的高端玉表品牌，品牌方在品牌包装和产品工艺方面进行了多次升级，为用户提供极具生活美学和收藏兼具的腕表。双品牌，让用户在小众分类多了更多的选择。

多店铺运营，则是品牌旗舰店与专营店、专卖店并举的形式。在价格方面统一售价，在款式方面，不同店铺的侧重款不同；在运营方面，根据每个店铺充分发挥店铺原本的优势，并不断在薄弱环节进行突破和创新。

目前品牌发展势头迅猛，并同步启动了开展线下店铺的计划。

3.3 促销和营销

3.3.1 何为促销

促销、营销大不同。也许经过多年测试，你仍然觉得 1 元购或 5 折有很好的吸引效果，但你是否也同时被奇妙的逻辑和无懈可击的文案所折服。当然，这也取决于我们想被人记住什么，是卖一件货，还是持续融入用户的生活。营销时代的到来，让我们更加深刻地认知我们的用户在哪里，他们还有可能在哪里。同样，我们的商品和同类型的商品也能够成为好朋友，当然，这是在不损失任何利益的情况下。

转化是一种能力。转化率作为电商运营中的一个重要指标，是电商内功修炼的展示，可以说是千万卖家最关注的，也是最难界定的指标。当我们鉴定一场营销活动是否成功时，常常会引入转化率这一核心指标。然而面临流量来源日益去中心化这一现实，能否合理预估并保证转化则成为一种新的运营能力，此能力并非店铺运营，而是用户运营。

3.3.2 从促销到营销

惯性思维。提到营销，其比促销的高明之处往往仅在于包装一个外在美化的主题或人为将某些有内在关联的商品组合展示，再赋予一个价格优势。

常见的集中促销方式如下：

直接降价；买 *X* 件减 *X* 元；买够 *X* 件减 *X* 元；直接打折；买 *X* 件 *N* 折；买够 *X* 件 *N* 折；*X* 元任选 *N* 件；一口均一价；买 *X* 元送 *N*（买赠）。

简单的促销变营销的方式往往是给价格优势加一个时间限制，比如限时抢购。基于电商平台能够自主随时控制价格浮动，因此对促销或营销制订长期规划就变得不普通，且尤为重要。假设我们在售卖一支翻页笔，原价 299 元，限时抢购价 199 元，但是仅限今天，这种是最为常见的限时抢购形式，效果也最为普通。那么接下来，我们就用一个实例，来进行一次促销与营销的结合。

商品：一支翻页笔。

促销：原价 299 元，限时抢购价：199 元。

策划思路：强调促销时效，让消费者感觉促销机会珍贵。

文案：新款问世，限量 100 支，底价体验。

策划思路：强调促销库存，让消费者增加抢购欲望。

故事：从 1.0 版本迭代到 6.0 版本，如图 3-18 所示。

策划思路：烘托商品功能的升级换代，让消费者感到物有价值。

版本	功能
1.0	翻页
2.0	翻页+激光
3.0	翻页+激光+充电
4.0	翻页+激光+充电+休眠
5.0	翻页+激光+充电+休眠+蓝牙
6.0	翻页+激光+充电+休眠+蓝牙+超链接

图 3-18

以上案例，就不只是一次简单的限时抢购促销活动，而是一个有机组合各种促销方式以及营销思路的组合营销实例。

我们经常站在消费者的角度考虑促销方式的结合与表现，利用促销而带动更多、更广泛的商品销售。然而由于强大力度的促销爆发，通过沉淀，并不能够带来长尾效应，甚至因为用户没有抢购到低价，而带来用户的流失与预期偏差的体验，组合营销便随之而生，采用多种降价手段叠加的方式。然而手段上的叠加，并不意味用户能够完全触及策划者的初衷，也可能导致多数活动不能达到预想的成果。因此化繁为简并不意味要将所有权益平铺直叙，而是创造合理的规则迎合用户，尽量不要把热门的手段都放到同一场活动中。

营销与促销的最大不同之处在于我们通过软性的结合，能够准确把握自身销售的节奏，以及商品的特性，包括购买周期、环境等因素。每一天、每一场促销都应该具备自身的特性。面对多种同类型商品的诱惑，以及不同形式的引导冲击，呈现给用户简单直接的信息显得尤为重要。

3.3.3 价格很重要

价值有话说。

一件商品的价格由很多关键点组成，比如体验、包装、服务。我们极力创造舒适和合理的购物环节，使用户在购买过程中感到喜悦，并产生长期的好感和依赖。网购经验丰富的用户，影响最终消费的往往并不是商品标签上的价格，还有口碑、送货速度、真实使用效果参考、搭配推荐等诸多因素。以上所有融入商品价格的价值，都在潜移默化地提升商品的销售量。

除此之外，线上购物最大的优势是方便，同时，对商家来讲，最大的劣势也是方便。所以，如何让消费者在短时间之内，认可我们的商品，认可我们的价格，也变得尤为重要。

如图 3-19 和图 3-20 所示，我们最终想销售的商品均为 199 元。在图 3-19 中，我们是把售价为 199 元的一件商品，放在了一堆售价为 399 元的商品中；图 3-20 恰恰相反，我们是把售价为 199 元的商品，放在了一堆售价为 99 元的商品中。

我们的目的很鲜明，就是用这样的错觉，来体现我们商品的价格到底处于高价还是低价，因为消费者是没有辨别商品价值的能力的，但是为什么消费者经常会和我们的客服议价，就是因为有了对比以后，才出现了高低之分。不过不同的策略，应用到不同的类目、不同的消费场景，效果也是不同的。假设图 3-19 的价格策略应用在女装类目，并且其他售价为 399 元的商品的款式和材质，几乎和售价为 199 元的一致，那么很多消费者会果断选择售价为 199 元的款式下单购买。但是如果应用在血压仪这个品类上，消费者可能就会感觉售价 199 元的血压仪，要比其他售价为 399 元血压仪便宜 200 元，那该商品的功能、质量，或者测量的准确性，肯定不如 399 元的血压仪。再者，因为血压仪属于耐消品，而且又属于医药器械，所以，很多消费者在这种购物场景下，可能会更青睐价格较高的血压仪，而不会盲目追求性价比。所以在图 3-20 中，售价 199 元作为我们想售卖的血压仪，以其他售价为 99 元的血压仪作为衬托产品，可能更加合适。不过这种促销手段，也有很多细节，需要我们去静心设计，比如 99 元的血压仪，可能在血压仪的整个市场中，都是处于最低端的价格，这样，消费者才会觉得，售价为 199 元的血压仪，确实要比最低端价格的血压仪，有更为值得我们下单的理由。

图 3-19

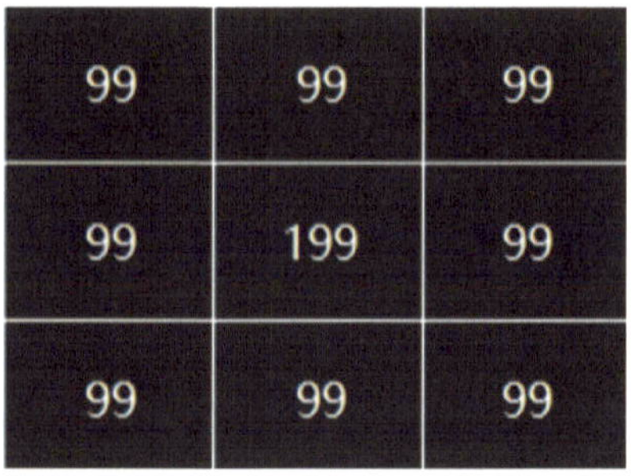

图 3-20

看到不如被看到。

友好的召唤往往更让人向往。让用户关注的方式，并不只是给他免费的试用机会，低于成本的买入价格，或者高于实际的商业文案。所有被看到的方法都不是模式化的。用户在海量信息穿插之中选择和搜索商品时，我们所提供的应该是简单易懂的信息点，与商品切实相关的介绍，以及对购买有决策性影响的增值服务。这一步，我们需要做的是精简提炼有效信息。用户会在捕捉到有效信息后，成为潜在消费者人选。

打折，请三思。

请自查，正在打折的这件商品，是万年长青的畅销款，还是急需处理的清仓款，或者只是做了一个漫无目的的全场折扣。大部分情况，促销都是面向滞销商品的，由于仓储成本等压力，不得不低价售出。所以我们要考虑好是否将最主要的信息作为宣传促销的核心位置。注意：打折降价并不等于营销，而仅仅是营销中的很小一部分。

3.3.4 拉新与养老

拉新，指培养新用户；养老，指维护老用户。

新用户的获取成本越来越高，但新用户并不能完全概括我们想要拉拢的一群人。他们的性别、年龄、偏好以及购物目的，也需要细致地划分与掌握。我们常常将最优力度的利润让给新用户来享受，以获取他们的第一笔交易。简单来分类，获取新用户的方式分为我们主动和用户主动两种情况，我们主动即要牺牲掉一些成本。而如果通过其他方式关联，间接吸引到新用户，则为长期有效并降低新用户挖掘成本的手段。

我们经常费尽心思撰写感人的文案，以博得老用户的点滴回忆。或倾尽一切，再给他们一些我们能够做得更好的服务。很多年前，我们用夹带在包裹中的印刷制品，吸引最精准的老用户再来看看，可能在一段时间内，取得了不错的效果，于是这种方式一直延续使用。事实上比起用户没有再来消费，你所做的维护老用户的工作，并未对用户的认知和印象增加烙印，反而是更加失败的结果。

因此，树立品牌及旗下的每一个商品的核心特色，便成为需要持续优化的工作。

品牌曝光。

品牌的定义是具有经济价值的无形资产。这也就间接表明，用户对品牌的认知，并不是具象在一句广告语，一个图形的 LOGO，或一个已经注册专利完成的色调中。用户接触到品牌实物的过程，往往经过包装物料、外盒、商品等步骤。每一个环节，都能够对用户产生好的或者不好的品牌印象。当然，用户对自身对品牌理解的塑造，会持续到他使用这件商品，甚至商品的使用声明周期结束。以上环节并不仅仅发生在线上，而是充斥着每一个场景，每一种接触的可能性。品牌曝光与传达应该是每个环节都严守核心信息的传承与体会。

3.4 店铺，营销的基础单元

3.4.1 和谁在一起

一切合理的标准，都源于生活。当我们走进一家实体商场时，品牌的陈列和安排，楼层功能的部署和协同，都被规整和优化地无缝衔接。但是身处电商环境，我们是否也专心衡量过，曾经在身边一起推广的品牌，或者商品等平行信息，对用户产生了何种感官体验。我们是不是进入了适合的区域，又遇到了适合的用户。

例如，女装品牌后起之秀：茵曼。首先是店铺的店招，没有过多分类导航的功能，也没有过多展示促销的信息，而是采用了大面积留白的设计，然后把自己的品牌 LOGO，静静地放在最左侧，却强有力地迸发出品牌的含义，如图 3-21 所示。

图 3-21

3.4.2 你要表达什么

冲在第一线的单品，代表了品牌，代表了风格，代表了背后看不到的计划和努力。因此我们在选择这件单品时，就不得不多考虑一些因素，包含但不仅限于样式、功能、价格、背景、故事、风格、文化、理念等。

如图 3-22 所示的茵曼女装店铺首图模特，可能没有网红的高鼻梁、小鼻头、双眼皮以及嘟嘟唇，但却传达出一种典型的东方美人的高贵与优雅。如果说你不喜欢这款衬衫，可以，但是，请你一定不能忽略，茵曼的棉麻生活所要倡导“素雅而简洁，个性而不张扬”的设计风格。

图 3-22

吸引力法则。

再完美的商品与文案组合，也并不一定能获得 100% 的关注与成交。我们都知道，正向思维是向对的人推荐适合的商品。而对的人，与恰到好处的商品甄选，是人工与智能结合的双重考量。

定价决定你的营销成本。

将一件商品，传递到用户手中，我要付出的除了常规成本外，广告及推广费用也是一部分重大开支。不同的促销活动需要我们在商品利润与宣传力度中平衡与取舍。当然，如果商品与品牌本身不足以吸引用户的喜爱，那么就需要借助一些外力达到推广的目的，比如借助实时热点，参与全平台促销活动，或者报名参与一些精准的栏目等。

备货的艺术。

通过千百次数据的积累与测算，我们或许都无法做到精准预估用户的行为。这些用户也包括在实体店中消费的群体和穿插在多个购买渠道中的活跃分子。做促销之前，我们往往会准备看起来足够多的库存商品，以及高于日常的人手。而对于实际销售偏差的预估，往往引发的是推广资源的不充足使用和无法预估的预判成本的增加。

3.4.3 用户的沉淀与留存

互动。

与用户的互动分为两种形式，第一是用户与他相关的朋友或紧密连接群体之间的分享与传递。第二则是我们追求的品牌或商家与用户之间的互动交流。互动的渠道以移动端为主要载体。我们会主动传播有趣的文章、性价比极高的单品、闻所未闻的黑科技或者有益于身心健康的图文帖。与用户的良性互动也不要将目的写在表面，往往获取依赖与信任的成本，高于任何其他成本。

关注。

被关注是用户对品牌最极致的认可。那么我们是否可以倒推出，众多优势中，是哪一点最终使得这位用户将未来持续的好感与关注投入到品牌中。

粉丝。

粉丝与关注更加升级的特点在于，他能够带动更多的同类型用户加入关注群体中，产生持续扩大规模的影响力。

除此之外，如果我们想无限拓展品牌的影响力，那么还需要懂得粉丝闭环营销思路。买家转化成低黏性粉丝，弱粉丝转化成二次复购的买家，二次复购的买家再次转化成高黏性粉丝，高黏性粉丝再转化成分销商。用分销商去创造品牌的口碑，是品牌推广中性价比最高的一种方式。如图 3-23 所示为茵曼的品牌闭环营销截图。

图 3-23

在这个繁杂的时代，最不缺少天花乱坠的故事，同时，也不会缺少故事的倾听者。作为电商运营者，我们不仅要掌握获得新用户的技巧，同时，我们还要具有留存老用户的策略，否则，我们的店铺、我们的品牌会一直消耗流量，而非积蓄流量。

3.5 珍惜每一个坑位

3.5.1 直白的资源清单（固定频道）

下面用一张图（见图 3-24）带你来了解下京东店铺运营固定资源清单，从店铺营销、品牌影响、内容营销、会员营销 4 个维度展示。随着平台的不断发展，固定的频道资源都在不断地变更与发展中，在此不逐一罗列。

除站内固定频道外，平台还会根据全年策略安排，组织丰富的平台活动。根据类型区分，主要为公司级营销活动（618 和 11.11）、主题营销活动（情人节、年货节、清凉节等）、类目重点营销活动（汽车用品节、家装节等），以及细分类目营销活动（享瘦节、汽车变装节等）。

图 3-24

3.5.2 不只是降价（快速定位，灵活组合）

前台页面展现上，促销活动主要分为通过单品或品牌维度进行销售引流。不同栏目也承载了不同引流的承接能力。在进行一场活动销售筹备时，首先要明确营销目的，再进行多种手段的组合爆发，活动中持续调整策略与细节。

3.5.3 准备再准备

要组织一场有规模有目的的促销，我们首先要建立明确且易于被用户接受的规则。营销规则要编写详细的文案来描述，并避免与促销产生直接的冲突或重叠。作为品牌方，我们还要同时为品牌形象负责任。在将活动报名至各前台出口之前，熟悉各频道的规则与特性，避免因过多营销目的而偏离主题，尽可能缩减用户的浏览与购物成本。

3.6 营销利器：跨店铺活动

3.6.1 旧爱新欢，跨店铺活动形式

跨店铺的活动形式主要有以下几种。

跨店铺满减：跨店铺购物订单满 *M* 元直减 *N* 元。

跨店铺满免：跨店铺购物满 *M* 件商品直减最低一件商品价格。

跨店铺 *M* 件 *N* 元：跨店铺购物商品满 *M* 件 *N* 元。

3.6.2 多才痛快，和谁一起跨店铺

除平台活动期间，平台还会统一组织跨多类目、跨店铺活动。跨店铺活动最精彩的地方就在于它能够利用一个促销手段带动更多的商品售出。虽然洞察用户的购物心理是一件复杂的事情，但我们还是需要和那些有共同品牌效应、共同服务水平的品牌一起联合筹备活动。

未来，系统会通过合理的逻辑和排版加强前台展示中查找目标商品的准确性，比如相同的价格段，相同的使用场景或是细分类目。

3.6.3 为你想更多（下单催化剂）

促销力度确定后，就进入到了筹备商品和更好地向用户传达的动线（动线指消费者购物时从浏览到成交的引导路线）策划阶段，我们首先要考虑清楚 4 点。

1. 本次联合营销的活动主题是什么？

通过图 3-25 我们可以得知，活动主题大致可以分为两类：促销类、主题类。满减、打折等属于促销；大学生专场属于主题。活动的主题类似战争发起的理由一样，如果没有挑起战事的理由，那就没有支持者与参与者。活动主题，就是要让我们的联合营销师出有名。

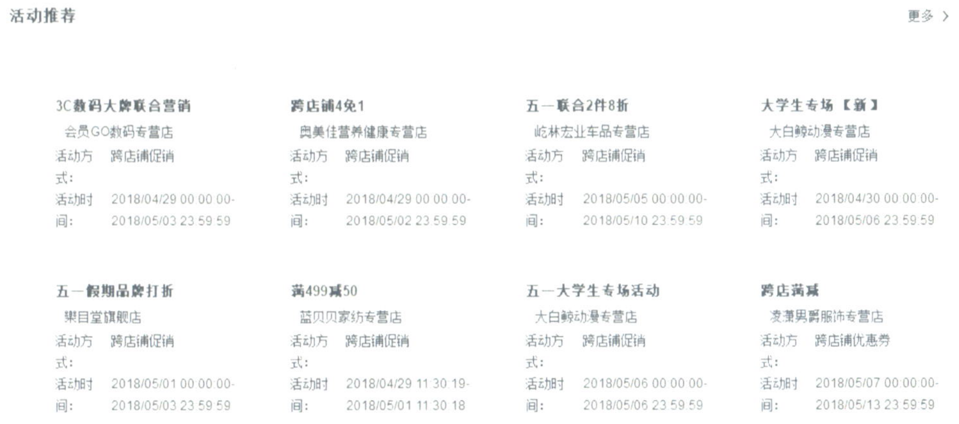

图 3-25

2. 这场联合营销的主体消费者是哪些人群？

图 3-25 所示为“五一大学生专场”活动，我们的主体消费人群已经很明确了。首先是年龄，20~25 岁之间；其次是消费水平，大部分大学生的消费水平处于中低端；然后就是类目偏好，对于服装类目，大学生追求的是时尚、新潮，绝非商务风格。所以搞清楚活动的主体人群，是非常重要的。

3. 我们主要销售的商品属于什么类目?

图 3-25 中的“3C 数码大牌联合营销”主推类目是 3C 数码。联合营销确定了主推类目，也就确定了主推的商品与侧重的消费群体，同时也明确了参与本次活动的商家条件。

4. 依托主推类目我们还可以衍生出哪些类目?

以上 3 个问题，是做好一场联合营销必须要考虑的 3 个问题。最后一个问题，可以让一场联合营销得到升华。比如我们发起的联合营销活动主题为“五一小长假，陪你疯一夏”，假设活动主推类目为户外用品，那我们可以以这个主推类目为核心，太阳镜、太阳帽、户外烧烤炉、皮划艇、帐篷、冲锋衣、防晒霜等这些类目，都属于主推类目。同时，还可以联合一些非主推类目商家参与，不过一定要贴合活动主题，如防晒霜、旅游鞋、迷你投影仪、充电宝、双肩包、酒水、饮料、零食等品类。

如果你没有商脉？没有联合活动的组织经验？怎么办？不要担心，京东平台已经对商家开通了联合营销的功能模块，可以在“商家后台→营销中心”中找到“联合营销”模块。如图 3-26 所示。

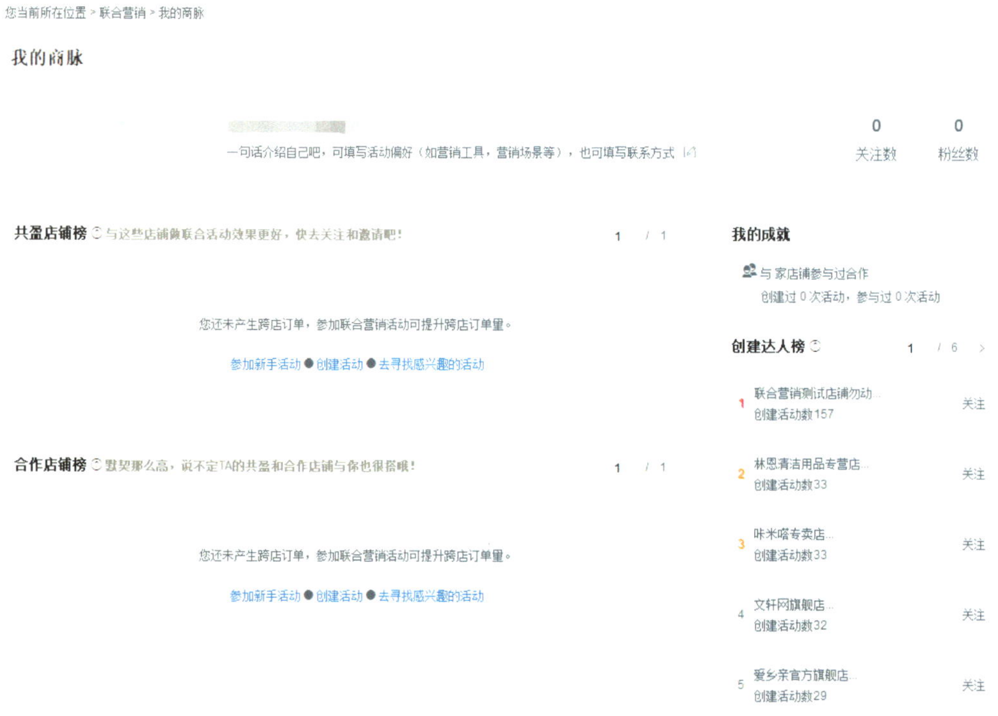

图 3-26

没有联合活动组织经验？系统会为你推荐合适的联合营销活动，你只需要负责筛选，进行报名即可，如图 3-27 所示。

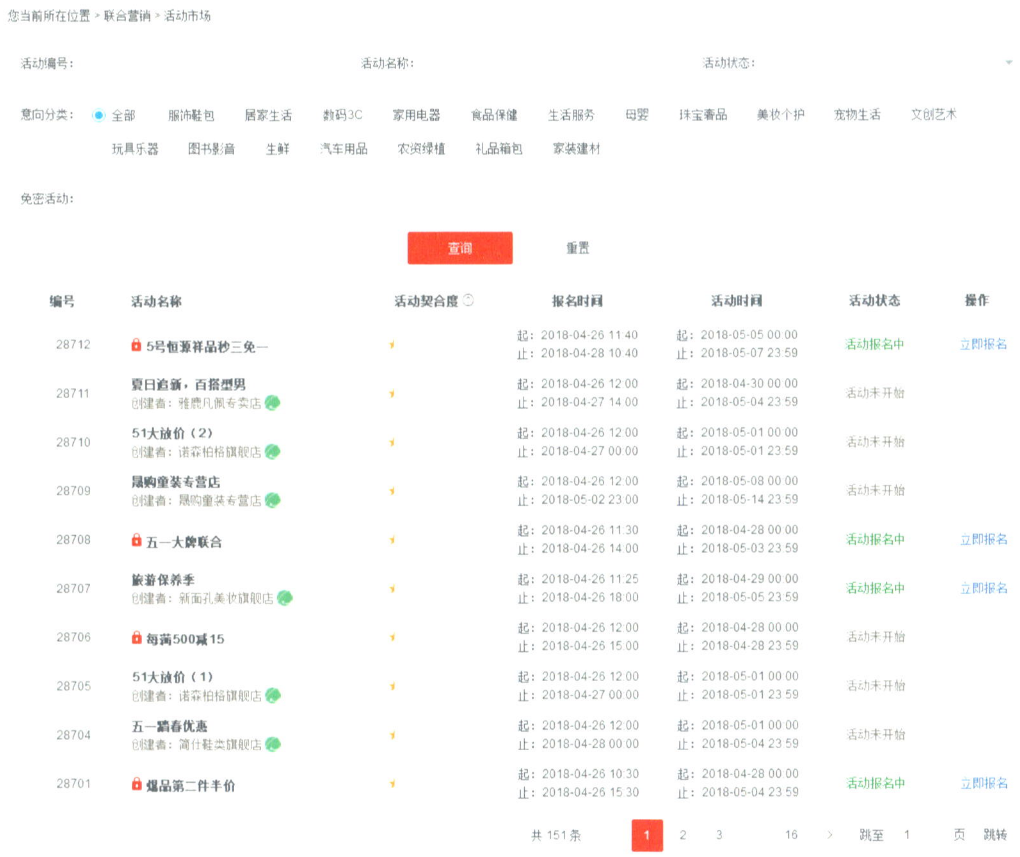

图 3-27

如果你不甘心作为追随者，那也没关系，系统已经为你梳理了作为创建者的活动流程，你只需要按照系统提示，一步步执行操作，一场由你发起的联合营销活动就会开启，如图 3-28 所示。

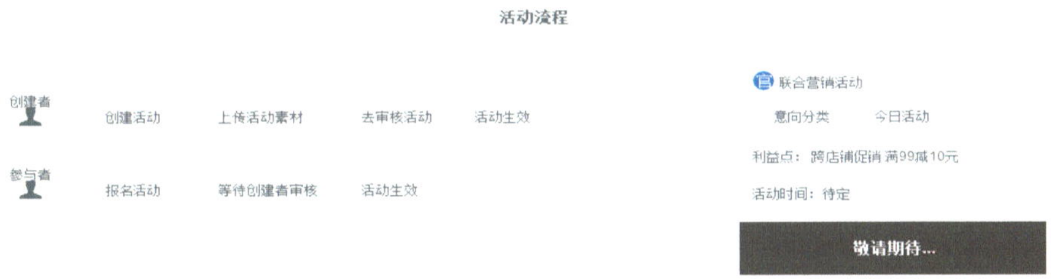

图 3-28

提神醒脑的平台数据。

我们最熟悉的“跨万店 3 免 1”活动。仅从活动标题来看，订单中每件商品最低折扣相当于 67 折优惠。经过多次平台级活动分析总结，多数用户会选择稍有差异价格段的商品进行捆绑购买，实际平均折扣仅为 8 折。所以，设置促销价格和力度是一件需要经历不断测试和分析的工作，通过多维度的数据分析，判断最佳的商品组合与促销力度。

第 4 章 流量把控

本章导读：相较其他平台，京东独具特色的就是终端的多样性和流量来源的丰富性，这为不同商家的精细化运营提供了非常好的基础。商家需要了解目前几大终端类型的流量特色，结合自己店铺的定位和商品的优势，进行差异化与精细化运营。

4.1 解读流量结构

4.1.1 流量分析拆解

解读流量结构，对流量进行分析拆解，可以更好地了解京东的流量渠道和流量来源。

1. 按流量渠道划分

（1）PC 端

PC 端的流量是指用户通过 PC 访问京东主站（www.jd.com）而进入店铺的流量，是京东最早的，也是最为成熟的终端类型。PC 端显示器的屏幕越来越大，可展现的界面和内容更多，可承载的用户交互也更多。因此，相比其他几种终端，PC 端的频道设计最为丰富，有近 20 项的流量来源于二级分类，同时，由于中心化入口的模式，首页、一级频道页、类目页、搜索页等几个大流量入口相对集中。商家应该了解所有细分入口的特征，结合自己商品的定位，这样无论是报活动，还是优化流量入口，都不是盲目地进行。

（2）App 端

近年来，移动网购市场始终保持三位数的高增长态势，移动网购在整个网上零售中的占比已近 80%，可以说网购的主战场已完全切换到移动端。京东 App 更贴合用户需求，用户在使用移动终端时具有碎片化、操作及时、频率高等特征。对用户而言，这里是一个更便捷、更好玩、更个性的购物入口。对商家而言，更应该把握好移动端的特点，进行针对性的运营。

（3）微信端

2014 年 3 月 10 日，京东和腾讯宣布战略合作，同年 5 月 27 日，微信端京东购物上线；同年 10 月，京东微店与京东商城（JD.COM）实现全面打通，打造去中心化和中心化结合的移动电商平台。微信是移动互联网时代最为活跃的 App 之一，微信端充分利用和发挥微信的社交化媒体属性，推出了抢红包、抢购、拼购等一系列创新营销模式，收效非常显著。

（4）手机 QQ 端

京东手机 QQ 购物入口在 2014 年 8 月 8 日正式上线，是京东与腾讯战略合作规划中的又一个重要的合作环节，手机 QQ 购物主力用户群集中在“90 后”“95 后”，更加注重娱乐性和互动性，有助于京东实现渠道下沉。

（5）M 端

M 端流量是指用户通过手机浏览器，访问 m.jd.com 而进入店铺的流量，随着京东 App 的大力发展，在手机上用浏览器访问京东的人群越来越少，M 端流量基本属于过渡型流量，是 App 端导流的入口之一。许多在商家在进行移动端推广时，可能需要推广 M 端的店铺链接，在推广期间，商家需要关注 M 端流量的变化情况。

2. 按流量来源划分

（1）自主访问流量。自主访问流量一部分是老用户和复购用户带来的，另一部分是店铺推广中营销活动带来的。例如之前用户收藏过店铺或商品的链接，再次通过浏览器收藏夹里的链接进入店铺，这种属于老用户自主访问；或者通过查看之前购买过或者关注过的商品，再次进入店铺。此外，因访问在 QQ 群中直接推广店铺或商品的链接而带来的流量，就是营销活动带来的直接访问流量。

（2）京东免费流量。访客通过京东上非付费推广的链接进入店铺的流量，例如搜索流量、类目流量、活动资源位流量等。

（3）京东付费流量。访客通过商家在京准通平台上设置的付费推广链接进入店铺的流量。目前细分为硬广、京东快车、品牌聚效、京东直投、无限通、京挑客等营销推广方式。

（4）站外流量。

4.1.2 流量诊断

我们需要对一段时间的数据进行观察和分析，从而做出流量诊断。

1. 稳定性

无大促时，流量呈现平稳微升的态势；大促期间，流量在预热期攀升，活动当日出现高峰，活动结束后经历短暂低谷又保持平稳态势。反之，如果流量没有在活动期间出现应有的起伏，则表示活动效果不佳，即可判断为活动类型不适合商家，或者商家的活动策划不够优化，商家需要进行进一步分析。

2. 合理性

根据店铺的不同发展阶段，流量占比会有变化和侧重。例如店铺在进行老会员或粉丝营销期间，自主访问的流量占比较大；例如在新店铺成立初期，自然流量较少的情况下，可以采用京准通付费流量引流，此时，付费流量的占比就会很大。如果店铺参加了京东官方的一些活动，那么京东官方流量的占比就会较大。总体来讲，店铺流量的占比应该呈现合理性分布的范围，某个流量特别大或者特别小，都会影响店铺的长足发展。

3. 成长性

数据指标的成长性，也是进行流量诊断最关键的一步。成长性主要看流量的质量指标。可以通过商智数据中的“店铺分析→流量分析→按天流量分析”模块，查看店铺流量的质量指标，从访问深度、停留时间、跳失率、回访率等各个维度查看流量指标有无达到预期目标。

4.2 可以运营的非运营流量

4.2.1 流量不是只有买买买和报报报

在京东平台的海量流量中，除了自然搜索、广告投放等商家自主运营流量外，很多商家会走入这样一个误区：入驻后很自然地找到对接的运营人员，争取频道资源、活动资源等。然而，毕竟这类资源相对有限，更多集中在重点品牌上。同时，随着京东各频道、活动等坑位大量引入 BI 机制后，这种买买买、报报报的获取流量方式就显得更加落后。

商家在日常运营中，存在大量不用找运营人员，完全靠自主运营或自身就可争取到的资源，下面以鞋靴类目商家为例，按商家自主运营资源和可争取资源为维度，换个角度解读京东流量，如图 4-1 所示。

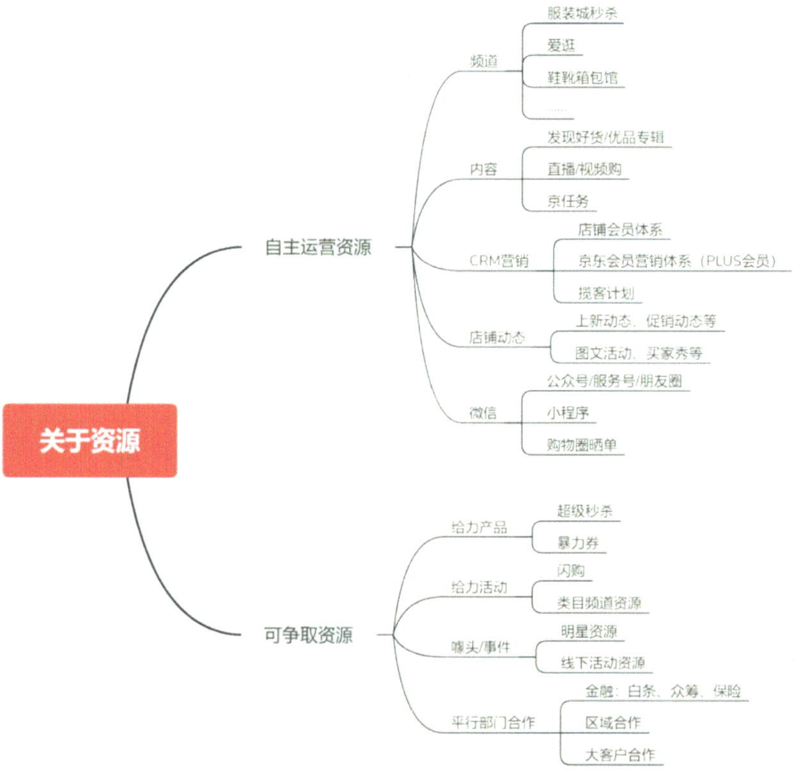

图 4-1

4.2.2 巧用爆品打造店铺闭环流量

京东平台的任何一家店铺，都有其相对而言的爆品，每一个爆品都是商家花了很大精力去打造的，爆品每天有稳定的流量，但引来的流量中，并不是所有用户都对这一款商品买账，所以我们更要充分发挥店铺爆品的价值，打造店铺闭环流量。

① 店铺店招：导购、爆品、新品（见图 4-2）。

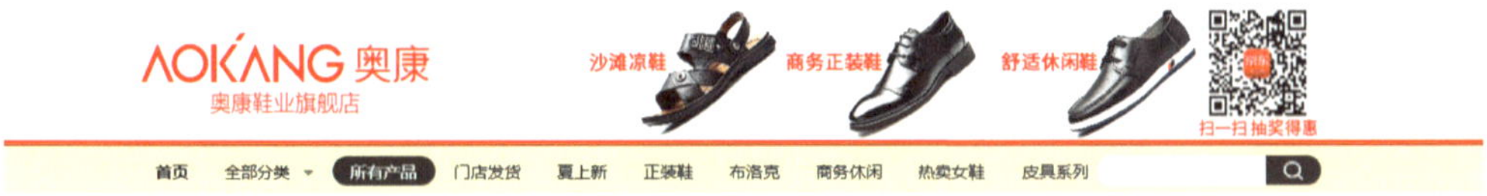

图 4-2

② 广告语：文案、超链接（见图 4-3）。

图 4-3

③ 关联模板营销、店长推荐、左侧店铺热销编辑：选品、价格、文案（见图 4-4）。

图 4-4

4.2.3 合理利用类目资源提升流量

当商家店铺主营的某一细分类目的商品遇到发展瓶颈时，可以结合自身供应链资源，推荐其他高相关分类商品，例如做鞋的商家可以补充箱包配件品类，或者男女用户间的商品互补。

关注京东商智后台的行业数据，洞察所在类目热搜词的同时，还需关注自己主营品类的长尾词、高转化搜索词、细分人群词，为店铺吸引更多精准流量。

4.2.4 更多流量，无孔不入

除了以上提到的自主运营流量，以及通过精细化运营蹭到的类目流量外，京东这个大流量池子中，还有很多零散、碎片化的资源。只要用心，其实随处可见“流量”。

部分商家在京东平台不止经营一家店铺，甚至不止一个分类的店铺，京东平台提供商家跨店促销的工具，无论是满折、满减、*M* 免 *N* 促销形式，都可以根据自身需求灵活运用，做到店铺流量互补。

当店铺经营到一定规模，对京东平台的玩法驾轻就熟时，可以考虑增加自营或 SOP 入仓的商品比例，露出京东配送的消息，借此增加“京东配送”特色服务的时效性。这对商品的转化、用户体验优化等均有所帮助。另外，某些特殊时段、入仓商品还可以获取一定的相关活动资源。

4.3 提升点击率的要素

提升点击率，需要从用户画像、精准定向、素材优化及数据分析 4 大要素入手。4 个要素之间相辅相成，缺一不可。

4.3.1 用户画像

1. 什么是用户画像

用户画像，即用户信息标签化，企业通过收集与分析消费者的社会属性、生活习惯、消费行为等主要信息的数据，抽象地展示出一个用户的商业全貌。用户画像的核心在于给用户“打标签”，每一个标签通常是人为规定的特征标识，用高度精炼的特征描述一类人，例如年龄、性别、兴趣偏好等，不同的标签通过结构化的数据体系整合，就可以组合出不同的用户画像。

2. 用户画像的作用——用户画像能帮助广告主找到对的人

移动时代的营销，得用户者得天下。营销战役早已不仅仅停留在创意层面，还需要企业从用户角度不断深入思考。俗话说：“千万人撩你，不如一人懂你。”这句话在互联网营销圈可以这样讲：“只有真正地了解用户，才能得到用户。”

在广告营销活动中，确定目标受众是营销的第一步。如果说传统线下广告还可以根据不同场合大概确定一个人的社会背景，那么，在互联网这个虚拟世界中，隐藏在幕后的用户拥有太多可能性。因此，在互联网营销逐渐占据主流的时代，互联网产品或服务的人群画像愈加重要。

3. 如何进行准确的用户画像分析

（1）准确识别用户

用户识别的目的是为了区分用户、单点定位。用户识别的方式有很多种，如 Cookie、注册 ID、邮箱、微信 / 微博 /QQ、第三方登录、手机号等，这些都是互联网用户相对于传统线下渠道所特有的身份标识，其中手机号是目前移动端最为准确的用户标识。然而，随着用户的注册意愿越来越低，微博 / 微信 /QQ 等第三方登录成为越来越多企业的折中选择。

（2）动态跟踪用户行为轨迹

动态属性指用户在互联网环境下的上网行为。信息时代用户出行、工作、休假、娱乐等都离不开互联网。那么在互联网环境下用户会发生哪些上网行为呢？动态属性能更好地记录用户日常的上网偏好，动态行为数据则可以确认用户在不同场景下不同的访问轨迹，助力广告主营销，如图 4-5 所示。

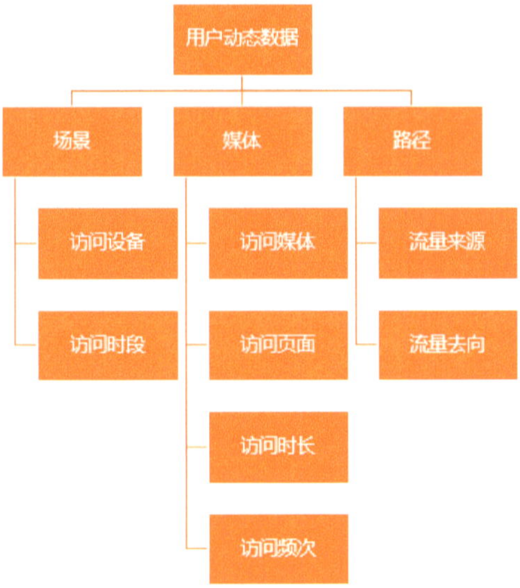

图 4-5

（3）结合静态数据评估用户价值

静态属性主要从用户的基本信息进行用户的划分。静态属性是用户画像建立的基础，最基本的用户信息记录，如性别、年龄、学历、角色、收入、地域、婚姻等。依据不同的产品，记录不同信息的权重划分。如果是社交产品，那么静态属性比较高的是性别、收入等。

（4）用户画像的建模

结合用户识别及其动态、静态轨迹，从繁杂的数据中抽取共同的特征值，建立用户画像模型。

根据特征值对群体进行定义，有助于广告主一目了然地掌握该群体的特性。如“时尚小咖”，可以快速联想到这类人群比较重视时尚感，并且“小咖”两个字表明该类人并不盲目追求潮流，他们有自己的审美观，并且能够影响身边的人。

同时，一个群体会有多个标签，不同的群体之间也会有标签的重合。此时标签的权重反映了不同群体的核心特征。如“时尚小咖”和“科技先锋”两类人群中都有女性标签，此时需要比较女性在不同人群中的标签权重，以此决定将该标签解读给哪类群体。通常，一个好的用户画像建模在不同人群之间的标签重合度较小，只有在那些权重较小的标签上会有些许重合。

4. 用户画像的运用

① 提供给推荐搜索调用，针对不同用户的属性特征、性格特点或行为习惯在他搜索或点击时展开符合该用户特点和偏好的商品。

② 筛选出预定人群后直接调用营销平台进行发券、EDM（电子邮件营销）等操作，实现精准营销。

③ 广告的精准营销，通过用户画像锁定不同的人群，进行广告营销活动，从而提升付费流量的转化。

4.3.2 精准定向

自从互联网诞生至今，广告在互联网展示的形式，就一直是广告主在各个网站的不同位置购买广告位。当用户登录到这个投放广告的页面上时，就可以看到这个页面相应位置上的广告。这种展示型的广告形式已成为互联网广告的主流形式。

事实上，在各个网站海量的资源中，并不是所有访问网民都是广告主的有效人群，如果无法区分自己的目标受众，那么把广告投放给非目标受众，会造成推广费用的浪费。

1. 定向的定义

定向实际上是对海量资源的筛选，即广告的显示是根据访问者来决定的，先进的广告管理系统能够提供多种多样的定向方式。

2. 定向的分类

目前，精准广告的定向细分有很多，在这里，我们把定向大致分为以下两种。

（1）基础定向

基础定向，即短时间内不以主观意识改变的人群圈定条件，包括但不限于用户的地理区域、性别、年龄、上网场景、操作系统等。

（2）高级定向

高级定向，根据受众的喜好、消费特征等随时可以改变的行为习惯做选择条件，包括但不限于用户的兴趣行为划分、购物行为定向、关键词定向及定制化的标签定向等。同时，配合不同时间段和数据入口的定制数据，对人群进行多层次的筛选和划分，从而提升潜力人群接受商品展示的概率。

具体如图 4-6 所示。

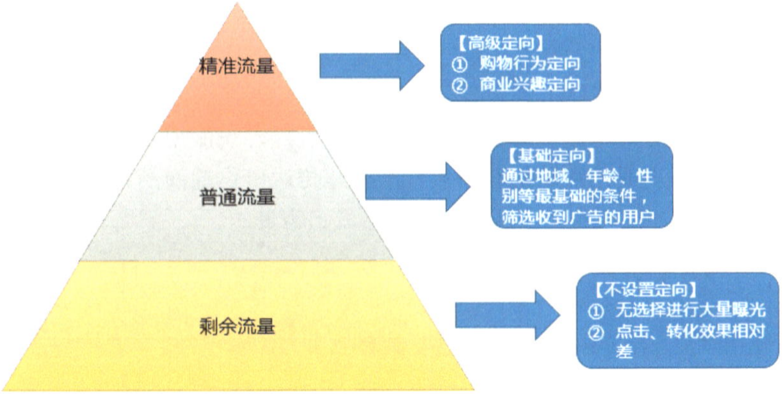

图 4-6

4.3.3 素材优化

广告的创意素材不仅代表着品牌的形象，更是提升点击率的重要因素。图片和文案是最常见的广告素材，下面分别从图片和文案两方面揭秘和总结素材的改进方法。

1. 图片

用户在寻找商品时绝大部分精力都在浏览图片，因此图片可谓是吸引用户的重要法宝。

创意素材主要由 4 个要素组成，即为商品主体、背景层、品牌 LOGO、布局。

① 商品主体：即选品，要选择店铺爆品或者高性价比、大众化、应季、口碑好的商品，以及选择与同行的爆品、热卖品有共同卖点的款式。

② 背景层：根据商品主体的定位与画面风格特点选择合适的背景素材，背景需颜色整体统一，不能喧宾夺主，与主体物拉开层次，配上固定而有力的文字符号以及不同色调在商品上的运用，给人强烈的品牌层次感。同时也要注意不能使用纯白或纯黑的底色。

③ 品牌 LOGO：在图片上增加 LOGO 或许不会增加点击量，但是没有品牌 LOGO 肯定

会降低点击量。尤其大服饰类商品的访客更注重品质和质量，添加品牌 LOGO 无形中会给你的创意加分，使文案更丰满。LOGO 在使用时也要注意将 LOGO 展示完整，展示不完整会严重降低点击量。

④ 布局：合理布局，美观、大方，文案和素材不要太过集中布局，文案与商品各自不要超过二分之一区域。

实践证明通过字体与图片主体的搭配，形成风格独特、个性突出、符合企业产品特色组合的创意素材对于点击率的提升具有显著效果。数据显示，采用视觉效果突出的图片与暗淡的图片，点击率有 2~5 倍的差距。

2. 文案

文案是图片素材中的重要组成部分，有效的文案会直接影响图片素材的点击率，撰写电商文案要思考如何更好、更多地提炼卖点、包装卖点，说服用户去购买商品。同时，一定要找到商品的关键词或是活动的利益点，准确地传达出你的商品特点和活动意图，引起注意，形成用户印象，促成点击，从而转化并达成销售目的。

（1）文案优化参考的方向

- 具有牵引性：文案的标题或者短语要具有吸引力和牵引性；
- 明确利益点：突出商品的关键词或者活动的利益点，例如满减优惠等信息，能够让消费者快速做出判断；
- 应用场景贴合：了解商品的使用属性及特征，适当增加应用场景的标签，唤起消费者的心理场景，从而提升转化；
- 限时促销信息传达：有效地迎合消费者的购物心理，适当地进行压力营销，促成快速的转化。

（2）文案编写的禁忌

- 过多行业内的专有名词；
- 过多空洞的形容词、复杂的修辞与文字游戏；
- 无意义的信息在尺寸有限的素材图片中占比过大，导致有效信息无法及时传递。

4.3.4 数据分析

1. 进行数据分析的原因

① 检验投放效果：是否达到预期水平。

② 发现并分析问题：了解产生问题的原因。

③ 调整投放策略：提升广告投放效果。

2. 数据分析常见指标（见表 4-1）

表 4-1

指　标	含　义	具体说明
PV	Page View，页面的流量次数	反映统计期内页面的曝光次数，即被用户看到的页面数
UV	Unique Visitor，独立访客数	反映统计期内潜在的用户数
访次	页面的访问次数	反映统计期内页面被访问的次数，页面访问与页面曝光不同，一次有效访问有多次 PV
有效访次	访次减去跳出次数	反映统计期内页面的 PV 大于 1 的访问次数（跳出次数为只有一个 PV 的访问的次数）
活跃用户数	指在规定的时间范围内，启动过应用的用户数	反映统计期内 App 端的潜在用户数
激活量	第一次打开新安装移动 App 的数量	反映统计期内第一次使用京东 App 的用户数量
新注册用户数	第一次在京东注册的用户	反映统计期内新增注册用户数
访问深度	PV/ 访次	反映统计期内用户每次访问时，浏览页面的平均数量
跳出率	页面跳出次数 / 页面所有访次 ×100%	反映统计期内用户访问失败的概率
平均访问时长	平均访问时长 = 全站访问总时长 / 全站总访次	反映统计期内用户每次访问的平均时长
首次购用户数	第一次有效订单的用户数	反映统计期内首次购物的用户数
展现	广告位请求后返回的结果数	反映统计期内广告位成功展现给用户的广告次数
点击	广告被点击的次数	反映统计期内广告被用户点击的次数
CPC	单次点击成本	反映统计期内广告的单次点击成本
CPM	千次曝光成本	反映统计期内广告每千次曝光的成本
CPD	每天成本	反映统计期内广告展现一天的成本
CPS	单位销售成本	反映统计期内广告每带来一个订单的成本
CTR	点击量 / 展现量	反映统计期内每次展现的平均广告点击次数
首次购成本	费用 / 首次购用户数	反映统计期内广告费用中，每投入多少费用可以带来一个新用户的购物
转化率	点击量 / 订单量	反映统计期内每一个订单需要的平均广告点击次数
ARPU 值	广告主消耗 / 广告主数 / 天数	反映统计期内广告主的平均日均消耗
广告主 ROI	广告主 GMV/ 广告主消耗	反映统计期内广告主单位广告消耗带来的 GMV
活跃广告主	扣费大于 0 的商家数	反映统计期内给商城带来收入的广告主数

3. 数据分析的方法

① 数据分解：将数据分解，将问题分解。通过对子数据的挖掘和优化，找到方向，提升最后的“关键指标”。

② 数据追踪：单一的数字没有任何意义，需放到近 1 个月，甚至是更长周期的数据中，组成线性的趋势去研究。

③ 数据关联：单独追踪一个数据会比较“片面”，因为所有核心数据在一段时间内，具备偶然性和关联性。

④ 数据对比：与自己品牌定位相似的数据对比，跟同行业平均水平对比。

⑤ 节点标记：将大的营销事件作为节点单独标记，将数据剔除出来单独进行分析。

⑥ 减少变量：当存在多个因子影响一个数据指标时，只留一个因子做变量，其他因子保持不变，测试这个因子对于最终指标影响的程度。

4.4 如何利用京准通进行外部引流

怎样合理利用广告？坦言说：不做精准的广告营销，无言自诩高端玩家！广告主们的试错成本和资源都相对有限，要战胜对手，玩儿出营销新风貌，精准投放便是手中的必杀技。

说到精准投放，不得不提到京东旗下营销平台——京准通。依托京东集团的大数据优势，京准通可以为用户提供精准、高效的一体化营销解决方案，帮助用户实现营销效果的最大化。

京准通将京东 PC 端、京东 App 端、京东 M 端、微信端、手机 QQ 端及腾讯系众多产品的广告资源全部打通，实现各渠道广告单独投放。保证用户在众多使用场景下都能看到广告主投放的广告，不漏掉任何一次广告转化。依托于“京腾计划”，京准通将京东与腾讯资源进行深度整合，同时引入今日头条、微信朋友圈、百度、小米等众多优质平台的精选广告资源，帮助广告主实现真正的全网数字营销。

4.4.1 京准通广告产品

京准通广告产品包括京东快车、品牌聚效、无线通、京东直投和京挑客。

1. 京东快车

京东快车是基于京东站内推广，按点击付费（CPC）的实时竞价类广告营销产品。通过对搜索关键词或推荐广告位出价，将你的推广商品、活动或店铺展示在京东站内丰富的广告中。

京东快车的优势如下所示。

① 精准投放：根据用户购物行为、区域信息、类目属性、用户具象行为等维度进行精准定向，快速触达目标用户，有效提高转化率。

② 多维数据：准确预估类目及关键词出价，并支持多维度查看、展现与点击等指标的实时数据以及丰富的效果分析数据。

③ 智能推荐：根据你的关键词需求，智能推荐行业热词，以及与其相似商品的关键词，并提供否定词管理功能，便于你多维度选择关键词。同时，系统会根据你店铺中未购买的用户的搜索词进行智能匹配，保证广告展现。

2. 品牌聚效

品牌聚效是支持精准定向的站内图片展示类广告营销产品，属于CPM（按千次展现收费）广告营销投放产品，展现位置为PC端搜索结果页底部通栏、PC端“我的订单”底部通栏、App首页焦点图2、3、5帧以及移动端分类Banner等。

品牌聚效的优势如下所示。

① 覆盖全面：汇聚京东站内的展位和资源，加强品牌曝光。

② 精准投放：多维度用户定向和行为定向相结合，帮助提高广告转化率。

③ 实时竞价：投放计划可以随时调整，并实时生效参与竞价。

3. 无线通

京东无线通是基于京准通平台与优质媒体资源深度合作，为广大商家提供实时竞价服务的精准营销产品。京东无线通与优质信息流媒体合作，通过实时竞价的方式对推广内容进行曝光展示，同时利用京准通实现推广信息直接触达核心用户和潜在用户。付费类型既可以按照点击计费（CPC），也可以按照展示计费（CPM），同时京准通平台和合作媒体平台共同协助商家优化素材点击率，进一步提升推广效果。

目前，京东无线通主推信息流（Feeds）广告。信息流广告是原生广告的一种表现形式，其自然地出现在用户浏览内容的主路径上，并且展示形式与内容非常接近，因此吸引的关注更加有效，展示效果也更好。

京东无线通的优势如下所示。

（1）优质信息流媒体资源

- 合作媒体具有稳定的高曝光量及高日活跃用户数。

- 移动端流量碎片化、多样化、互动性强且精准度高。
- 媒体标签和用户标签体系完善。

（2）科学的计费模式

- 除展示计费（CPM）外，还可以按照点击计费（CPC），免费展示，只为真正落地流量付费，降低营销成本。
- 京准通平台和合作媒体平台共同协助商家优化素材点击率。

（3）先进的防恶意点击技术

多重无效点击辨别方法相结合，有效滤除无效点击，保证点击数据真实有效。

（4）定制化交易体验

用户点击广告后可跳转京东 App，简化用户登录过程，缩短用户下单路径。

（5）精准受众定向

- 京东电商属性数据与合作媒体的流量数据及用户数据充分结合，深度挖掘，打造强大数据管理平台。
- 基于整合数据提供个性化精准定向服务，定向条件可选，直达目标用户，实现高效营销推广。

4. 京东直投

京东直投是京准通平台与腾讯“广点通”平台合作的依托腾讯系海量流量、提供实时竞价类广告服务的营销产品。京东直投在广告实时竞价的基础上进行展示曝光，按点击收费（CPC）。拥有领先的消费人群行为分析技术，帮助卖家对购物人群进行精准细致的定向，广告信息直达目标用户群。

京东直投的优势如下。

① 海量优质资源：坐拥腾讯海量优质资源，百亿级强曝光，为商户提供多方位广告展位。

② 精准营销：领先的用户消费行为分析技术，基于腾讯和京东的大数据平台，广告信息直达目标用户群，实现高效营销推广。

③ 节约成本：京东直投广告属于 RTB 效果广告。广告展示免费，按点击进行扣费，投入产出比高。

④ 京东直投产品有国内领先的防恶意点击技术，有着多达几十个维度的无效点击辨别方法，凡是被认定为无效点击的点击均不会产生扣费。

5. 京挑客

京挑客是为京东的自营商品及第三方商家（POP）提供的按照实际成交订单给推广者支付服务费（CPS 销售分成）的广告投放产品。

京挑客的优势如下所示。

① 按效果付费：订单最终成交才需要支付相应的服务费。

② 广告风险低：京挑客采用后付费的广告模式，相对其他广告形式，商家的广告费用风险更低。

③ 免费曝光点击：商家只要对最终成交商品支付相应的广告费用，广告的展示及点击都不会收费。

对京东第三方 POP 商家投放站外广告（非 CPS 模式）制定奖励政策，即京东将第三方商家投放站外广告且广告落地页为京东所带来的引入订单对应的平台扣点进行减免，仅收取 1% 扣点作为手续费，平台扣点减免的部分会作为奖励金额充值到商家京准通账户，可用于进一步的广告投放。

此奖励政策于 2017 年 1 月 1 日起正式施行。

4.4.2 预算也就那点事儿

确定适当的广告预算后，并不能保证广告计划的顺利执行和广告活动取得预期的效果，还要对广告预算做出合理的分配，对广告费用的使用进行严格的管理，才能使广告预算发挥应有的作用。

在确定广告预算后，要针对广告计划的要求和广告活动的实际情况，将广告预算的总额分摊到各个具体环节。一般来说，广告预算的分配主要有以下几种方法。

（1）按广告产品分配

每个广告产品包含了不同的媒介渠道，商家需根据推广目的，有侧重地将广告预算分配至相应的广告产品中。

（2）按促销时间分配

不同的广告活动对时间长短有不同的要求。长期的广告活动有年度广告经费的分配，中短期的广告活动则有季度、月度的广告经费分配。不同的活动促销节奏也有所不同，需根据不同的活动节奏，阶段性地制定广告预算。

（3）按推广商品分配

面对店铺所有的商品，我们肯定有自己的“主推款、引流款、活动款、利润款、形象款”，合理地分配预算至不同属性的商品，在提高商家品牌形象的同时，保证转化效果。

莫把鸡蛋放在一个篮子。

区分商品进行精准人群投放，一是帮助消费者快速定位到他们想要的商品和店铺；二是帮助商家快速定位到他们的目标买家和消费人群。从商家店铺端出发，在哪里可以找到最精准的人群？建议商家采用站内、外结合的推广手法，目的就是要更有效地圈起精准人群，一定要区分站内推广和站外推广的侧重点。

京东直投和无线通，推广作用更多是在于对客户回流的拉动，以及开拓更多渠道甚至全网流量，从而推动全店效果和提升品牌影响力。京东快车的推广作用则偏重于拉动有购物欲望的新访客，以及在拉升单品效果和打造单品上。所以两者是一个互补的关系，强强联手之下才能寻找出最精准的人群。

4.4.3 三大引流吸金术

互联网用户量增长正在放缓，而获取流量的成本越来越高，如何能以更低的成本获取到更多的流量，从而提升整体 ROI（投入产出比，Renturn on Investmen）。

店铺付费推广提升点击率的三大因素：素材、商品和出价，三者互相作用。

1. 素材

素材和文案的好坏直接影响到广告投放的效果，优秀的素材能有效地刺激点击率（CTR，Click-Through-Rate）上涨。影响点击率的几个因素如下。

① 渠道调性：投放内容与创意文案不宜太“官方”，结合渠道用户需求制作素材。

② 文案标题：在有效的阅读时间内（3 秒），有理有据地阐述文案，写出能吸引用户眼球的文案。

③ 受众定向：广告受众的精准度也是影响点击率的一个重要因素，有时无论素材怎么调整，点击率都上不来，这也许就是因为广告投放给了大量与商品不匹配的人群。例如投放的商品为家庭装修类，我们在人群受众中设置了“不限”，那就会导致大量用户对商品不感兴趣而导致整体 CTR 偏低，这时就需要对受众进行设置来过滤不相关的人群，减少无效损失的同时提升店铺整体 CTR。

2. 商品

选择一款好的商品是做好外推的基础，一款卖相优秀、符合大众消费心理的商品，辅以正确的营销手段，才可以成为店铺热销品并带动其他商品的销售。

那么如何选品？

① 了解目标客户需求：不同推广渠道目标人群不同，需要根据不同的目标人群选择不同的商品进行引流，让目标人群从心里产生共鸣，从而让他们有良好的购物环境，刺激他们下单购买。

② 选品需要注意毛利率：没有一定的利润支撑，面对高昂的广告成本，很可能就会造成赔本的结局，所以大家一定要努力寻找利润高一些的商品。

3．出价

出价影响到每个素材的流量以及最后的 ROI/ 激活成本，出价的高低需根据每个素材的表现来调整，并进行后续观察。

以下是影响平均点击成本的几个因素。

① 竞争程度：当竞争对手增多时，大家为了抢占更多的流量势必会提升广告出价，此时竞争对手的竞争以及自身出价的提升都会导致 CPC（Cost Pre Click，按点击付费广告）的明显上涨，例如京东 618 当天，我们发现即使出价比平时高一倍，也无法获得展现。投放要时刻考虑 ROI，CPC 过了某个临界点以后就没必要跟进了。

② 出价一般比目前的 CPC 高 20%，主要是为了 CTR 有明显下降时，CPC 会自动涨上来保证 CPM（Cost Per Mille，每千次展现成本）。

4.4.4 玩转媒介推广这几招，你也是“大神”

事实上，媒介渠道的选取大同小异，每个行业的信息都比较透明，哪个渠道好，哪个渠道坏，大家都知道，但是为什么效果不同呢？抛开品牌、产品体验、用户运营等因素，单纯就渠道运营而言，精细化操作是取胜的根本，谁的渠道运营体系越细，执行力越好，谁就能抢占更多的流量。

下面是实现精细化操作你必须知道的几点。

① 移动端是大势所趋，流量聚集在移动端，用户习惯也在移动端，尤其是微信与京东 App，这样我们获取流量就应该抓住微信和京东 App。

② 广告投放的第一步是曝光，只有足够多的曝光，才能获取更多优质的流量。

③ 媒体属性非常关键，了解不同媒体的属性才能有针对性地制作推广素材，选择主推商品。

④ 广告运营的精髓在于精细化，需要合理把控 CPC。

⑤ 广告投放的目的在于提升复购率、获取新用户，让自增长成为流量源头。

案例一：家居产品

案例背景：该店铺主营实木家居类商品，客单价居高，原产地优越，利用京东平台优势，对店铺进行人群优化及商品策略布局，实现精准人群匹配，提升店铺整体转化。

推广渠道：京东快车、京东直投

（1）京东快车——海投计划

① 投放策略：全品类上车测试，持续观察 3~7 天，重点品类重点加价，非重点品类低价引流，效果不好的品类加入品类黑名单。

② 投放效果：2017 年 1 月 9 日至 17 日之间，日均消耗 1900 元左右，ROI 最高达到 26，如图 4-7 所示。

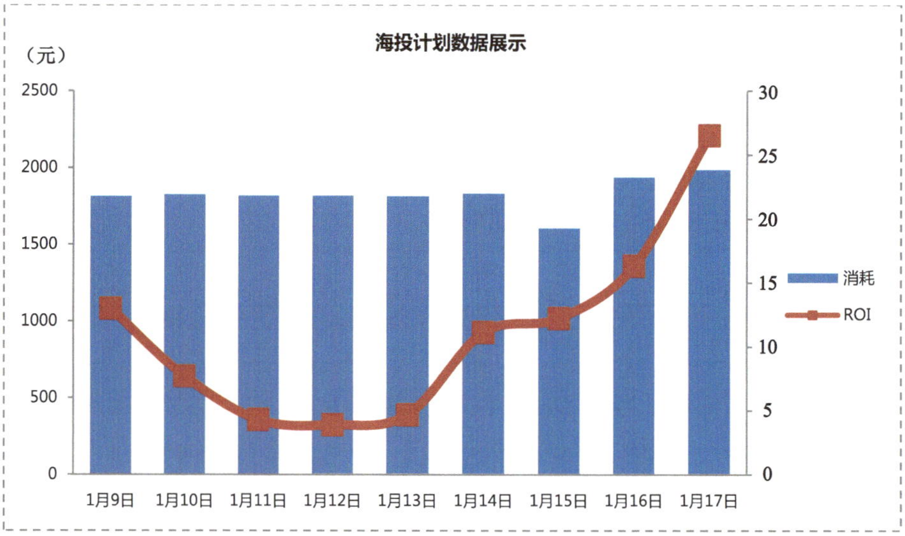

图 4-7

（2）京东直投

① 投放策略

- 素材：前期针对不同的位置进行测试，对点击率较高的创意进行版面复制，家居类目的测试素材表现为文案不要太多，言简意赅，直接展现核心利益，版面要整洁舒畅。
- 用户群：匹配当下店铺活动的利益点，有针对性地进行筛选，配合相关商品素材进行投放；用户群根据自身类目的数量级，不宜太宽泛，关联到具体类目进行人群细分，定位高意向人群，如人群数量级不够，则可以尝试配合相关类目的潜在人群进行投放测试。

② 投放效果：日消耗 2000 元，点击率 4.5%，ROI 峰值达到 27.61，如图 4-8 所示。

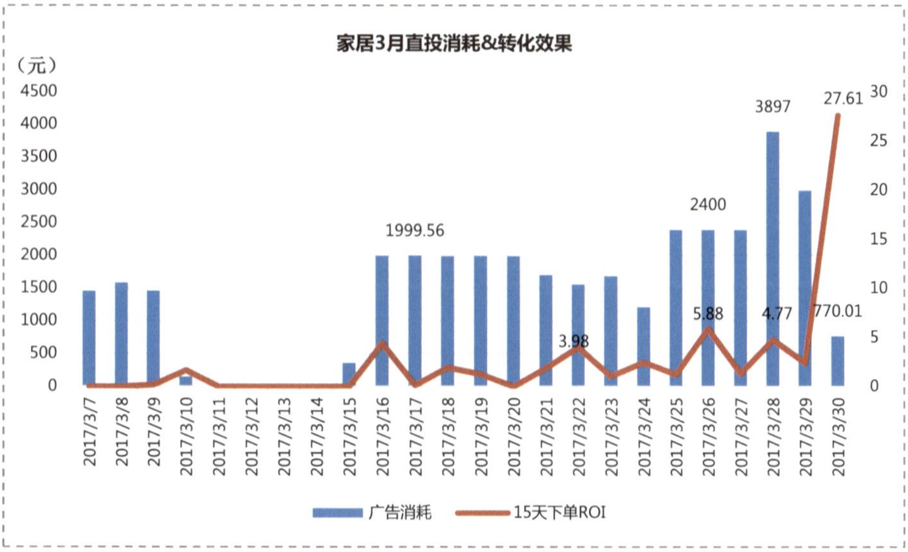

图 4-8

案例二：照明产品

案例背景：该店铺的商品属于标品，相同类目商品竞争激烈，主要是精细化分析商品的目标人群，针对用户痛点，找到商品优势，将主推款在短时间内打造成为爆品，结合大促时间节点以及商品策划布局，最终实现店铺最高峰值。

推广渠道：京东直投

（1）京东直投

① 投放策略

- 素材：配合活动节奏，不同节奏点搭配不同的素材引流。
- 用户群：使用魔方品牌群，直接定位本品人群，曝光给最相关人群；关联三级类目，精准定向，直接定位本类目人群；不断测试、调整，搭配不同魔方人群包，提升整体转化。

② 投放效果：2016 年 11.11 期间，广告消耗 12.3 万元，CPC 1.64 元，单天最高加购量 926 单，ROI 峰值 38.43，如图 4-9 所示。

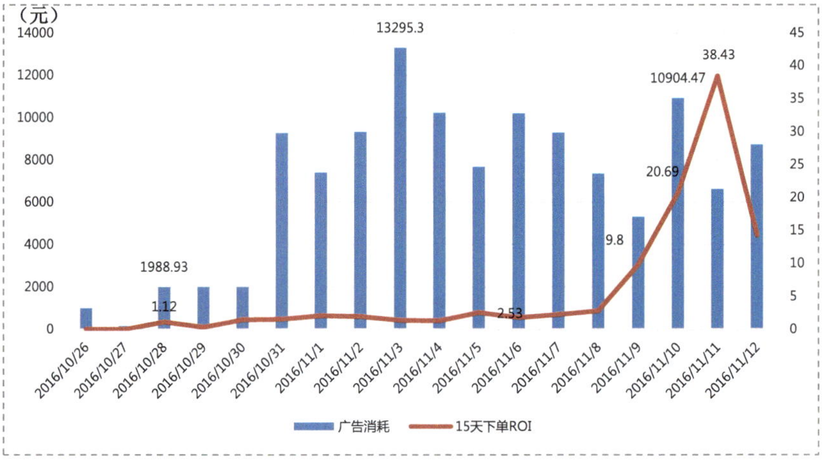

图 4-9

（2）京东直投——今日头条

① 投放策略

- 素材：利用新闻性质标题，弱化促销信息，标题尽量新闻化，吸引用户点击；体现生活化场景，突出品牌 LOGO 即可，弱化电商标准素材范式；落地页直接跳转店铺爆品页面，利用特殊卖点、优惠价格、赠送活动、销量好评来提高下单转化；
- 京准通 DMP 定向策略：直接使用京准通 DMP，定位吸顶灯 / 浴霸等三级类目；通过反复测试品牌人群 / 再营销人群后，搭配类目定向提升转化效果。

② 投放效果：日均消耗 3000 元，点击率可达 1.31%，2017 年 3 月 17 日配合店铺超级品牌秒杀活动，15 天下单 ROI 均值 23，峰值高达 125.81，如图 4-10 所示。

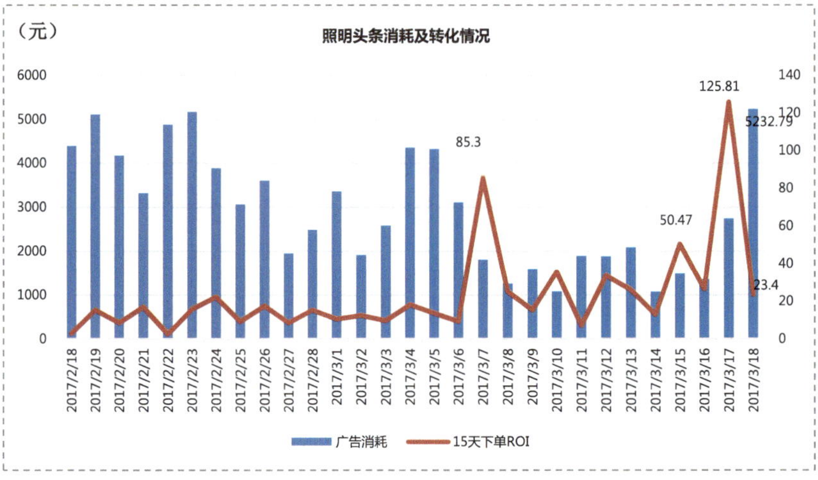

图 4-10

案例三：卫生巾

案例背景：能量花语品牌打造礼品型卫生巾，与市面上同类产品不同，做到精细分化市场，针对店铺产品的特点，主要抓住产品对应人群，实现转化的增长以及超高回购率。

品牌 LOGO：能量花语

品牌 Slogan（口号）：守护者的告白。

品牌物语：LOGO 图形是日月与两颗心的组合，代表着日日夜夜的守护、月月年年的陪伴，以及心心相印的情感。

品牌噱头：爱的试金石（真的爱她，就送她能量花语）。

品牌人群：女性（使用者）；男性（作为礼品送给女性）。

（1）品牌策略：礼品型卫生巾

在消费者的常规印象中，卫生巾的使用人群是女性，那么购买人群 100% 也是女性。但是，能量花语却打破了常规，把卫生巾这个产品，作为男性表达对女性贴心爱护的一种“礼品”。

除了作为爱意表达的礼品，这样的产品定位，还会促使很多女性消费者，为了验证自己的老公、男朋友对自己是否真心，要求自己的另一半为自己购买能量花语，所以，“爱的试金石”也能体现在此品牌上。这种品牌策略，会促使很多消费者进行口碑宣传，大大降低品牌方主动引流的开支。

（2）推广策略：客转粉、粉转客、客转分销

① 如果品牌在定位后去做某一个细分市场，那么产品品质一定要过关。例如能量花语的创始人，曾经因为货品品质不达标，自己亲手烧毁两批货物，价值高达几十万元。

② 除了产品品质要过关外，还要经营好已成交客户。把已成交客户，转化成我们的粉丝，再把粉丝维护好，进而进行二次营销，让首次成交的客户，继续复购。每次成交，都代表多一份信任，经常回购的老客户，将成为品牌的超级用户。未来可以继续挖掘超级用户的价值，把他们转化成品牌的分销商。

③ 如果以这种思路去做推广，去引流，那么京东平台的众多流量入口，只是我们拓展新客户的一个渠道而已，最终必须严格把控产品的品质，维护好新老客户。

4.5 公众号运营

4.5.1 定位推广方向

1. 自媒体

自媒体（We Media），又称“公民媒体”或“个人媒体”，是指私人化、平民化、普泛化、自主化的传播者，以现代化、电子化的手段，向不特定的大多数或者特定的单个人传递规范性及非规范性信息的新媒体的总称。自媒体平台包括博客、微博、微信、百度官方贴吧等。

2014 年 7 月 13 日，一个名叫冯东阳的站长，因一篇《腾讯 QQ 产品经理的一封信》而引起站长圈的轰动，在短短 4 个月的时间，由一名草根站长，转身成为自媒体人。**很明显，冯东阳这个公众号就是属于自媒体类型的。**

写出你的感受，然后发布到各大社交平台上。例如，笔者是从事互联网运营的一线工作者，笔者会在自己的公众号上分享与我微信号定位相关的文章，例如网络营销、电子商务、移动 App 运营等。

对自媒体人，笔者的建议是做自己有兴趣且擅长的账号来运营，例如你喜欢篮球，喜欢 NBA，则可以去开个公众号聊聊 NBA 的那些事。如果你喜欢海淘，则可以分享一些海外购物经验。做自媒体切记不要去切入自己不擅长而且不感兴趣的领域。

2. 纯粹卖货销售

开个公众号，开启微店之旅，吸引粉丝，促成销售。

3. 做品牌

做品牌往往是大公司的策略，微信公众号成为其品牌宣传的一个窗口，不销售，也不做客户维护，就是跟企业挂钩在一起，成为一个宣传触点，例如可口可乐、麦当劳等。

4. 新老用户的关系维护

微信公众号成为数据化营销的主战场，全网营销所有品牌触点最终落地于微信公众号，微信承担了 CRM 角色。这个思路应用在一些带有实体性质的企业，如餐馆、酒店、KTV、美容场所等，以会员形式结合微信公众号运营来操作，所有广告投放最终通过二维码或者微信号形式入驻公众平台。

4.5.2 推送什么内容

定位你的目标受众后，基本上就可以确定要推送什么内容给用户了。

举个例子，我们把目标受众设定为电子商务、产品经理、移动互联网运营、自媒体从业人士等。设定目标受众后，我们的信息推送就会基于这些用户做内容规划，不能对我们的用户推送心灵鸡汤、NBA 信息、娱乐新闻，要尽量保证这些内容是有用的，无论是原创还是转发，都是值得收藏的内容，而不是在各个媒体渠道都随处可见的烂大街的新闻，那样意义不大，突出不了你要提供“互联网产品运营干货”的定位。

再举一个例子，假如你经营的是一个针对汽车厂商经销商的汽车微信公众号，汽车厂商经销商不会只关注汽车的信息，他们更多关注的是如何把汽车卖出去。所以内容上应该多写写国内外汽车的互联网营销案例，以及在互联网和微信上最新的汽车广告模式等。也可以写一些人人都喜欢看的融入个人感情的创业故事，汽车厂商在看这些文章时，会在潜移默化中接受你的很多理念和信息。

上面两个例子其实是想阐述一个道理：你要清楚地明白你的粉丝是谁，他们喜欢什么，你要针对性地推送这些内容给他，内容要有用或者是能引起共鸣的，最后要做出差异化的内容运营策略。

4.5.3 内容怎么产生

从内容来源来说，我们可以划分为原创和非原创。

1. 非原创的内容有哪些获取渠道？

互联网最大的魅力在于你可以瞬间获取很多信息，对公众号运营者来说，以下这些渠道是你必须关注的。

① 博客：QQ 空间、网易博客、百度空间、新浪博客。

② 百科：百度百科、互动百科。

③ 文档分享平台：百度文库、新浪资料、豆丁网、新浪微盘等。

④ 社交化媒体：微博、微信、人人网、知乎、豆瓣等。

⑤ 新闻客户端：网易、新浪、搜狐、腾讯客户端等。

⑥ 竞争对手公众号：关注竞争对手的微信公众号，如果你关注了 50 个竞争对手的微信公众号，就会有 50 个账号在教你怎样做好微信营销。你要做的就是优化他们所有的方法，记住：竞争对手是最好的老师。

2. 原创内容是怎么产生的？

① 每天花一个小时搜集素材。

② 花半个小时思考所搜集的素材，寻找可写的点。

③ 动手写，保证坚持每天一篇原创文章。

④ 定期回顾总结，每周一次回顾总结，这一步是最重要的，可能很少有人能坚持每天一篇原创文章，但是对于公众号运营者来说，长期的有目的地写作原创文章，不仅可以让你的粉丝增加，还可以提高你的个人素质。如果长期写，说不定哪天你就会成为这个行业的翘楚。

4.5.4 内容运营技巧

1. 做好内容的规划

公众号的内容规划非常重要，建议提前一个月把下个月的内容规划好，这样可以保证每天都有内容推送给读者，而不是每天都思考今天推送什么内容给读者，明天推送什么内容给读者。最好的方法就是提前规划，把公众号要推送的 1 至 3 个月的内容都准备好，甚至可以把一年的内容都准备好。

笔者就是这样做的，公众号里面一年的内容都准备好了，这样经营公众号会很轻松。对读者来说，可以长时间地通过公众号，详细了解一个行业里的专业知识。

2. 内容形式差异化

内容形式差异化表现在语音推送、视频推送，长期、大量的文字内容的推送容易引起读者的视觉疲劳，试着用语音或者视频的展现形式来组织内容，如果能做成互动游戏的形式则更好。在这一点上，罗辑思维就应用得非常好，每天 60 秒的内容语音导读、关键词自动回复内容，语音与内容完美结合。大家可以关注一些这方面做得比较好的公众号，取长补短。

3. 内容整合

如果不能每篇文章都自己原创，那么还可以招募一些投稿者，从中选取一些优秀的稿件来推送。

另外，也可以与原创文章的作者合作，进行互推。

4. 让粉丝产生依赖

（1）时间依赖

推送内容的时间和频率要有规律。例如，你的公众号是每两天推送一次内容，那么就在每个“两天”的同一时间推送。如此一来，读者就会形成习惯，到了时间就会主动去阅读公众号里面的内容。

如果你的公众号推送的内容可以进行快速阅读，比如是小段子、小常识、笑话等“快消品”，那么就可以考虑在用户的碎片化时间推送。因为“快消品”类的内容不需要用户集中精神去深度阅读，只要进行浅层阅读即可；但如果你的公众号内容需要深度阅读，那么你可以考虑在晚上 10:00 以后推送，因为晚上安静的时候最适合思考。

如果你的公众号带有“晨读”“十点”“午间”“夜话”等提示时间的字眼，而且已经培养起用户的阅读习惯，那么最好坚持原来的推送时间，不要轻易改变。

（2）内容依赖

由于每个公众号的定位和推送内容特色不同，所以运营者还可以做用户调查。做调查时可以设置三个调查项：一是问用户最喜欢的公众号是哪个类型的，判断自己的公众号受欢迎的程度；二是问用户关注了多少个公众号，判断自己有多少个竞争对手。由此在推送用户喜欢的内容的同时，注意推送频次，让用户产生内容依赖。

考虑到每个公众号的情况不同，运营者可以根据自己的实际情况对推送时间进行有效调整，以便阅读效果最大化。

4.5.5 阶段性用户运营

1. 种子用户期

（1）什么是种子用户

种子用户，顾名思义，就是能“发芽”的用户，具备成长为参天大树的潜力。种子用户可以凭借自己的影响力，吸引更多目标用户，是有利于培养产品氛围的第一批用户。

对于微信公众号来说，种子用户应该是值得信赖的、影响力大的、活跃度高的粉丝。

种子用户不等于初始用户，初始用户是你经过初步推广获取的，范围比较大，种子用户则是要根据产品属性经过一定挑选获取的用户。种子用户的质量比数量重要，引进种子用户要讲究精挑细选，用户的性格要尽量与公众号的调性吻合，或者用户的影响力要尽量地能波及目标用户群体。

种子用户有什么特征呢？对微信公众号来说，种子用户经常互动，帮你在朋友圈转发，主动帮你在 QQ 群、微信群推广公众号，种子用户会经常对你的公众号提供有效意见和建议。

（2）种子用户在哪里

知道了种子用户的特性，相信你心里已经大概知道在哪里可以找到他们了。初期你可以设定找到 100 个种子用户的目标。切记，并不是所有人都会成为种子用户，你要对他们的性格和特性做分析，那些愿意分享、主动转发、经常与你互动的才是你的种子用户。

① 你的合作伙伴。从业 10 多年，笔者积累了很多同业合作伙伴，他们都是笔者订阅号

的受众用户，所以笔者会在同业 QQ 群、微信群里寻找符合种子用户调性的粉丝。

② 邀请机制。作为一个准备商业化运营的公众号，你可以借鉴知乎获取种子用户的经验，采用邀请机制获取种子用户。

③ 名人效应。如果你在业内已经有一定知名度和人脉资源，那么相信你获取种子用户就容易多了，你的种子用户都是一些名人，你的订阅号不火都很难。新浪微博早期获取种子用户的策略就是邀请很多明星、名人入住。

再仔细想想，也许还有很多方法找到种子用户，切记：在微信订阅号里，愿意主动分享、经常互动、给你意见的粉丝才是真正的种子用户。

2．初始用户期

通过种子用户进行朋友圈转发、微信群分享、QQ 群传播等，你积累了一定粉丝量，这些都是你的初始用户，但是还不够，我们应该有个目标，例如设立 KPI，初始用户期粉丝数 3000 个，两个月内完成，那就是平均每天获取 50 个左右的粉丝。为什么要量化？因为这样更利于进行下一步的规划。

如何在初始用户期积累粉丝呢？

依靠现有渠道和你擅长推广的渠道，下面介绍几种推广渠道。

官网：笔者会在官网上悬挂关注微信公众号的二维码，官网每天都可以带来一定的粉丝和流量。若撤掉其他渠道，那么每天增加的粉丝量大概就是从官网来的，例如官网一天 1000 个 IP，带来多少粉丝，读者要做到心中有数。

微博：在微博中放上微信公众号二维码，每天也会带来一定粉丝，当然前提是你的微博要有一定的粉丝基础。如果没有，那么从现在起建立与微信订阅号主题相关的微博，开始你的微博之旅。微博运营注重的是内容和互动。微博是一对多的媒体属性社交，成熟的微博可以引流很多粉丝，你在互动的时候可以随时推广你的微信公众号。

微信群：如果你已经加入了很多行业相关的微信群，那么这里也是你获取初始用户的地方。

QQ 群：玩法与微信群相似。

QQ 空间：如果你的 QQ 里已经有很多同业 QQ 用户，那么 QQ 空间也是一个不错的推广平台。

其他社交化媒体平台还有如豆瓣、百度贴吧、知乎等。

软文推广：笔者每周会写两篇质量比较高的原创文章，发布到各大媒体平台上，例如派代网、站长网、虎嗅、百度百家等，软文推广带来的流量是持续的。

由此可见，初始推广期你要去尝试各种推广渠道，找到你最擅长的渠道，让粉丝每天自然增长，最终完成你的目标。

3. 用户增长期

（1）免费推广

① 继续使用“初始用户期”的推广方法每天稳定获取流量。

② 小号导大号。开通微信小号，每天导入一定粉丝进入小号，通过小号的互动，将粉丝引入到公众平台大号。

③ 订阅号互推。找到与你行业相关的微信订阅号合作，每周进行互推。例如，91 运营网公众号，会找产品策划、移动互联网、电子商务、网络营销等相关的账号进行互推。

④ 加入微信小联盟。这个阶段你的粉丝量还不够，大联盟要么要求高，要么费用高，但可以加入一些小型的微信联盟。

（2）付费推广

很多微博大号做微信都非常快地获得了很多粉丝，也可以利用自己的资源与别人互换。但是对于没有资源的新手，只能找一些微博大号付费进行推广了。

（3）活动推广

在微博上发起活动，关注就有机会获得礼品，或者在微信里发起活动，介绍给身边的朋友即可获得折扣礼品等。

4.5.6 资源积累

市场推广最重要的一个条件是什么？可能有的人会说要有能力，还有的人会说公司平台要好……而笔者认为最重要的是丰富的人脉。微信营销也一样，当粉丝积累到一定程度时，会发现增长速度缓慢，怎么来引爆粉丝量呢？也许人脉会起到助推作用。

怎么建立人脉来帮助你做微信营销？

1. 加入联盟

目前国内的微信联盟有两种：综合性联盟和行业性联盟。综合性联盟如微媒体联盟、WeMedia 自媒体联盟、速途网自媒体联盟、牛微联盟等；行业性联盟有犀牛财经联盟，亲子生活自媒体联盟、SocialAuto 汽车行业自媒体联盟、地产自媒联盟等。

对于这些比较大的联盟，要么要求有一定的影响力和粉丝量，要么付费加入，粉丝量较少的自媒体可以先选择一些中小型联盟，等做强、做大后再加入大联盟。

2. 自建联盟

相对于加入大联盟，笔者还比较崇尚自建联盟，自建联盟可控性比较强，后期爆发力会更强。所以你可以审视周边同行业的运营公众号的合作伙伴，联合起来建立自己的联盟，互利共赢。

3. 参加行业性会议展览

有团队运作的公司性质的公众号，可以参加一些行业性会议展览，带上你的二维码，做好微信营销方案，到展会或者会议上与你的客户、合作伙伴交流，推荐你的微信公众号，特别是一些重要客户，要重点公关，最好是达成基于微信推广的合作。

4. 线下活动

有针对性地规划线下活动，当然这个计划是有助于你推广微信公众号的，例如一个月就要参加 2~3 次线下行业交流会，基于电子商务、移动互联网创业这些主题活动，通过这些活动去扩充你的人脉资源，让他们去帮你推广微信公众号。这里有几个经验小技巧。

① 活动前一定要备足名片。

② 谁都不认识的活动，尽量不参加。去了谁都不认识，会很郁闷的，无人沟通，会很尴尬。

③ 明确目的，不同活动不同对待。对于人数较少的小规模活动，主要以深入交流为主；对于人数较多的大型聚会，主要还是以认识新朋友，拓展人脉为主。

④ 活动后及时整理资源。这里说的资源主要是指人。活动过后，对于感兴趣的朋友，一定要及时取得联络，能在社交平台上加为好友最好，多交流，保持长期的联系。

5. 撰写行业文章

通过撰写行业文章，以文会友，扩大自己的知名度和人脉资源。关于如何撰写软文，网上已经有很多攻略了，这里只提炼几个要点供读者参考。

① 标题党：关于标题党，大家都不陌生，简单地说就是把标题写得吸引人一些，诱惑大家去点，关于标题的写法大家可以看看这篇文章：《不是你学不会写标题，而是你没用好知音体》。

② 行文技巧：行文时，适当地曝光要推广的产品，例如人、网站等，但不要太“硬”，要做到润物细无声。如在需要用网站举例时，加上自己的网站；需要用文章举例时，列出以前的文字标题；需要以人说事时，把自己的名字放上。

记住一条原则，作为一名推广人员，一定要时刻牢记着推广二字，只要有机会就小小地推一下。

③ 选好发布平台：不同的平台，反响绝对是不同的。有针对性地根据你的目标客户群选择发布平台，例如说电商类的派代网，行业性软文可以选择行业平台，例如旅游行业选择环球旅讯、欣欣旅游等网站，切忌文不对题。

④ 协同作战：如果想达到更大的曝光率，则可以联系几个同行业好友，约定好大家在行文时，顺便推荐对方的文章。注意，推荐时一定不要太硬，一定要自然。

6. 粉丝互动

前面几个小节都是在讨论如何推广微信公众号增加粉丝的问题，那么如何留住粉丝呢，让你的公众号更加具有黏性、更人性化呢？

粉丝互动，是最考验微信运营能力的关键因素，失去互动的微信公众号，就跟一潭死水一样，失去了运营的价值。

（1）确定平台调性

要让公众号形成自己特有的个性，让公众号与其他公众号有差异化，进而让粉丝觉得这个平台是一个活生生的人在运营，感到亲切而有力量。所以公众号在与粉丝沟通前，要确立自己沟通的调性，如活泼可爱型、严肃型、幽默型等。

（2）备料

根据你确定的平台调性，组织一些常用的语言，可以去微博上找段子，找一些专业微博摘抄下来整理，形成自己的风格，进行微创新，不要全部照搬。这里可以参考下杜蕾斯的微信公众号，它的调性和互动备料都做得很充足。

（3）设置内容回复

关键词回复设置是非常重要的，毕竟这是粉丝关注你之后看到的第一个信息，主要是做好引导教他们如何去用这个平台，并让大家有一种热情而温暖的感觉；不少粉丝看到之后，也许会有下一步的行动，例如查看目录等，这样也就开始了和我们近距离接触的第一步。

4.5.7 引流秘籍

1. 实体店引流

如果你有实体店，则可以在店铺里面放上公众号二维码，当顾客买完商品后，提醒顾客扫描并关注二维码，同时将购物心得和二维码分享到朋友圈，凭截图可以返现或者领取现金红包等，一般情况下顾客都是很乐意参与的。

2. 活动引流

活动引流比较广泛，可以借助商品促销活动、培训活动、沙龙活动、户外郊游等相关活动来吸粉。

3. 地推引流

可以选择在一些人流量比较密集的广场，例如公园、地铁口、商业步行街等地方做地推活动，扫码关注送礼物，如果分享相关活动信息到朋友圈还可以拿红包等。

4. 包装引流

凡是能与顾客接触到的各种包装上都可以贴上公众号二维码标签，例如产品包装、打包盒、宣传册等都可以贴上二维码，最好能配上一些推广软文，例如关注有惊喜或礼包等。

5. 手机屏保

手机屏保引流是很多人都会忽视的一个方法，你可以将公众号二维码设置成为手机屏保，逢人就说，逢人就求关注，这样更快捷、更方便，或者当别人问一些相关资讯内容时可以直接让他扫码关注获取相关信息。

6. 户外广告

户外广告需要根据预算来进行规划，如果预算足够，则可以在一些黄金路口做广告牌，同时印上公众号二维码，引导用户关注。

记住，能在线下留入口的地方，一概不要放过，都要留下公众号二维码，增加曝光度，同时再配上一些吸引人关注的微软文，当然公众号后台也要经过一番精心的设计，当别人关注你的公众号后，就能在获取相关的资讯的同时还能在这里与你进行实时互动。

最后，吸粉只是第一步，留住用户才是关键，所以运营者应该把重心放在公众号的内容上，多花时间去创作一些原创优质内容，这样才能留住粉丝。

4.5.8 微信公众号常用活动汇总

① 免费赠送——干货电子版。

你可以整理行业内的一些干货内容，最好是原创的、有价值的内容，制作成精美的电子版，电子版要带封面，最好图文并茂，能吸引眼球。随后通过公众号互动，引导粉丝留下邮箱，将干货内容在 24 小时内送达对方邮箱。

② 免费赠送试用产品。

建议采用大礼包派送的形式，内含试用产品、代金券、书签、记事本、帆布袋等，如卖茶叶的可以送试用茶，卖化妆品的可以送试用装等。

③ 派发微信红包。

将粉丝拉入微信小号，建立微信群开始发红包。

④ 转发有奖。

将公众号加上自己的祝福语转发至朋友圈。前面提到，微信属于裂变式传播，经过熟人在朋友圈内发布，可以起到很强的宣传效果。

⑤ 有奖猜谜。

只要答对我们出的谜语即可获得神秘礼品或优惠券。

⑥ 微信签到。

连续签到，或与公众号聊天满 5 天，即可获得神秘礼品或优惠券。

⑦ 微信答题。

提出的问题最好与企业品牌相关，让用户在你的网站上寻找相关答案，加深对企业的印象，加强企业品牌的认识度。这个可以参考一号店的微信活动。

⑧ 关注赢好礼，扫扫送礼品，微信预定享折扣等。

⑨ 融入平面游戏互动：譬如对诗、大家来找茬、你画我猜等。

4.5.9 24 种快速吸粉的引流方法

① 软文推广法。写文章或者引用好文章，里面巧妙地加入自己的微信号和二维码，然后发布到自己的微信公众平台和各大与产品相关论坛和贴吧。文章标题是关键，一定要达到消费者主动转发的效果。

② 媒体推广法。找新闻点让传统媒体（如报纸、电视、广播等）报道。

③ 手机 App 推广法。相信很多人都没有深入地去研究手机 App 的推广方法，推荐给大家几个给力的 App，大家可以尝试进去做营销推广，如陌陌、唱吧、快乐辣妈、各类新闻 App 等。

④ 网摘新闻源推广法。提交优质网页、图片、帖子到网摘网站和聚合类网站。如果被推荐，那么你的粉丝会暴增，前提一定是要有优质文章。

⑤ 论坛网站推广法。把签名设为自己的微信号，发布有争议性的标题内容。好的标题是论坛推广成败的关键。这里说的论坛是指泛论坛，包含留言本、论坛、贴吧等一切网民

可能聚集的地方。

⑥ 微信推荐推广法。寻找些自媒体营销账号，他们都有免费推荐；每天在朋友圈大量推荐卖货的号，可以利用资源互换的方式让他免费帮你推广一次，同时你也要帮别人推广。

⑦ 公众号互推推广法。找一些与你有相同的目标客户群体、粉丝数相当的微信公众号去形成互推。

⑧ 图片加水印推广法。通过微博、百度图片等方式把你加好水印的图片传播出去。

⑨ 视频源 Flash 推广法。如今的视频网站，都提供外部的访问接口。在别的网站、日志引用这些视频的同时，直接宣传了网站，扩大了网站的影响力。

⑩ 提交到公众平台聚合网站推广法。提交到一些公众号导航平台，以此来增加自己的微信曝光度。

⑪ 交换友情互推法。找些高质量账号，长期形成友情互推，你发布文章后底部推荐他，他也一样在发布文章的底部带上你的微信号。

⑫ 微信推广同盟推广法。单打独斗出不了英雄好汉，一个人的精力时间和聪明才智毕竟太小，因此，要懂得借用外力。几个做微信营销的人联合在一起，达成宣传共识。在宣传自己平台时，顺便也捎带上别的平台。用同样的劳动，得到更多的收获。

⑬ 免费资源推广法。给其他人提供免费的服务，例如上面准备的素材、微信营销资料等。要让自己提供的内容，成为其他人必不可缺的营销素材。时间久了，关注你的人自然有了，而且都是高质量代理商。

⑭ 微信群推广法。主动找别人去互换群，每天坚持与别人互换 10 个群，久而久之你就有了一个庞大的群营销数据资源。

⑮ 发布任务网站推广法。在威客网站发布任务，不仅能够吸引接受任务的人，而且能够吸引一大批旁观者，要充分利用这种一对多的传播优势。

⑯ 印发宣传单线下宣传微信推广法。既可以自己印发，也可以和其他传统企业合作，使用它们的现有渠道。例如和超市合作，在购物小票上印制自己的微信二维码，可以用网站上的资源和超市交换互推。

⑰ 鼓励访客宣传微信推广法。至于如何打动网民口碑宣传，则要根据网站内容灵活安排。一般新奇有趣互动性的内容效果较好，例如测试类、评比类、节日祝福类、搞怪类等内容容易被强烈传播。可以考虑自己的公众号发掘这方面的素材。

⑱ 名片网站推广法。在名片、产品包装、官网……一切自己能掌控的资源，印上二维码。

⑲ 在电子邮件落款里加入微信号推广法。在电子邮箱的设置里，设置一下，以后写信

就会自动加上。

⑳ 搞活动微信推广法。各种线下活动、各种聚会等。

㉑ 广场效应微信推广法。在衣服上印上二维码，去人多的地方引人瞩目。最好是在记者出没的地方，容易产生新闻效应。因为记者的工作就是寻找新闻源。

㉒ 微营销线下聚会推广法。多参加同城或者高质量的免费微营销活动，探讨推广方法。说不定什么时候就有意外惊喜。在和别人的经验交流中也往往会有灵感的火花跳跃。不要吝啬你自己的经验，在告诉别人时，也是对自己经验的一次系统化、条理化、理性化提纯。

㉓ 免费赠送法。购置一批有意思的小礼品，在公众号上做转发朋友圈免费集赞派送的活动，可以适当收取快递费。

第 5 章
用户为王

本章导读：本章着重从用户的角度出发，阐述京东运营在销售实战中如何运用用户群体定位、用户需求分析，进行用户深度挖掘、拉新与复购，再从消费者的层面，反过来制定并设计京东店铺运营的方式方法与战略战法，从用户维度出发总结出京东店铺运营的玩法。

电商用户相较其他线上产品用户，是最具效率的流量变现模式。具体流程是流量 + 电商 + 下单 + 用户，流量是开始，用户不是终结。为什么用户是最终一环但不是终结？用户与流量的奥义到底是什么？

电商本身提供产品、体验、内容、服务等功能性区块，电商本身又具备人格化、差异化、符号化等特征，电商不是在线上卖产品，也不是直接将一些创意、玩法、服务、设计等元素制造成符合电商玩法的产品，电商同时具备汇聚、孕育和运营一些被产品吸引、匹配需求的人群，反过来，电商通过优化升级自身区块部分，形成差异化的产品或内容，这些优化升级本身会创造新的用户黏性，直接让用户复购、拉新，这时用户会转化为更具势能的流量。当新的势能流量主动搜索，裂变并自生产出更具吸引能力的内容，产生最有效率、最有变现能力的用户时，这样的电商才是最有生命力的、最有人格差异化的、最有连接能力的超级电商。

移动互联时代的到来，流量聚集以规模化、社群化、盲从化、刚需化、追逐大牌等形式，形成一个个流量聚集地，大流量成为各个品牌追逐的大红利，大流量支持大商业的模式成为成功的必然，也是电商是否能发展的重要引擎。但是流量成本在逐年走高，传统的获取大流量的方法在走向困境，流量变成用户的一般策略疲态尽显。当节日大促流量“井喷”时，匹配承接的商品销售过于简单粗暴，转化率日益低下成自然常态。

在谈用户之前，我们先看三道数学题，定一个小目标：

假设，你的店铺 2016 年有 10000 人下单，其中，年度新用户占比 80%，平均贡献 200 元；回购用户占比 10%，平均贡献 500 元；忠诚用户占比 10%，平均贡献 1000 元。

2016 年你店铺的 GMV 是多少？

2016 年挣了 310 万元（呀，一不小心透露了答案）。数据显示，其中新用户复购率为 12.5%，老用户流失率为 20%，核心用户上行率为 20%，问题如下：

① 每增加 1% 的新用户，你能多赚多少钱？

② 每提升 1% 的新用户复购率，你能多赚多少钱？

③ 每提升 1% 的核心用户上行率并降低 1% 的老用户流失率，你能多赚多少钱？

④ 以上，你总共赚了多少钱？

读完这一章，你会发现，在京东，这 1% 的小努力，会带来超过数倍的业绩提升，不仅如此，你的店铺会通过核心会员的口碑传播，带来源源不断的业绩动力，毕竟，消费者就是上帝。

对于像京东这样的规模电商平台，品牌商不仅需要通过京东的用户管理平台来管理自己的会员，更需要在大量的用户数据和行业数据里做好用户挖掘和用户沉淀。本章将从定位与分层用户、用户生命周期管理和会员工具优惠券妙用这几个方面展开。

5.1 从物以类聚到人以群分

5.1.1 用户转化漏斗

做流量的本质是做用户，将流量转化为用户，并通过会员营销手段，与用户建立长期的、稳定的，从利益联结到情感认同的关系才是引流的最终目的。

转化漏斗分析方法是经典的营销数据分析方法。它把用户的每一步浏览行为都记录下来，统计全量用户的浏览行为，找出跳失高发页面，优化对应页面。在与商家的沟通中，我们发现，好多商家优化页面往往不依托于数据，仅凭自己的主观感受去优化。这样无的放矢的优化往往会耗费财力、人力，且见效甚微。在专业的营销领域，这种分析有一个专业的名词：落地页面优化（LPO，Landing-page Optimization）。我们应当首先明确一个原则：所有的页面设计均必须以提升转化、增进收入为目的（包含长期品牌形象塑造带来的潜在收益）。当明确了优化目的后，我们必须对每个页面的浏览量、用户画像、浏览轨迹等数据做出分析。现有的京东商智的流量分析、热力图模块正是基于此种目的而设立的，这个工具省却了商家大部分的数据积累时间，直接帮助商家展示核心页面的数据，能帮助商家快速定位页面问题，从而去执行优化。从最初的流量引入页开始，到最终完成购买，一般分为浏览、点击、关注、加购、下单这样一个完整的漏斗，越接近下单步骤，用户购买的可能性越大，与此同时，一般用户总流量会对应减少。所以，我们将其形象地称为流量转化漏斗模型，如图 5-1 所示。

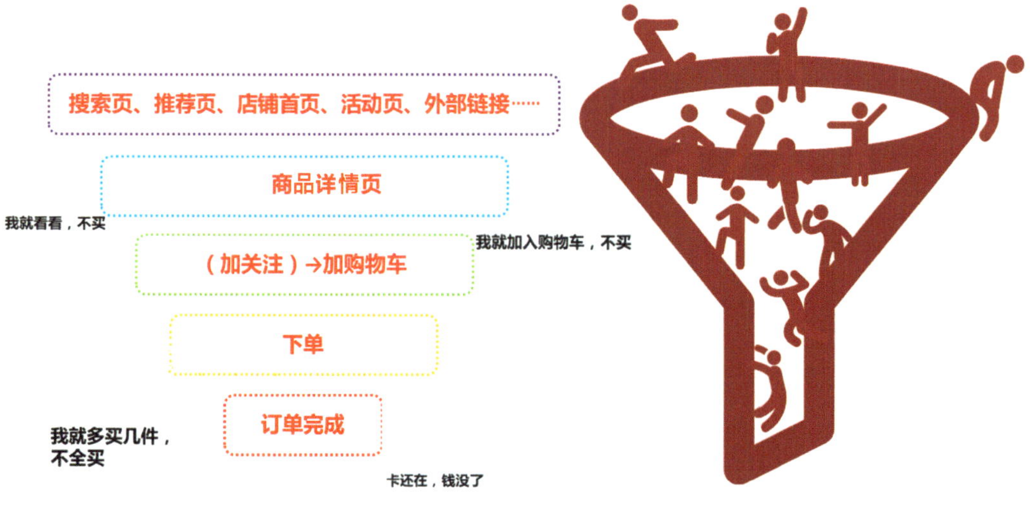

图 5-1

智慧营销的第一步是重视数据语言，每一条数据都会传递出信息。而转化漏斗分析正是通过合理分析数据提升优化的经典方法。

5.1.2 用户分层

会员营销的数据基础是用户信息，常用信息大致分为以下几类。

（1）用户客观信息：京东用户账号级别、性别、年龄、地域、职业、收入水平等；

（2）订单数据：历史订单数据（包括购买时间、数量、金额、SKU、渠道来源等）；

（3）行为数据：浏览路径、页面停留时间、访问深度、唯一页面浏览次数等；

（4）内容偏好数据：浏览 / 收藏内容、评论内容、互动内容、生活形态偏好、品牌偏好等。

有了基础数据，则需要通过数据分析，得到有效的决策依据。一般从定性和定量两个方面进行分析。

1. 定量分析——数据模型

利用数据模型，将不同指标、多个维度的信息数据进行综合化分析处理，最常用的是 RFM 模型：Recency（近度）、Frequency（频度）、Monetary（消费度），可以判断哪些用户是对自己的生意最有价值的，哪些用户又是最容易在近期产生新购买的。除 RFM 的三个维度外，还可以从所处行业、品牌地位和商品特性等方面来看，同时综合考虑用户的购物行为，如频次、喜好、金额、人群、购买行为等。

2. 定性分析——用户调研

定性分析的用户调研有两种常用方式：问卷调查和深入访谈，通过直接与用户沟通的方式，了解用户的基本情况，具体如下所示。

（1）问卷调查

- 明确调研目标：了解用户特征及核心需求。
- 明确调研对象：随机抽样足够样本比例的用户。
- 明确问卷数量：每种细分用户模型保证 200 份有效问卷，为了确保达到目标问卷数，可以使用一些激励手段，比如优惠券奖励等。
- 明确投放方式：利用线上问卷工具，如问卷星，然后通过适合的投放渠道触达目标用户。

（2）深度访谈

深度访谈（In-depth interview）是一种无结构的、直接的、一对一的访问形式。在访问过程中，由掌握高级访谈技巧的调查员对调查对象进行深入访问，用以揭示用户对某一问题的潜在动机、态度和情感。

5.1.3 定位你的用户

通过聚类的方式，将特征相近的用户“抱团”，根据实际业务需要，将用户分成特征显著、需求相对差异化的多个用户层。一般我们会以用户的生命周期来进行用户分层。

用户生命周期是指从用户注册开始，直到判定用户为流失用户的这段时间。用户生命周期描述是用户与企业的关系从一种状态（一个阶段）向另一种状态（另一个阶段）运动的总体特征。

京东的用户生命周期模型，是根据用户自注册为会员后，距今的时间段内订单量的变化来判断用户在京东的成长阶段。此标签有助于判断网站用户的流失情况，不同阶段采取不同的用户营销策略。京东用户生命周期大致分为以下几个阶段，如表 5-1 所示。

表 5-1

• 潜在用户—新人专区，采取措施减少用户观望时间，完成首单	1．考察阶段
• 形成阶段 & 适应阶段—用户成长阶段，采取相应措施优化用户体验，打好用户购物基础，如问卷调查、优惠让利活动	2．形成阶段—未复购—1
	3．形成阶段—未复购—2
	4．形成阶段—未复购—3
	5．适应阶段—已复购—1
	6．适应阶段—已复购—2
	7．适应阶段—已复购—3
• 成长阶段 & 稳定阶段—用户维护阶段，提高用户黏性，比如优惠券营销、京东服务推荐	8．成长阶段—1
	9．成长阶段—2
	10．稳定阶段—1
	11．稳定阶段—2
• 衰退阶段 — 用户挽留阶段，设置问卷调查，了解用户需求	12．衰退阶段—1
	13．衰退阶段—2
• 沉睡阶段 & 流失阶段—用户唤醒阶段	14．沉睡阶段
	15．准流失阶段
	16．流失阶段

更具挑战的是，年轻购物主力人群的浏览习惯正在改变，正在朝向感官行为碎片化发展，以前碎片化的图 + 文等形式已呈现红海环境，短视频、直播、新技术 AR+VR 等感官全方位内容正在释放红利，流量的稳定难度越来越大，转化效率会被进一步拉低，旧的获取流量的模式正在慢慢变得不适应。随着碎片化的浏览习惯慢慢建立，更多个性化、更多类型的人群会慢慢变得很明显，流量社群化、用户社群化会打破曾经的大流量聚集地，未来零散状态的社群化流量和用户会更加明显。凭借品牌的特色和运营手段的变化，可以形成很高效的用户社群，更精准地转化将成为未来电商的方向。

5.1.4 京东平台的会员营销产品

了解了会员营销的基础原理，那么在京东怎么做好会员营销呢？我们有京东商智和京东营销中心两个与用户相关联的平台，为店铺提供营销数据支持和用户触达手段，帮助商家提升销售业绩。

1．店铺大脑——京东商智

京东商智是基于京东数据罗盘升级的数据化运营平台，从流量、交易、商品、客户等维度，为商家提供商品、店铺、行业的数据洞察，以支持更加智慧的经营决策。同时，京东商智还提供购物车营销、精准客户营销等营销工具，支持商家提升业绩。京东商智将不断提升数据洞察能力，为商家决策提供更好的数据支持，为智慧商业体的建设提供数据动力。

与数据罗盘类似，京东商智以京东平台上的店铺为单位，提供商品（SKU/SPU）、店铺、行业粒度的流量来源、订单成交、客户画像等全方位运营数据，数据涵盖 PC 端、App 端、微信端、手机 QQ 端、M 端 5 大渠道，并同时支持实时分析与离线历史数据分析。在基础数据之外，京东商智还提供搜索排名、搜索降权、行业爆品、热力图等高阶数据分析工具，帮助商家数据化、精细化运营店铺。其中，客户分析、购物车营销、精准客户营销等工具，可以在数据的基础上，帮助商家实际地提升销售业绩。

京东商智的成交客户分析是对店铺成交（不包含取消订单）客户的分析，主要展示成交客户的各项关键指标与用户画像。包含成交客户详情、成交客户趋势和成交客户特征 3 个部分。

（1）成交客户详情

成交客户详情，将成交客户分成了新客户和老客户两个类别，分别展现客户数量、客单量（平均每个客户的成交量）、客单件数（平均每个客户的成交商品件数）与客单价（平均每个客户的成交金额），如图 5-2 所示。

成交客户详情（2018-08-22 至 2018-08-22，店铺共有27个访客，其中成交客户7人，潜在客户17人）

客户类型	成交客户数	成交客户数占比	客单量	客单件数	客单价
全部成交客户	7 ↑	25.93% ↑	4.14 ↑	4.14 ↑	0.45 ↓
老成交客户	3	42.86% ↓	6.00 ↑	6.00 ↑	0.69 ↓
新成交客户	4 ↑	57.14% ↑	2.75 ↑	2.75 ↑	0.28 ↓

图 5-2

（2）成交客户趋势

成交客户趋势，呈现了不同类型的成交客户在各个指标上的趋势，例如通过如图 5-3 所示趋势图可以发现新老客户在客单价上的表现趋势。

图 5-3

（3）成交客户特征

成交客户特征，主要是指成交客户基于京东全站的用户画像，包含性别、年龄、地区、会员等级、购买力、促销敏感度、评论敏感度、购物品牌偏好 8 个特征，如图 5-4 至图 5-6 所示。

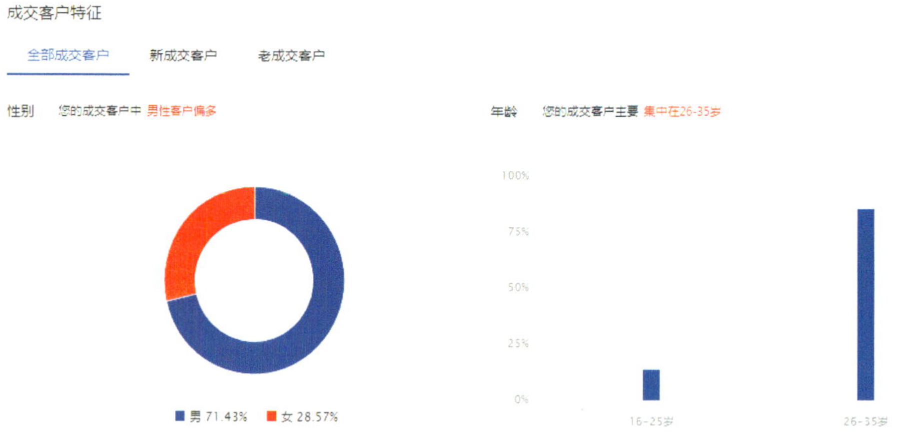

图 5-4

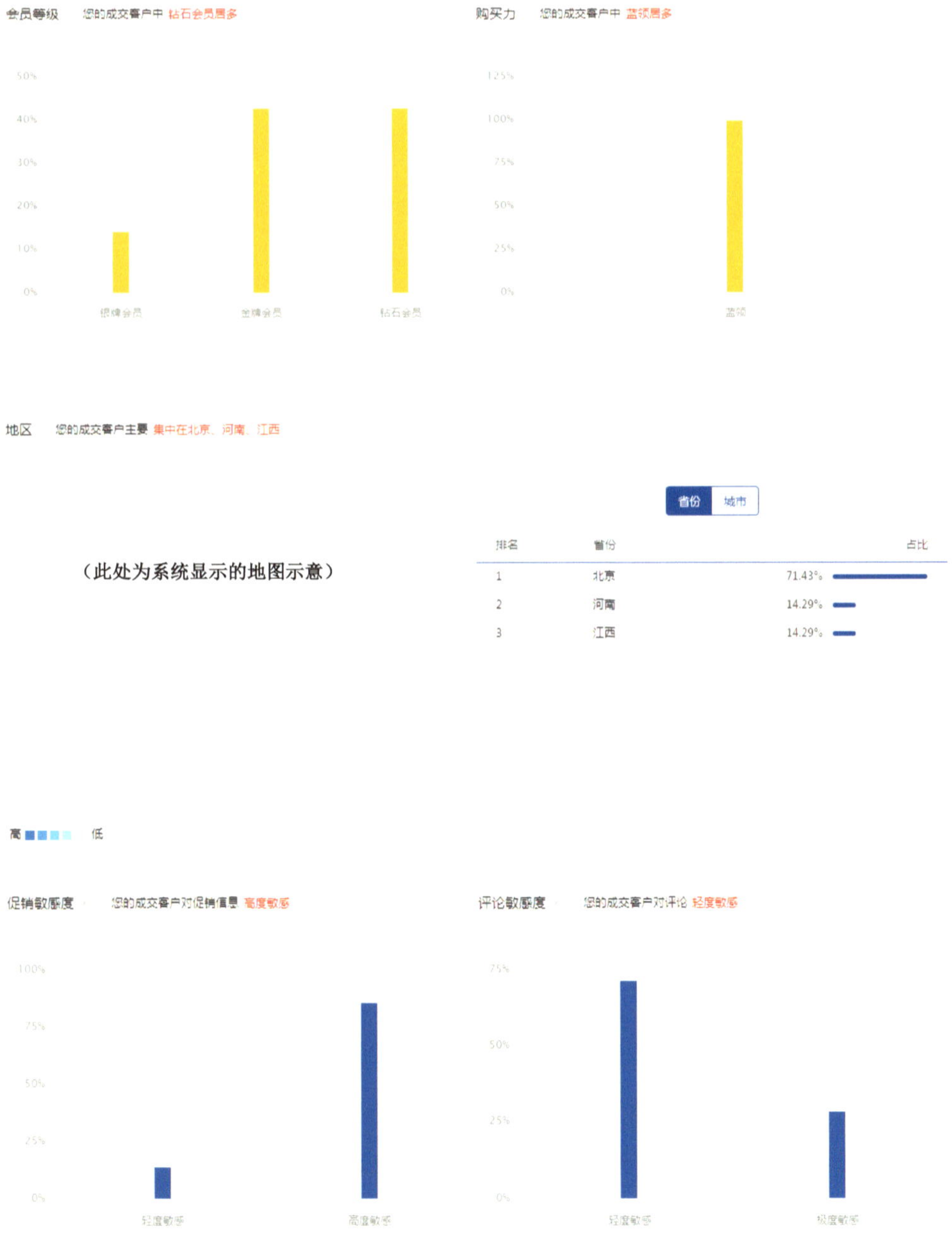
会员等级
您的成交客户中 钻石会员居多
50%
40%
30%
20%
10%
0%
银牌会员
金牌会员
钻石会员
购买力
您的成交客户中 蓝领居多
125%
100%
75%
50%
25%
0%
蓝领
地区
您的成交客户主要 集中在北京、河南、江西
（此处为系统显示的地图示意）
省份
城市
排名
省份
占比
1
北京
71.43%
2
河南
14.29%
3
江西
14.29%
高
低
促销敏感度
您的成交客户对促销信息 高度敏感
100%
75%
50%
25%
0%
轻度敏感
高度敏感
评论敏感度
您的成交客户对评论 轻度敏感
75%
50%
25%
0%
轻度敏感
极度敏感

图 5-5

图 5-6

除此之外，京东商智还通过揽客计划中的购物车营销和客户营销，根据京东用户在店铺内和全站的行为，得出用户在各个类目中的活跃程度和各个类目之间的相关程度，为店铺推荐对店铺经营类目或相关类目感兴趣的活跃用户，包括新客户和老客户，供商家进行营销。

2. 店铺会员管理系统——用户营销中心

京东店铺的会员营销管理系统的名称叫作“用户营销中心”，该管理平台的网址为http://crm.shop.jd.com。该平台主要包括 5 大功能模块：用户管理、用户营销、用户积分、互动营销和微信会员通，支持店铺在数据的基础上对店铺粉丝及成交用户进行运营和管理。下面我们将对用户管理模块进行重点介绍，再对用户营销中的会员体系进行介绍。

（1）用户管理

用户管理包括用户列表、用户分群、用户数据及会员等级四个维度，重点需要关注用户数据。下面我们主要讲解一下用户数据。

用户数据包含粉丝数据和会员数据。

会员数据是分析会员营销的重要基础。其各项指标含义如下所示（见图 5-7）。

会员总数是指店铺会员的总数量。新增会员是近七天增加的会员数。其中，复购率及回头率，是判断会员活跃程度的核心指标。通过这个指标，可以针对性地进行会员营销活动。

会员画像是根据会员数据，进行精准的会员画像，数据涵盖年龄、性别等维度，这些数据反过来，又可以支持我们在京东快车等人群定位上的数据支撑。

图 5-7

（2）用户营销——会员体系的介绍

会员体系功能模块分为会员查看、等级设置、会员查询条件（原“会员模型”）、会员标签 4 个分类。

会员查看：可以查询店铺会员的级别、交易金额、笔数等信息。我们可以根据会员状态（正式会员、预订单会员、流失会员）设置好等级、会员名称、交易时间段、下单终端等信息来查询符合要求的会员信息，也可以有针对性地进行发放优惠券等营销活动，如图 5-8 所示。

图 5-8

等级设置：会员的等级设置可以设置 5 个星级，其中，只要购买过该店商品的用户即为该店铺的 1 星会员，其他等级可以根据交易额或交易次数自行设置，如图 5-9 所示。

图 5-9

会员查询条件（原“会员模型”）：可以根据不同的属性建立多个快速查询条件。针对不同条件对会员进行营销。比如给所有通过手机下单的用户发送优惠券，如图 5-10 所示。

图 5-10

会员标签：我们可以针对不同的会员的需求，总结设计出会员标签，在会员有咨询时可以给会员打标签，方便后期有针对性地进行营销，如图 5-11 所示。

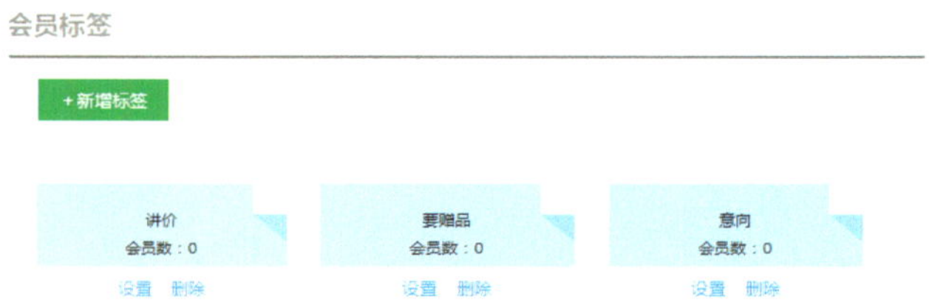

图 5-11

会员等级、会员查询条件、会员标签等都设置好后，我们就可以有针对性地做营销活动。这一板块提供了“新建营销活动”和“营销活动管理”两个功能，如图 5-12 所示。

图 5-12

工具在手，会员不愁，下面就具体介绍维护用户的方法。

5.2 吸“新”大法——获取新用户

5.2.1 寻找用户

品牌可以主动制造爆点，借助名人、连接节点、事件、热门话题来引爆品牌，这属于传统的被动方式中的吸引拉新。电商中的超级产品自带天然的狂热信徒基因，具备可运营的用户基础和热情的粉丝消费可能性，单点突破是特质。其粉丝和流量能力短时集中释放带来现象级的引爆效应，同时以零成本实现在社交网络和社会化媒体上短时间内的话题爆炸和广泛传播，反馈加强品牌本身的话题性。在此过程中，品牌亦得到反哺，得以自我成长为真正的超级品牌。

拉新需要动能持续、持久的玩法，每个季节可以有针对性地制造爆点，一次性发布所有的单品，促成流量的快速聚集，形成新商品与新流量、新用户的交融。为拉新开启养成伴随模式，主动规划明星季的唯一差异化和识别特征，吸纳用户和粉丝的狂热参与，将拉新来的用户细分并标签化。制造新品季、限量首发的概念，京东闪购会帮助你完成快速成交转化。通过购物圈子、各种贴吧、QQ 空间、微信公众号、短视频、微博、达人、KOL 等特色鲜明的传播投放渠道，运营并拉新成为你的粉丝社群，孵化整合并标签化这些人群，形成社群矩阵。

京东海量的用户数据或许是很多品牌商与京东合作的重要原因，在这里，商家不仅可以有效地对既有用户进行营销，更可以在海量的用户数据库中挖掘用户属性和用户行为，获得自己的用户模型。用户画像推测和购物车营销是常用的两种拉新方式。

1. 用户画像推测

用户画像是根据用户的社会属性、生活习惯和消费行为等信息抽象出的一个标签化的用户模型。

近年来，用户画像分析的理论大热，但市场上却少有精度高、标签准、数据量大的完整用户画像体系，仅凭商家一己之力也很难搭建出一套用户画像体系。京东凭借自身过硬的技术实力和多年对用户数据的积累，已有一套完整、丰富、高可用、值得信赖的用户画像体系。同时，商家在京东商智中，可以直接查看到店铺对应用户及潜在用户的画像，便于商家对症下药。此外，京东商智依托于该用户画像体系开发了基于用户行为、用户画像、商品属性等多类属性的定向营销工具，真正做到千人千面、定向营销。既牢牢锁定了高购买倾向的用户，也不会对不相关用户做出过分的消息打扰。在保证商家利益最大化的同时也维护了良好的用户体验。正所谓，你越了解你的用户，你就越知道他想要什么。

举例来说，如果你经常购买一些玩偶玩具，那么电商网站即可根据玩具购买的情况替你打上“有孩子”的标签，甚至还可以判断出孩子大概的年龄，贴上“有 5~10 岁的孩子”这样更为具体的标签，而这些所有的标签统一在一起，就成了你的用户画像。因此，也可以说用户画像就是判断一个人是什么样的人。

除去“标签化”，用户画像还具有的特点是“低交叉率”，当两组画像除了权重较小的标签，其余标签几乎一致时，那就可以将二者合并，弱化低权重标签的差异。

罗振宇在“时间的朋友”跨年演讲上举了这样一个例子：当一个坏商家掌握了你的购买数据时，他就可以根据你平常购买商品的偏好来决定是给你发正品还是假货以提高利润。且不说是否存在这种情况，但这也说明了利用用户画像可以做到“精准销售”。当然，这是极其错误的用法。

用户画像一般用于以下营销动作：

- 精准营销，分析商品的潜在用户，针对特定群体利用短信邮件等方式进行营销。
- 用户统计，比如中国大学购买书籍人数 TOP10、全国部分城市奶爸指数。
- 数据挖掘，构建智能推荐系统，利用关联规则计算喜欢红酒的人通常喜欢什么运动品牌，利用聚类算法分析喜欢红酒的人的年龄段分布情况。获取用户分析结果的流程如图 5-13 所示。

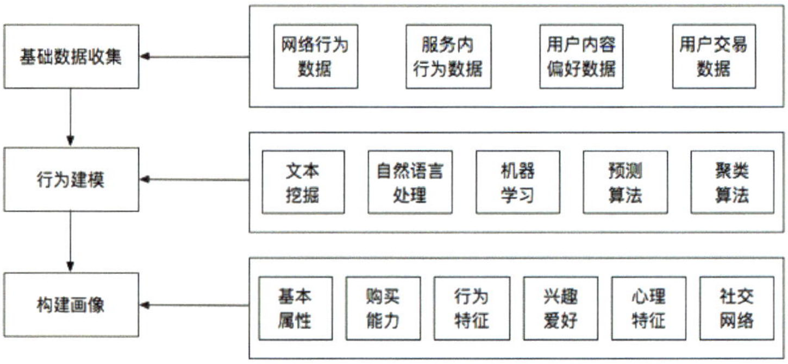

图 5-13

通过已有的店铺会员画像的分析，得知有潜在购买基因的用户画像。为了更精准地锁定高潜群体，可以先根据会员画像圈定大池子，然后通过圈定用户近期浏览及购买行为进行进一步筛选，可考虑的筛选条件有：曾经购买过相似或关联品类的商品，在近期（15 天或者 30 天内）浏览、加购、收藏过目标品类的商品，等等。

2. 购物车营销

购物车营销是针对将店铺商品加入购物车但未下单的用户推出的精准营销工具。直白地说，就是如何做到临门一脚，让用户下单。

京东商智系统里就有这样一个工具：购物车营销。

你只需对加购商品设置降价促销，系统通过购物车提醒和京东 App 消息，自动将降价信息告知用户，帮你促成加购用户立即购买。京东 App 的购物车降价消息推送，不会针对每个降价商品都推送消息，而是根据用户购物车里商品的总体降价情况和降价的幅度来确定什么时候集中向用户推送购物车降价消息。

点击页面中间的“创建活动”按钮（当已有活动时，点击页面右上角的“创建活动”），可以新建购物车营销活动，创建活动的操作流程如图 5-14 所示。

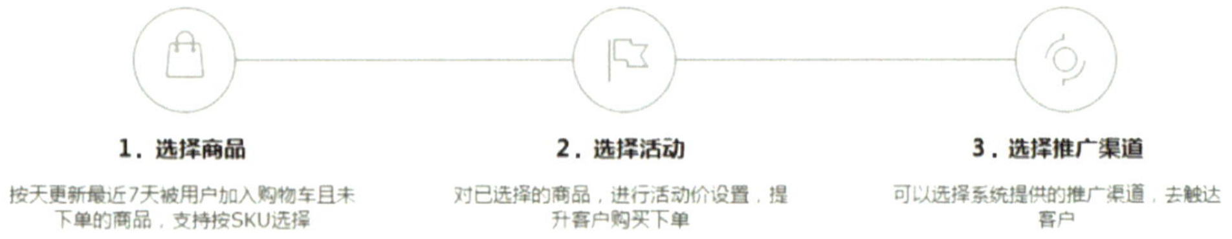

图 5-14

（1）选择商品

系统按天更新最近 7 天被加入购物车且未下单商品的用户数据，商品按加购用户数降序排列，可根据需要选择促销商品。商品在同一时间内只允许创建到一个活动中，单个活动覆盖人数上限 10 万，如图 5-15 所示。

（2）选择活动

对已选择的商品，可进行活动价设置，该价格对全渠道有效。

注意：该促销创建成功后可在商家后台中查看，且若在商家后台设置了促销审核，则需要到商家后台中审核通过才可生效。

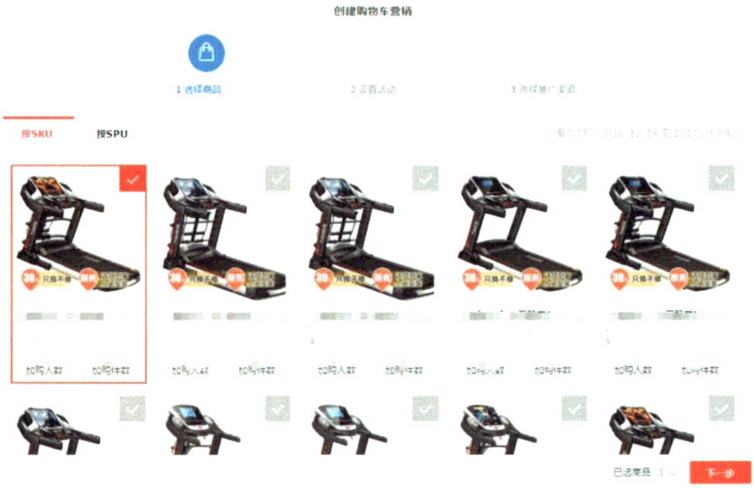

图 5-15

（3）选择推广渠道

目前只支持 App 端推送，推送消息中指出购物车中商品有降价，点击可直接跳转至购物车；后续会增加触达方式，以供选择，如图 5-16 所示。

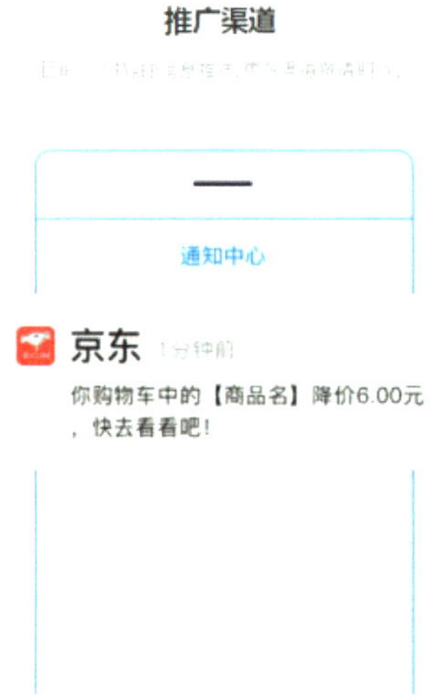

图 5-16

（4）效果统计

在活动开始后的第二天（最迟第三天），在活动列表里点击“详情”，可以查看购物车营销效果。购物车营销效果包括整体的下单金额、下单客户数、转化率及成交商品的详细效果列表，如图 5-17 和图 5-18 所示。

图 5-17

图 5-18

案例：破茧——茵曼巧用购物车营销引爆换季新品

服装商品的节奏清晰、时间紧密，季前测款铺垫、季中热卖畅销、季末打折清仓。虽然热卖在季中，而整个季节的运营成败却是在季初，季初打好基础，这个季节的销售就不用愁了。茵曼官方旗舰店每季上新近 10 拨，每拨近百款商品，每季上千款的新品，不可能全都是热卖爆品，如何尽早地对这巨大款量进行筛选、划分品相是运营工作的重点（见图 5-19）。

图 5-19

京东商智数据提供了比较详尽的单品数据，前期给新品导流时可以很容易得到商品的访问深度、商品关注率等意向指标，这些指标在一定程度上能预估单品的受欢迎程度，但是往往到了销售旺季时，销售的结果与当初的预估数据会有较大出入。商品的意向指标与实际销售并不完全一致，要准确预估一个爆品最直接的方式还是销售数据，但是季初转化率低，即使导入大量的流量销售依然不理想。购物车营销的推出能很好地解决这个问题。

茵曼每周二上新，周二之前店铺给予流量到新品集合页并引导客户添加购物车，周二创建购物车营销活动，能马上促进销售。对客户来说，周二之前在店铺看到喜欢的款，加入购物车，周二使用购物车营销时客户会收到促销的提醒。这个促销提醒的动作对客户来说很有下单的欲望，经过测试，成交数据非常可观，如图 5-20 所示。

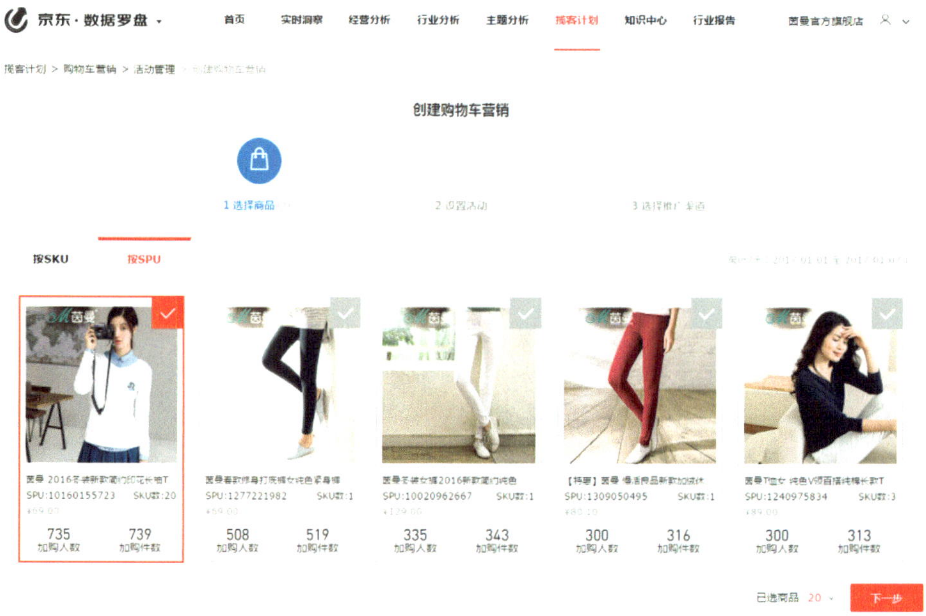

图 5-20

每次上新经过一次商品购物车营销之后，茵曼店铺就有了商品的成交数据，根据商品的转化率和 UV 价值，可以初步把商品分为三梯队，热卖爆品、平销品、滞销品，随着销售的进行，这三梯队里面的商品也不断地剔除和加入，到季中热卖前，已经得到很准确的货品品相情况，这对销售预估和库存控制都至关重要。

无论是商家还是平台，都希望把新品销售尽量提前，京东对新品有加权流量扶持，在季初，市场上新品不多，季初整体市场货品上新不多，这时的加权效果特别明显，更能轻松获取到流量，比较轻松地累积销售和评价。而季中市场集中上新品，大家都能获得加权扶持，这时加权作用就被削弱了。在季初新品能够累积大量销售和评价，季中热卖爆发前，大家还在上新的时候，茵曼已经有一批爆品破茧而出了。

5.2.2 常见的用户营销渠道

已经确定了潜在新用户池，下一步就需要了解目标用户的核心诉求，从而“对症下药”，一举拿下，让其转化为会员。这需要营销形式和渠道两方面的相结合，结合销售目标、品牌定位及人群分层特征，确定选品、优惠等营销方案，通过该用户群集中或偏好的触达渠道，告知并吸引目标用户群参加活动。

上述购物车营销提供了选品和优惠两种手段，那么如何选择渠道呢？通常考虑因素有：基础特征如性别、年龄、地域；线上行为偏好如短信、邮件、系统消息打开情况。

1. 短信

众所周知，短信作为电商运营推广环节的一大利器，用好了则会事半功倍。可是如何才能将短信群发营销的功能发挥到极致呢？在买家下单以后并未付款时，适时地发送催付的信息，提醒买家完成付款。当然，催付款的短信数量要适当，不建议过多，过多只会导致买家反感。

在买家付款以后，及时告知买家商品已经打包发货，进行发货关怀，如图 5-21 所示。

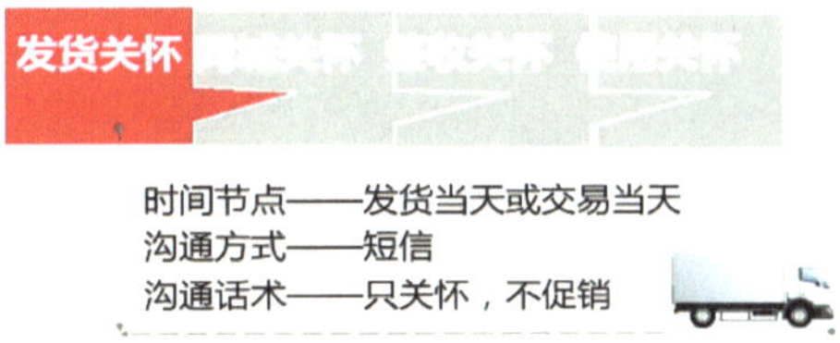

图 5-21

快递已经到达所在城市时，可以进行短信的同城关怀，如图 5-22 所示。

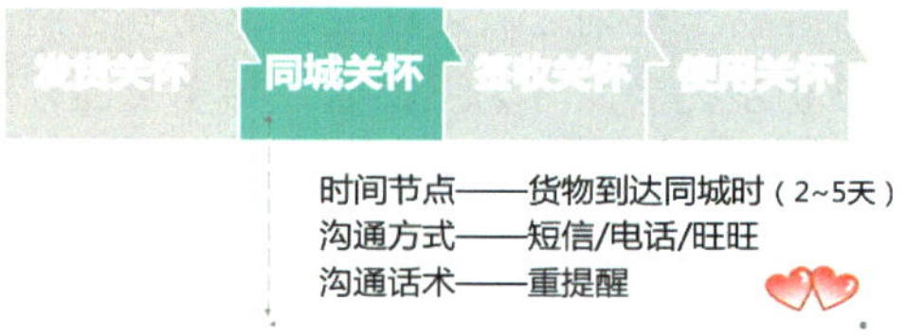

图 5-22

当买家签收了商品时，可以发送签收关怀的短信内容。这点不仅体现了我们对于买家是否接到商品的重视，更是对于买家的负责，如图 5-23 所示。

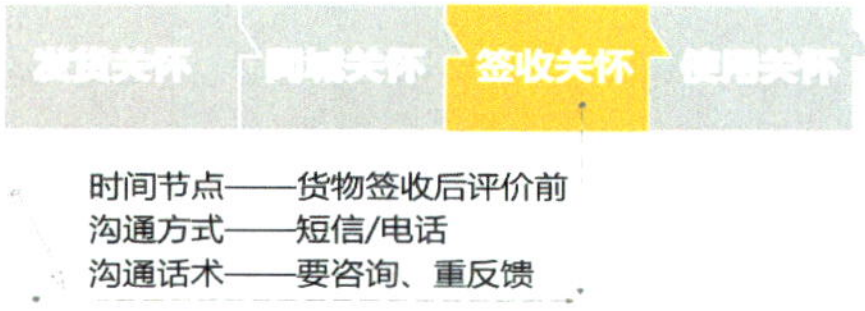

图 5-23

当买家收到商品并使用后，可以提醒买家进行好评，或者给买家发送使用关怀信息。关心买家对商品是否满意，一方面可以了解商品是否符合消费者的要求，以便接下来更好地完善商品；另一方面，也有利于提高商品的评论量，这对店铺的发展至关重要。

每个店铺都有一定的买家群体，进行短信维护的卖家也有很多，如果要在众多的卖家中脱颖而出，让买家记住我们的店铺，就需要多花点心思发送一些适合自己店铺的买家群体的内容，增加买家的购物体验。有些店铺在完成了前期的短信维护工作以后，就杳无音讯了。这样的做法会导致店铺的老用户基础十分薄弱，不利于店铺成长。当买家已经成为店铺的老用户时，对于店铺的信任度已经比较高了，所以光顾店铺是经常的事，这个时候不要给买家发一些店铺促销的信息，更重要的是给买家贴心的问候，适时发送一些添衣保暖的信息，或者是节日里给一个温馨的祝福，同样可以让买家心里暖暖的。用户把我们当作朋友，对店铺的发展也会更好，如图 5-24 所示。

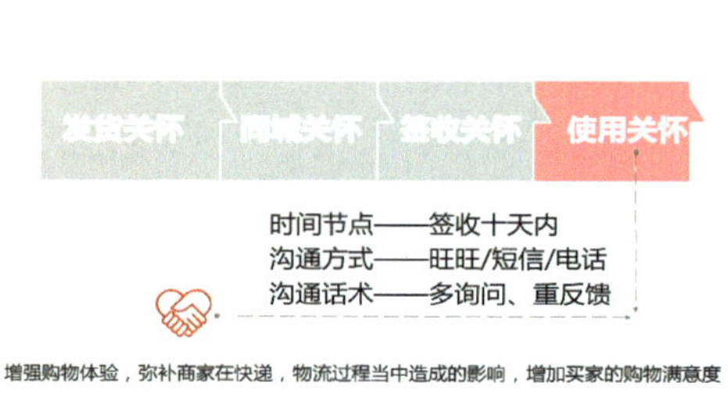

图 5-24

2. 邮件

邮件营销是最常用的方式之一，尤其是在风起云涌的电商领域，邮件群发贯彻电商运营全程，是必不可少的工具，但在邮件群发时要注意一些细节。

- 发件人：一般来说，熟悉的人发来的邮件打开率更高，因此电商的发件人名字最好是众所皆知的品牌名。
- 标题：标题少用噱头，但可以制造悬念，标题可直截了当告诉用户获得的收益，标题可赋予商品感情色彩。
- 邮件内容：简洁、直观、清晰，文字少而精，给予用户一定的联想空间，文案编排有层次感。
- 适时激发行动：在群发邮件的合适位置加上按钮，如当商品介绍完毕后，加上“马上下单”“还没注册？赶紧注册”“我要抢单”等按钮，这些按钮用明朗醒目的颜色标高亮，并链接到相关网页。
- 邮件发送的时间点和频率：邮件打开率最高的时间是早上10点和下午5点；测试用户的时候每周发送一次，发送4~5次；日常会员维护频率至少每个月发送一次；最终要形成自己的一套时间和频率。
- 一定要有“退订”按钮:这一细节能让用户觉得你特别有人情味,能设身处地体贴人。

3. 微信&QQ群

引导会员加入官方会员的QQ群和微信群，不定时在群内发布优惠信息以及营销活动。高手把微信群和QQ群玩成了渠道，微信群最痛恨的是广告，但微信群本来就是一种渠道。高手们在后端加工好内容后，就开始在很多群里做大力度的分发推广，如果内容质量够高、推送时间卡得到位、目标微信群选择得当，则总能掀起一片波澜。群角色具有天然的渠道属性，因为它集结了一群有温度的个人，如果群里的意见领袖再做进一步代言，微信群的渠道价值就会瞬间“爆表”。群的渠道属性暗含了一个意义：价值观输出。一个微信群要培养10%的积极分子，你要有10%的人是积极分子，剩下的基本为围观者。当然，这10%的积极分子同样也会在其他群里频繁出现。他们是真正的线上领袖，是每个微信群应该争取的“火种”，而其余90%的围观者则钝化为隐藏的“僵尸”。下面我们介绍一些实战效果比较好的群玩法。

- 直接根据用户的手机号搜索微信，一般情况下，用户的微信号都是手机号。
- 通过后可以发送1元的红包，现实中1元没人在意，网上却一分钱都抢得疯狂。
- 统计生日，生日的时候发个红包。
- 拉进群，平时早晚各发20元红包，打个招呼，让他们抢抢抢。
- 有新款了，可以让群成员测款，他们不喜欢的款就不上线销售。

- 前期做几次优惠或免单给他们，建立信任的同时操作爆品。
- 后期新发布的商品，可以通过专属活动引导会员下单成交，能迅速积累基础销量，提升商品排名质量分。积累的用户群体越多，品牌社群越大，新品打造成爆品的机会越大。

4. 包裹

快递包裹是用户体验里非常重要的一个环节，要善于合理运用，进行营销活动资讯的告知。例如，在包裹当中放入会员卡，并告知其会员的优惠权益，引导消费者关注本店的信息，提高用户黏度。在营销活动期间，可以在包裹当中放置二维码优惠券，告知用户活动信息，提高 POP 店铺的自流量。

5. 微信公众号

还可以通过微信公众号与消费者进行品牌相关内容的营销。内容营销和情感关怀是一个非常重要的渠道如图 5-25 所示。

图 5-25

5.3 吸“心”大法——留住老用户

当整个社会群体对产品由功能诉求转向精神诉求时，会形成对某种产品或服务的认同，尤其是已购用户对已购买的产品及产品服务会有非常深刻的体验记忆，已购用户的这种被动接受和感同身受，可以称之为“卷入感”。这种卷入感具备类病毒传染的属性，已购用户就是感染者，他很容易被卷入新的产品体验，也是最容易被二次营销的。

电商产品运营正在变为文化和价值观的运营，变成内容运营，变成用户的狂欢模式运营。在当下，物质不匮乏，产品供应充盈，电商做产品已经达到需要满足用户精神需求的层面，可以说现在的产品缺的是“温度”。所以，这个时代的产品，赋予其功能属性之外的“温度”，是一种新消费形态下的新需求。这是二次营销和提升复购的有效手段，站在用户角度制造二次营销，往往有些难题不攻自破。产品不是冷冰冰的，而是有血有肉、具备人格魅力的。用户对产品的消费一定不是单方面的搜索加购下单，一定是交互双向的，一旦产品与用户之间具备了感情连接，这样的连接才是具有排他性、唯我性质的连接。

对于电商行业而言，发展一个新用户的成本是挽留一个老用户成本的 3~10 倍。如何通过有效的会员营销留住老用户已成为众多商家的营销核心。事实上，有效的会员营销不仅可以留住老用户，同样地，他们也可以用来拉新。

5.3.1 从影响用户复购开始

如果用户没有在购物的 6 个月内产生第二次购买，那么这个用户就不会再买。在本章开篇的案例中，1% 的新用户复购、老用户留存、核心用户上行，都会提升超过 1% 的业绩提升，所以从用户的生命周期来看，从新用户到老用户的转化显得尤为重要，沉淀用户，提升复购。

影响复购的因素有很多，商品、行业特质、服务、促销都会直接影响用户对店铺商品的复购，比如商品本身：包括商品本身的品牌、品质，最直观的表现就是“是否与描述相符”，夸张甚至虚假宣传吸引来的用户购买，当然很难有高的商品复购率。行业对复购的影响更为明显，快消品行业的复购周期和耐用品有着本质的区别。频繁的促销活动的触达也会提升复购，有多少消费者在逛超市时看到堆头商品时，都会忘记家里已经有过很多同样的商品储备，冲动地再买一单。除商品本身外，用户在整个购物过程中的体验也会影响再次购买，比如物流、促销、客服等。

所以我们在看复购率的时候，既要关注商品复购率，又要关注用户复购率。

所谓商品复购率，即行业的商品复购，如钟表品类，很难像服装鞋包那样拥有较高的商品复购率，但可以考虑周边品类的关联复购，如同款表带、同型号情侣款等。判断商品长尾价值，与销售情况有关，当然也与其本身特性有关。而用户复购率，是我们重点需要关注的指标，判断用户活跃价值，即同一用户多次购买的情况，同样都是完成销售业绩，相对来说缩短复购周期、提升复购率，要比单次提升客单价更为有效，因为用户购买的频繁，则说明了店铺和用户之间的黏性。

对于已成功拉新的用户，促其达成首单固然重要，但之后的追踪也不容忽视，因为会员营销的目的就是尽可能地拉长用户在会员序列的时间，同时扩大其购买价值。京东对于新客质量的考核指标一般为：

- ROI= 拉新成本 / 纯拉新人数，可拆分渠道、分层用户等对比效率。

- 数量增长趋势、客单、GMV 贡献、人数占比。
- 新用户留存率：截至统计月，该类目的新用户中最后一次购物日期停留在第 N 个月的用户，如图 5-26 所示。

新用户留存率

首次购买时间	新增用户	1个月后	2个月后	3个月后	4个月后	5个月后	6个月后	截止当月
2016年7月	5524712	4%	3%	4%	5%	5%	4%	26%
2016年8月	5239245	4%	4%	5%	5%	4%		22%
2016年9月	6670829	5%	6%	5%	4%			20%
2016年10月	8571978	7%	6%	4%				17%
2016年11月	10600883	8%	5%					13%
2016年12月	7861018	7%						7%
2017年1月	4424618							

注释：留存率衡量类目的新用户留存能力，越高越好

图 5-26

那么，我们到底有哪些“吸心”法宝呢？商品关联、用户荣誉和情感营销，是我们通常使用的三种工具。

① 商品关联：推荐与首次购买商品或最近搜索 / 收藏 / 关注相关的商品。

② 用户荣誉：老会员专享，会员分级、勋章等，体现专属感、尊贵感。

③ 情感营销：生日关怀、日常关系维护等，现在内容营销也已成为提升用户黏性的手段。

在一些 B2C 网站当中，我们常常会见到这样的一种情况，网站的有效值计算都有时间要求，一种是成长值的计算为在当前一年以内所获得的成长值的多少；还有一种就是设定一年时间为一个有效期，不同等级在有效期内扣除掉相应的成长值。两种方式都有一个共同目的，就是在一定的有效期内（一般为一年）让用户持续消费，维持一定的会员等级。在会员体系设计时，要根据平台自身的特点，确定扣除成长值的时间以及数额。例如像 1 号店这类主营生活用品的网站，客单价偏低，但是购买频次会较高，所以其成长值的有效期为 3 个月到 5 个月，之后以月为单位进行扣除（具体规则可见其官网），每次扣除一定数额的成长值。

5.3.2 叫醒装睡的人——唤醒流失用户

从生命周期来看，进入沉睡阶段、准流失阶段、流失阶段的用户，基本上可以判定为需要唤醒的用户了。所以设置“唤醒闹钟”可以与用户所处的生命周期阶段相关联，提前预警。

确定当期需要唤醒的用户后，按照正常的营销逻辑，使用数据手段分析目标群体核心需求，至少需要了解：曾经买过什么？最后一次购买是什么时间？对商品评价如何？是否有差评未处理？最近一次登录是什么时间？最近一次搜索是什么商品等来判断用户流失的原因：可能是买到过差评商品从此心灰意冷，可能是太久没有登录不了解近期的活动，也可

能是频繁搜索但都未找到适合的商品。了解原因后对症下药，一般考虑从以下方面优化活动。

① 商品关联：体现品质感，强化优质的体验。

② 用户荣誉：体现沉睡 / 流失会员专享，页面设计温馨感人，主打情感牌。

③ 选择合适的精准触达工具（短信、EDM、系统消息）。

5.3.3 优惠券不是万能的——精准巧用

优惠券在京东是最常用的营销手段之一，常与活动相结合，这里之所以要单独拿出来与大家分享，是因为优惠券是一把双刃剑，用好了能达到提升 GMV/ 客单价、提升购买频次（复购、唤醒）、提升转化（点击转化、购买转化），以及提升连带（关注、评价）的目的，用不好会损失利润，会让用户养成依赖，反而适得其反。

概括来说，优惠券主要有三个目的。

① 引流：使用少量低门槛高优惠的“神券”吸引流量进入页面，同时增强品牌曝光。

② 提升客单价：设置稍高于平常活动力度的优惠券，且数量充足，促进用户使用，快速提升 GMV。

③ 会员营销：通过优惠券的触达频率的控制，影响消费者的购物习惯，缩短决策时间，提升会员黏性。

1. 京东优惠券的种类

目前，京东的商品优惠券包括：常见的京券与东券，它们可以抵扣商品部分的金额；免运费券，抵扣基础运费，可以和京券或东券叠加使用，且不影响京券、东券的自身规则。

（1）京券

京券又称无门槛券，顾名思义，可以直接认为是代金券。单张订单可以使用多张京券，按面值总额减免支付，无使用限额，不能与东券叠加使用如图 5-27 所示。

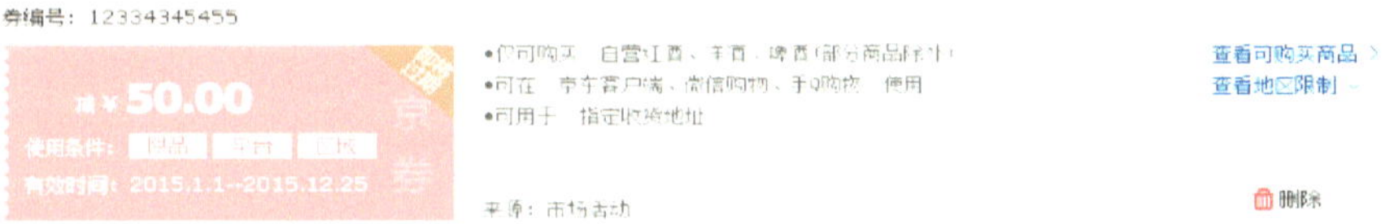

图 5-27

（2）东券

在京东商城内使用，有使用限额限制，当订单中所购商品的总额满足东券使用限额时才能使用，按东券面值减免支付，例如：2000 － 100 的东券，订单商品的金额在 2000 元以上才可以使用，使用后实际支付减免 100 元。特殊商品不能使用。单张订单只能使用一张东券，不能与东券或京券叠加，如图 5-28 所示。

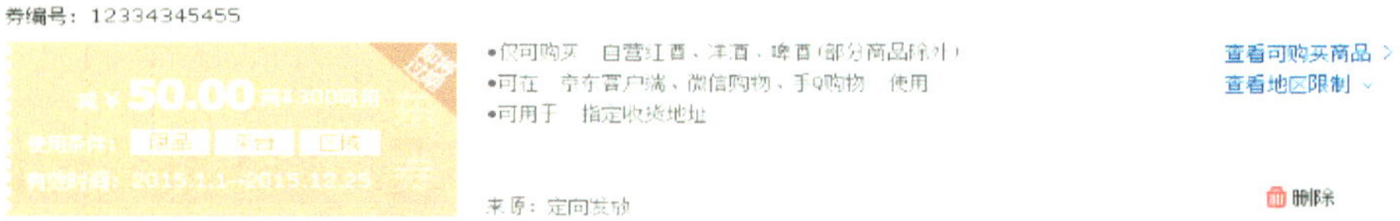

图 5-28

（3）免运费券

可以抵扣京东购买商品的非 SOP 基础运费部分。

例如，一个订单。自营箱包订单商品金额为 50 元，基础运费金额为 5 元，偏远地区加收 10 元，配送到拉萨，用户有 1 张 5 元的京券和 1 张免运费券，则订单实际的金额是：商品 50 元 -5 元京券 +5 元基础运费 - 免运费券 5+10 元偏远地区加收运费 =55 元，如图 5-29 所示。

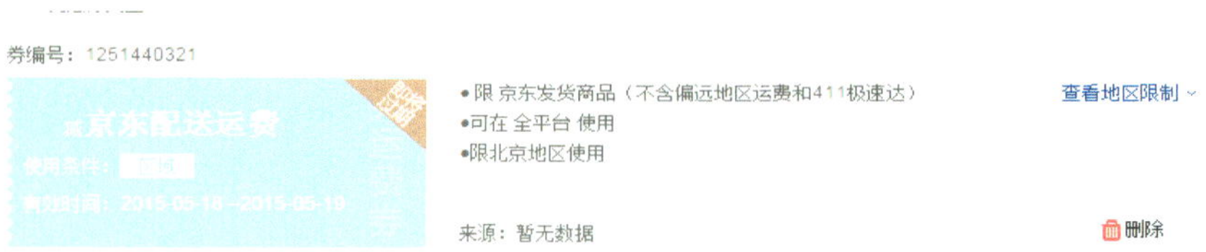

图 5-29

2. 京东优惠券的使用形式

① 单品返券：买了指定 SKU 商品，就可以送这张优惠券。

目前只支持京券，因为这种活动类型无论用户用不用，优惠券一发，毛利就一起扣了。这种活动类型要先在优惠券系统申请，再到促销系统去设置才能写到广告词中。

② 整单满返：买了这些商品，满一定金额，完成订单后，可以返相应的优惠券。

③ 免费领取：几乎是最常见的发券方式，这种活动的结果是生成一条链接，点击后可以领取到相应的优惠券，支持风控筛选、会员级别、每天可领时间、每天可领取数量的设置等。

④ 定向领取链接 / 发放到账户：通过大数据平台获取用户 PIN（即在京东平台注册的用户名），可以直接发到用户账户里面（在“我的优惠券→待领取优惠券”）的发券方式。

⑤ KEY 码 / 京喜购：此种活动类型会出现很多很多码，在“我的京东优惠→兑换优惠券”和结算页都可兑换使用，是最常见的印刷式优惠券类型。

3. 优惠券设置技巧

优惠券的设置需要根据目的和使用场景，我们根据不同的目的来设置不同的优惠券，主要考虑以下几个指标：限额、面额、数量、频率、使用场景。

（1）提升客单价

限额：参考客单价，设置高于客单价的限额，提升单品转化。

面额：根据毛利测算可承受的折扣力度，根据不同的限额设置面额。

（2）提升购物频次

通常使用小额代金券，根据用户的购买周期提前发放，拉动用户减少购买周期的时间。

设置好优惠券，就要进行多组测试，针对分层人群对应的力度、使用时间、优惠券类型等积累数据，持续优化。同时优惠券还可以配合其他营销手段，如京豆、京任务、礼包、卡包等一起发放，策划不同形式的营销活动。

4. 优惠券不是万能的

仅靠优惠券这种利益联结的方式做用户转化和维护，其效用会逐渐降低，必须辅以精准的触达渠道做告知，关联内容做情感联结，其他权益辅助提升会员身份认知等一系列营销动作，才可能与用户保持长久的、稳定的互动。

① 精准触达渠道：选择合适的沟通渠道，包括 EDM、短信、PUSH、微信。

② 情感营销：选择有特殊含义的时间点，借题发挥，如用户的生日、重要的节庆、以及品牌纪念日等。

③ 会员权益：京东会员体系能提供给用户的有会员勋章、积分等级等这类有助于提升会员身份认知的虚拟权益。除此之外，还可以通过提供更专属化的服务（实体权益），来留住用户，增强情感联结。

④ 千人千面：对优惠券最敏感的群体，其实大多也是价格敏感型用户。但也有一定比例的用户，对于品牌、品质、服务的看重，更高于价格。所以对于这类“不差钱”用户，优惠券可能就黯然失色了。针对这类用户，可以单独研究其商品需求，利用大数据 BI 工具，先于用户预测其购物倾向，实现千人千面的商品推荐。通过这种“比用户更懂他自己”的方式，提升平台黏性。

京东

第 6 章 体验至上

本章导读：本章从京东平台风向标管理出发，分析用户关注的商品、物流、客服，甚至金融工具等多方面用户体验与营销转化之间的关系，事实上，完善每个环节的用户体验，才是营销的至高境界，借助京东各环节的优势，完善商家自营的经营方式方法，提升用户在各环节的体验，才能够战无不胜。

6.1 用好服务留住用户

6.1.1 京东平台风向标的定位

京东平台风向标是体现京东开放平台价值主张、店铺综合服务能力的模型，模型指标覆盖了消费者购物体验的各个环节，为广大商家提供了评估店铺综合服务能力的数据支持，有助于商家提升消费者对其店铺服务的认可度，获得更多的平台支持，同时为消费者购买商品提供了决策依据。

6.1.2 风向标的构成及影响

1. 风向标的构成

京东开放平台风向标是在店铺综合体验得分的基础上，结合京东放心购和影响因子的表现综合而成的模型算法，如表 6-1 所示。

表 6-1

风向标各指标项			考核周期
店铺综合体验得分	用户评价	商品满意度	近 180 天
		商品符合度	
		店家服务态度	
		物流发货速度	
	客服咨询	咚咚 30s 应答率	近 30 天
		咚咚平均响应时长	
	物流履约	48h 揽件及时率	
		隔日达订单占比	
	售后服务	退换货返修率	
		售后服务时长	
		退换货处理满意度	近 180 天
	交易纠纷	交易纠纷率	交易纠纷单生成时间是前 35 至前 5 天的数据
		纠纷自主完成率	
		纠纷处理遵时率	
京东放心购			——
影响因子	加分项	店铺短视频能力	近 30 天
		店龄	——
		Promise	近 30 天
		京东电子发票	——
		京东电子面单使用占比	近 30 天
	减分项	店铺品质体验指数	近 20 天
		重复铺货	——

注：覆盖类目为主营二级类目，模型运用指标和权重设置存在品类化差异，全部虚假数据均会在计算时予以剔除。

店铺综合体验得分由用户评价、客服咨询、物流履约、售后服务、交易纠纷，共 5 个因子组成，每个因子有 2~ 4 个指标项。各因子的权重配置在不同类目之间根据品类差异性有不同的权重配置。

京东放心购升级为独立加分项，影响店铺的风向标排名。

影响因子由加分项和减分项两个部分组成，在店铺体验得分的基础上通过影响因子的加减分调节，影响店铺风向标排名情况。加分项包括：店铺短视频能力、店龄、Promise、京东电子发票和京东电子面单使用占比。减分项包括：店铺品质体验指数、重复铺货。

2. 风向标各项指标详解

（1）商品满意度

来自订单完成后“评价晒单”中的评分。

评价路径：我的订单→评价晒单，如图 6-1 所示。

图 6-1

（2）商品符合度、店家服务态度、物流发货速度

分别来自订单完成后的“物流服务评价”中的评分。

评价路径：我的订单→评价晒单，如图 6-2 所示。

图 6-2

数据展示路径：服务监控系统→物流监控→订单评价，效果如图 6-3 所示。

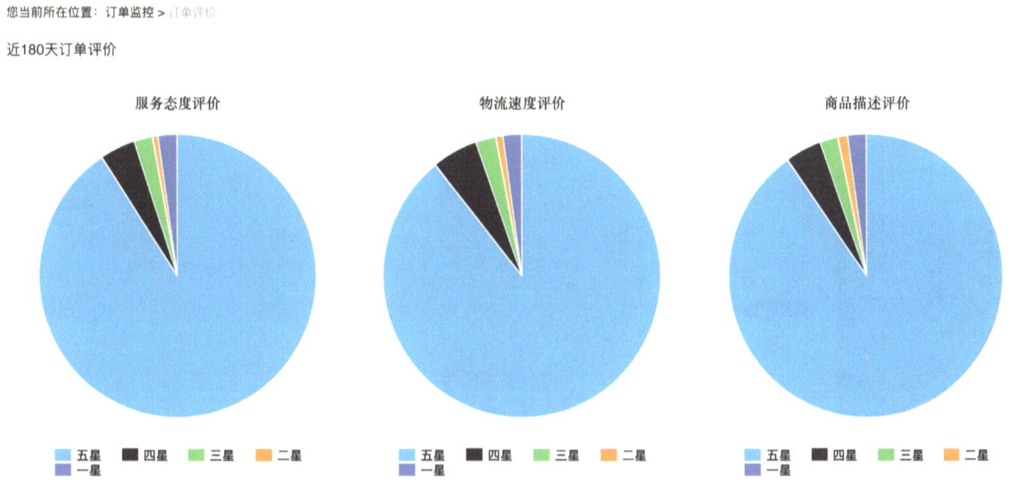

图 6-3

注：一级类目为 IP、本地生活 / 旅游出行、房地产、教育培训、数字内容、整车、工业品；二级类目为宠物服务、电脑办公安装、电脑办公装修、服务产品、装修服务、汽车服务、数码维修、虚拟商品、健康服务、钟表服务暂不考核物流速度满意度评价。

（3）咚咚平均响应时间

客服人工回复的消息与用户消息之间时间差的平均值。

数据展示路径：咚咚客服管家→服务商经营数据→服务商工作量，如图 6-4 所示。

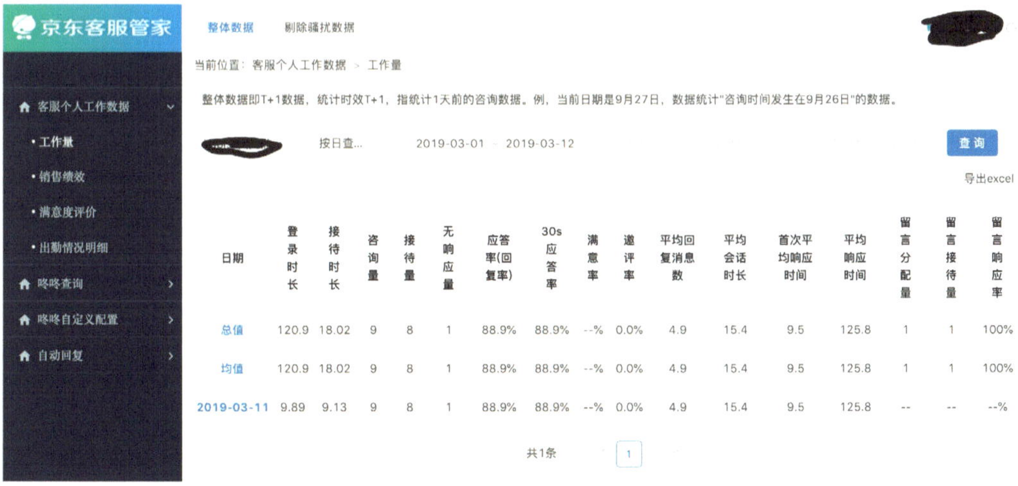

日期	登录时长	接待时长	咨询量	接待量	无响应量	应答率(回复率)	30s应答率	满意率	邀评率	平均回复消息数	平均会话时长	首次平均响应时间	平均响应时间	留言分配量	留言接待量	留言响应率
总值	120.9	18.02	9	8	1	88.9%	88.9%	--%	0.0%	4.9	15.4	9.5	125.8	1	1	100%
均值	120.9	18.02	9	8	1	88.9%	88.9%	--%	0.0%	4.9	15.4	9.5	125.8	1	1	100%
2019-03-11	9.89	9.13	9	8	1	88.9%	88.9%	--%	0.0%	4.9	15.4	9.5	125.8	--	--	--%

图 6-4

（4）咚咚 30s 应答率

用户进入队列后，人工回复在 30s 内的咨询量占比；30s 接待量（30s 内有人工接待的接待量）/ 咨询量。

数据展示路径：咚咚客服管家→服务商经营数据→服务商工作量，如图 6-5 所示。

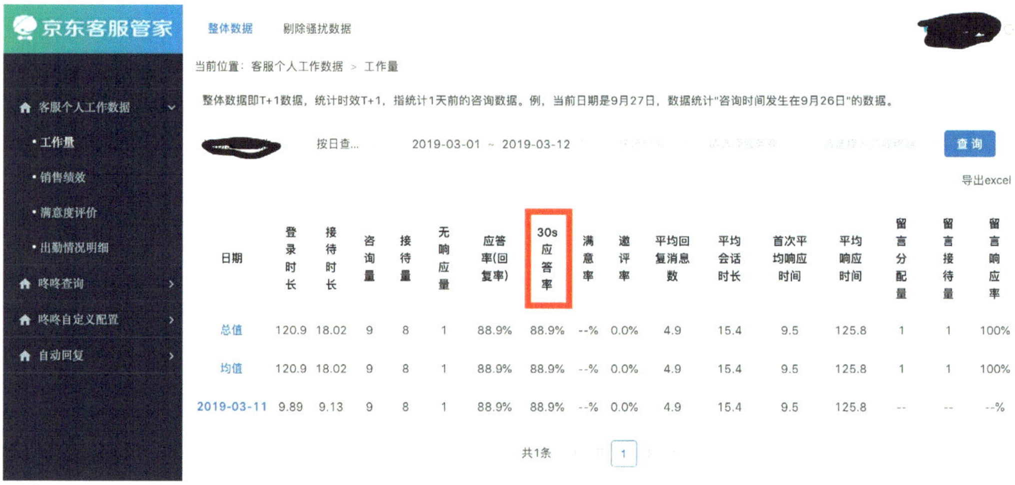

图 6-5

（5）48 小时揽件及时率

48 小时揽件及时率 =48 小时揽件订单量 / 有效订单量

48 小时内揽件的定义为订单揽件时间－订单可生产时间≤ 48 小时，即消费者下单成功且商家后台或发货系统收到订单后的 48 小时内，消费者在订单里能查到对应快递公司揽件跟踪信息订单的占比。

数据展示路径：服务监控→物流监控→考核 KPI，如图 6-6 所示。

图 6-6

（6）退换货返修率

退换货返修率 = 实际发生退换货返修的服务单量 / 已完成商品件数

注：一级类目为服饰内衣、礼品箱包、运动户外、鞋靴；二级类目为童装、童鞋、妈妈专区、基建材料、墙地面材料暂不考核退换货返修率。

数据展示路径：服务监控→售后监控，如图 6-7 所示。

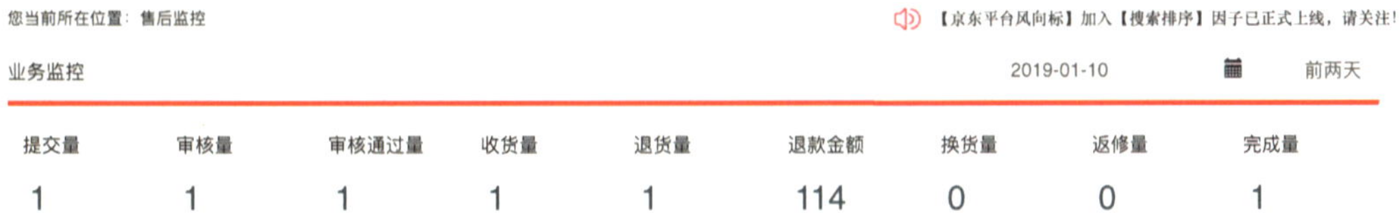

图 6-7

（7）售后服务时长

售后服务单整体时长 = 商户首次审核时间或商户首次处理时间 − 客户申请时间（单位：小时）

数据展示路径：服务监控系统→售后监控，如图 6-8 所示。

图 6-8

（8）退换货处理满意度

来自退换货 / 返修服务单完成后的“售后服务满意度调查”中的评价，如图 6-9 所示。

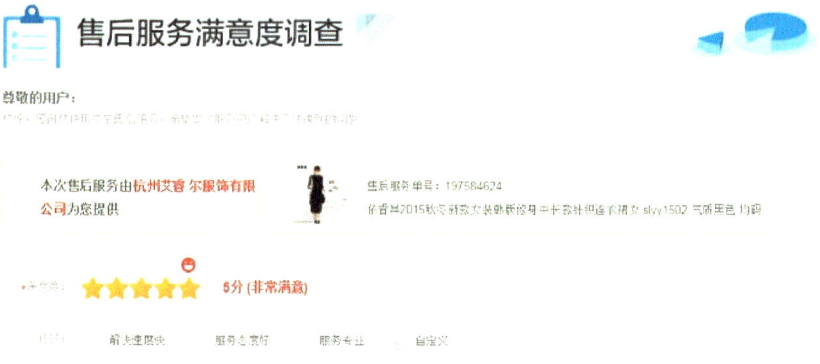

图 6-9

数据展示路径：服务监控系统→售后监控→服务评价，如图 6-10 所示。

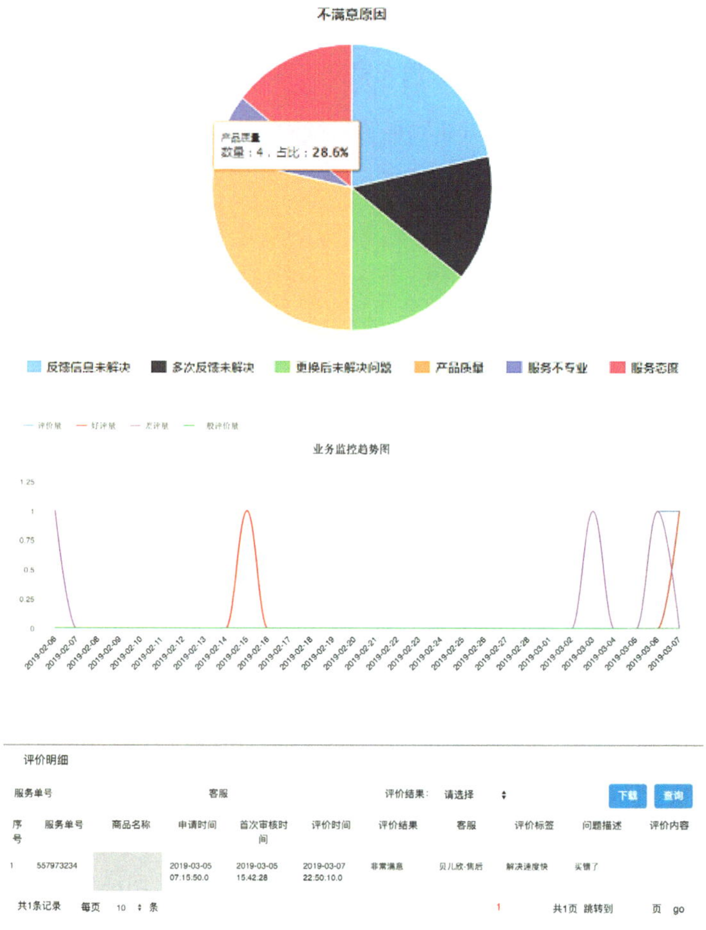

图 6-10

（9）交易纠纷率

交易纠纷率 =（商家责任纠纷单量 + 双方责任纠纷单量 - 申诉通过单量）/ 下单单量

注：当有效数据量不足时不进行考核。

数据展示路径：服务监控系统→售后监控→交易纠纷→业务监控，如图 6-11 所示。

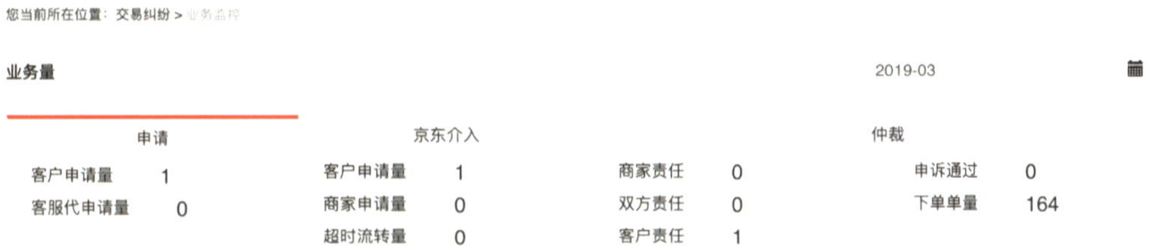

图 6-11

（10）纠纷自主完成率

$$商家纠纷自主完结率 = 1 - 纠纷单介入率$$

$$纠纷单介入率 =（用户申请介入 + 商家申请介入 + 商家超时未回复介入 + 客服代用户申请介入）/ 流转至商家纠纷单总量$$

数据展示路径：服务监控系统→售后监控→交易纠纷→业务监控，如图 6-12 所示。

图 6-12

（11）京东放心购

京东放心购是在整合售前、售中、售后全程服务产品基础上打造的京东特色服务品牌，开通特色服务产品可在风向标中获得加速。特色服务产品包括闪电退款服务、运费险服务、极速审核服务、免费送装服务、商品价保服务、宠物尝新服务、护眼无忧服务。

（12）Promise

Promise 分值取决于店铺的揽件履约率、妥投履约率、妥投准确率：

揽件履约率 = Promise 及时揽件订单 /Promise 订单

妥投履约率 = Promise 及时妥投订单 /Promise 订单

妥投准确率 = Promise 准确妥投订单 /Promise 订单

开通路径：商家后台→我的店铺→商家服务中心→展示商家发货时效和按时发货标识

数据查询路径：服务监控→物流监控→ Promise 专项监控，如图 6-13 所示。

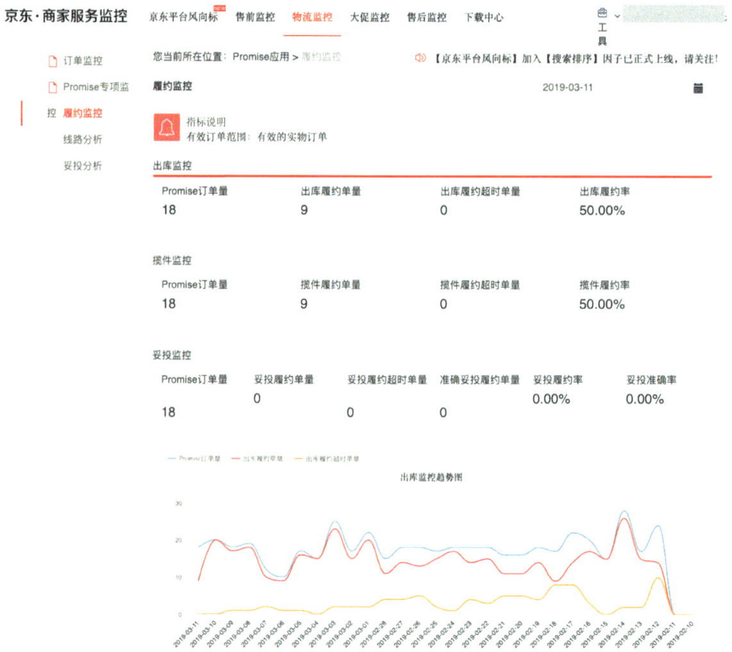

图 6-13

（13）京东电子发票

以是否开通电子发票服务来判断，开通即进行加速。不仅是在服务中心开通此项服务，商家还需具备可真实为消费者开具电子发票的能力，包含代开和自开模式，若为代开模式，商家需购买套餐；若为自开模式，商家需要有成功开票的记录。

开通路径：商家后台→我的店铺→商家服务中心中的“京东代开电子发票服务”（代开）或“京东开放服务平台电子发票服务（存储、展示）”（自开）。

（14）店铺短视频能力

店铺短视频能力取决于店铺主图视频 SKU 覆盖率和店铺整体视频质量等级。

视频质量等级 =（播放次数 × 播放率 × 播放时长 × 用户完成度）/ 同类目均值

店铺主图视频 SKU 覆盖率 = 审核绑定主图视频的 SKU 数 / 店铺 SKU 数

数据查询路径：商家后台→我的店铺→媒体数据中心，如图 6-14 所示。

图 6-14

（15）店龄

店铺最新开店时间到计算店龄时间的时长，如中途关店以最近一次店铺开启时间作为起始时间。

（16）店铺品质体验指数

店铺的品质体验指数，是通过本店铺近期所售商品的消费者反馈信息，识别和提取其对商品质量或商品品质不满意的体验或态度，计算店铺的品质体验指数，反馈信息中品质体验不满的次数越多，店铺的此项指标在同行业中的排名率越低。

数据查询路径：商家后台→商家提升→品控中心。

（17）重复铺货

重复铺货是指同一店铺或多个店铺中发布两件及以上同款商品的行为，详见《京东开放平台商家违规积分管理规则》。

违规查询：商家后台→奖惩管理→违约单记录→处罚记录

违规预警：商家后台→奖惩管理→违规预警每天会推送系统抓取到的违规商品，商家可即时查询修改，避免违规处罚影响权益。

3. 风向标与流量的联动

京东开放平台风向标是“搜索排序因子”的重要影响因素，是“京东好店”的核心认证指标，也是商家参与营销活动的门槛标准之一。

（1）搜索排序因子

为构建更加优质的消费服务生态体系，商家京东开放平台风向标的表现优劣将影响该商家店铺中的商品在京东搜索的排序结果。

（2）京东好店

京东好店将各二级类目中风向标排名为前 10% 的店铺并结合其他基准要求进行甄选认证；通过京东好店认证的商家，京东开放平台将提供在 PC/App/ 微信 / 手机 QQ/M 端前台打标的服务。

（3）营销活动门槛标准

商家店铺的风向标排名反映店铺综合服务能力，是商家参与营销活动的基础门槛，优质商家将获得更多营销活动资源。商家店铺风向标排名需达到店铺所属主营二级类目的前 80%（即风向标排名至少超过 20% 的商家）方可报名参加营销活动。

6.1.3 风向标的数据查询

1. 商家端后台展示

查看路径：

① 商家后台→京东平台风向标→更多。

② 商家后台→售后客服→服务监控，如图 6-15 所示。

图 6-15

③ 登录：http://yj.shop.jd.com 进行查看。

2. 快速掌握店铺风向标数据情况

① 定位店铺整体风向标水平，百分率值越高代表店铺表现越好。如果店铺排名低于50% 那就需要留心注意，特别关注提升。

② 雷达图展现具体哪一方面有所欠缺，需要提升；雷达图店铺红线高于行业蓝线并且红线越向外分布，表示做得越好。

③ 店铺预警中展示的指标需要重点关注进行提升！

④ 各指标项展示详细数据情况，反馈为“差”或“很差”并标注为绿色的指标项请重点关注；距行业均值差得远的指标项请重点关注；趋势越来越差请重点关注。如图 6-16 所示。

图 6-16

6.1.4 京东好店

1. 什么是京东好店

京东好店是京东以京东平台风向标为维度对店铺综合服务能力进行评分排名（以下简称为评分排名），将各二级类目中评分排名前 10% 的商家结合基准要求（详见京东开放平台风向标解读）甄选出来，在店铺的 PC/App/ 微信 / 手机 QQ/M 端进行好店认证打标的店铺，具体标准以京东要求为准。京东好店分为通用型京东好店、特色型京东好店两种。通用型京东好店是对各二级类目中排名前 10% 的商家结合基准要求甄选出来的店铺；特色型京东好店是基于不同品类的特点，通过差异化的评选标准（详见特色好店认证标准）及所具备的特色化服务等维度甄选的特色好店。

京东好店的认证将为消费者提供更多有品质保障、有特色的店铺选择。

通用型京东好店认证打标标识为：京东好店

HOME特色型京东好店认证打标标识为：

2. 如何成为京东好店

（1）通用型京东好店认证要求

- 参与认证商家类型：京东开放平台商家。
- 认证周期：每周二进行认证。每 14 天认证一次，有效期 14 天。
- 认证标准：如表 6-2 所示。

表 6-2

通用型京东好店标准		
考核项	标准	启动认证时间
京东平台风向标排名	二级类目中排名前 10%	启动认证前 2 天
开店时长	≥ 90 天	
店铺内上架 SKU 数	≥ 10 个	
严重违规量	0	启动认证前 30 天
月销售额	≥ 3 万元	
店铺状态	开启	启动认证当天
商家诚信度	达标	---

（2）特色型京东好店认证要求

- 参与认证商家类型：一级类目为厨具、家居家纺类商家。
- 认证周期：自系统上线日起，每月 10 日认证一次，每次认证的有效期自当月 10 日到下个自然月 10 日。
- 认证标准包含：基础指标项、考核项、承诺服务项，如表 6-3 所示。

表 6-3

<table>
<tr><th colspan="4">特色型京东好店标准</th></tr>
<tr><th>指标分类</th><th>指标名称</th><th>标准线</th><th>启动认证时间</th></tr>
<tr><td rowspan="6">基础指标项</td><td>开店时长</td><td>≥ 60 天</td><td>启动认证前 1 天</td></tr>
<tr><td>GMV 排名</td><td>前 80%</td><td rowspan="14">启动认证前 30 天</td></tr>
<tr><td>店铺状态</td><td>开启</td></tr>
<tr><td>严重违规</td><td>0</td></tr>
<tr><td>工商投诉</td><td>0</td></tr>
<tr><td>商品抽检不合格</td><td>0</td></tr>
<tr><td rowspan="7">考核项</td><td>商品满意度</td><td>≥ 95%</td></tr>
<tr><td>店家服务态度满意度</td><td>≥ 94%</td></tr>
<tr><td>物流发货速度满意度</td><td>≥ 92%</td></tr>
<tr><td>退换货处理满意度</td><td>≥ 80%</td></tr>
<tr><td>交易纠纷率</td><td>≤ 0.04%</td></tr>
<tr><td>48 小时揽件及时率</td><td>≥ 90%</td></tr>
<tr><td>咚咚平均响应时长</td><td>≤ 45s</td></tr>
<tr><td rowspan="2">承诺服务项</td><td>运费险</td><td>开通</td></tr>
<tr><td>闪电退款</td><td>开通</td></tr>
</table>

3. 京东好店如何展示

（1）通用型京东好店

商家后台展示如图 6-17 所示。

图 6-17

商家后台系统查询路径：商家后台→京东平台风向标→京东好店。

消费者可视页面如下所示。

① App 端：店铺首页、店铺详情页、搜索列表页、商详页、店铺关注页，如图 6-18 所示。

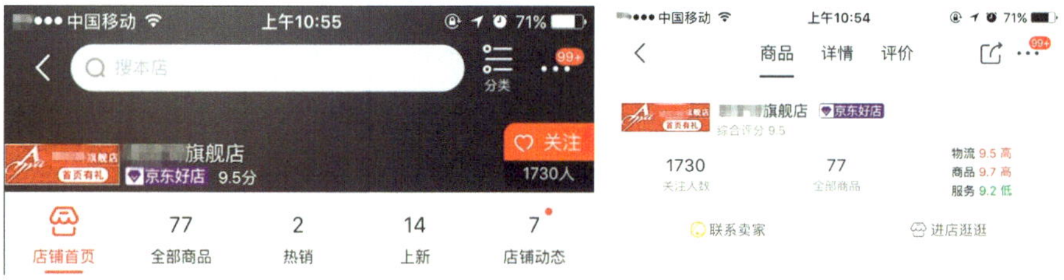

图 6-18

② PC 端：店铺首页、商品详情页如图 6-19 所示。

图 6-19

（2）特色型京东好店

商家后台展示如图 6-20 所示。

图 6-20

商家后台系统查询路径：商家后台→京东平台风向标→京东特色好店。

消费者可视页面如图 6-21 所示。

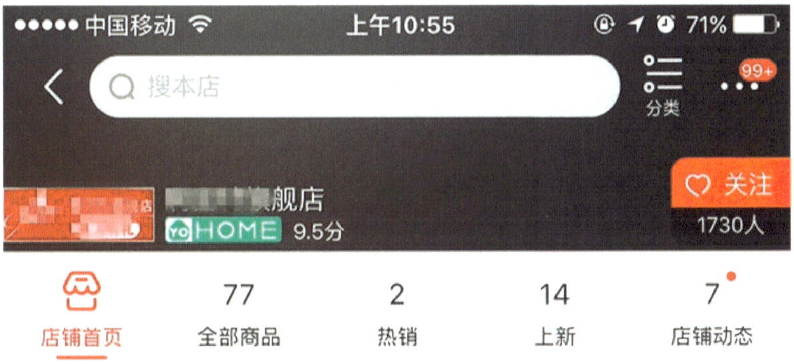

图 6-21

6.1.5 避免营销活动对 DSR 的影响

1. 咨询篇

（1）咚咚

① 人员储备：分析店铺以往的客服数据，主要包括接待量的增长数、接待量比例、分时接待量、接待高峰时间区间，关注行业的整体情况，确定店铺需要的客服量。

- 咨询时间段：咨询高峰一般集中在 10:00—12:00、14:00—16:00、20:00—22:00 这几个时段，如图 6-22 所示。
- 客服账号准备：客服子账号创建（商家后台→账号管理→员工管理）。

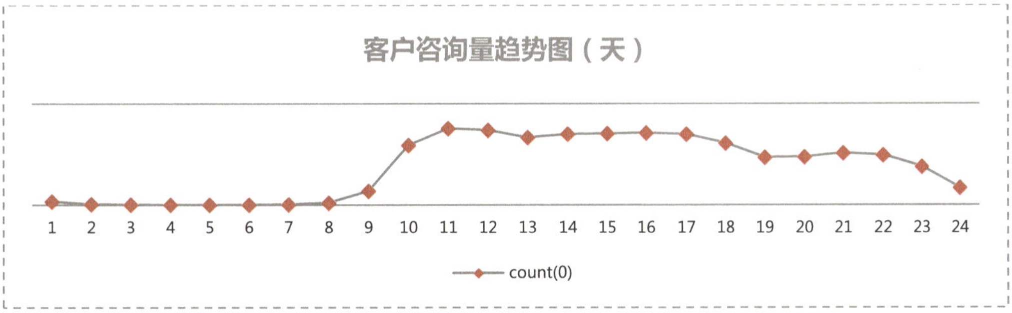

图 6-22

② 响应时间与用户流失（例：3000 人 / 天咨询，如图 6-23 所示）。

- 20% 的客户，在 14s 流失（流失 600 人）
- 20% 的客户，在 28s 流失（流失 600 人）
- 10% 的客户，在 46s 流失（流失 300 人）

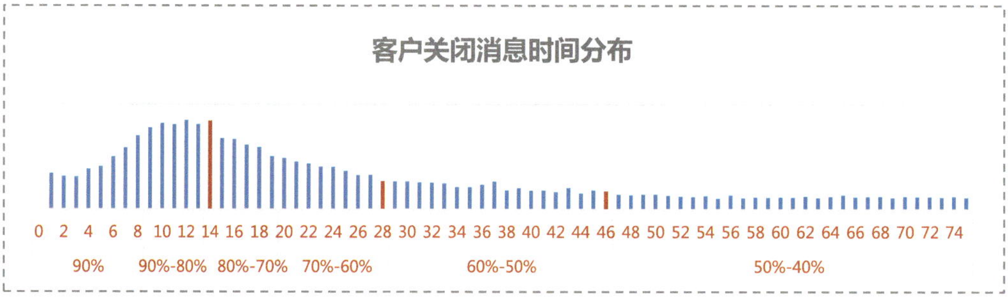

图 6-23

③ 人员培训

- 整体团队培训
  - ◆ 团队整体氛围的打造：制定激励目标、团队激励、个人激励
  - ◆ 以往问题回顾、技巧分享
  - ◆ 店铺活动宣贯、答疑
  - ◆ 团队服务流程、规范、职责，模块负责人
- 兼职客服培训
  - ◆ 咚咚、商家后台操作培训
  - ◆ 接到流程及注意事项
  - ◆ 活动及商品掌握
  - ◆ 平台规则奖惩宣导

（2）JIMI 机器人托管

适用以下几种情况：

① 大促 / 店铺活动期间，咨询量骤增，人员不足；

② 中小商家客服人员不足，或者客服休息时间、午饭时间；

③ 多店铺商家客服接待多个店铺咨询。

（3）400 热线

- 确认绑定号码信号正常；
- 不要绑定店铺通用号码，最好专话专用；
- 根据店铺话量增减绑定号码；
- 促销活动期间安排人员及时接听客户来电；
- 遇绑定号码故障时，请及时在商家后台更换绑定号码。

2. 发货篇

常见问题：商品缺货、无揽件记录、无物流信息、长时间在途。

- 主动关怀：通过提前对可能出现问题的客户进行访问，减少客户的咨询，释放人力成本，降低客户不必要的退货或售后申请，提升客户满意度，并为二次营销做准备，如图 6-24 所示

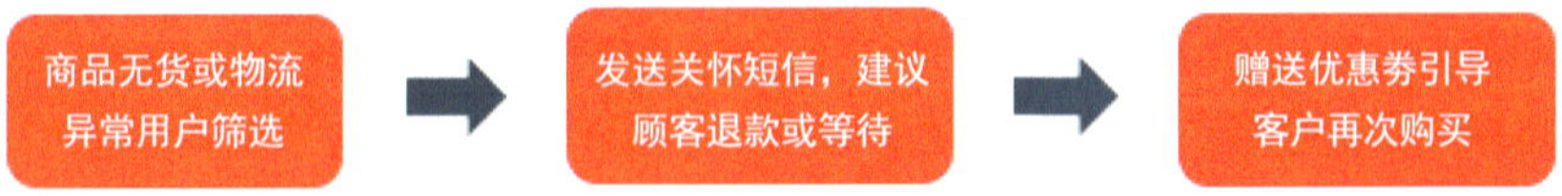

图 6-24

- 确保库存合理：大促前商家应加强与厂家或供货商的信息互通，充分了解店铺自身的库存情况。
- 及时关注异常订单，大促过程中，可能会出现各种异常订单情况，如果遇到以下场景，则可直接在删单系统（商家后台→订单管理→删单系统）中提交删单申请：批量下单；敲诈勒索、差价 / 运费 / 赠品链接、套取利益。
- 及时查阅订单监控数据（商家服务监控系统→订单监控），如图 6-25 所示。

3. 售后篇

① 优化退换货界面说明。商品详情页界面对售后处理流程等相关内容进行较为详细的介绍及说明，方便消费者能够及时快速地了解退换货处理流程及常见问题。

② 制定不同场景客服话术库。

图 6-25

③ 及时处理售后服务单。

- 审核时效：收到服务单后系统会自动领取服务单，规则要求是 48 小时内完成审核，超时会自动审核通过。最佳完成审核时间在 3 小时左右。
- 审核方案：审核不通过的情况，需要电话或者咚咚联系客户，与客户确认问题，合理解释审核不通过原因，尽量与客户协商一致再进行处理。

④ 提升建议，如图 6-26 所示。

不满意原因类型	场景	改进措施
商品质量	客户抱怨商品质量不好，用没几天就出问题了	1. 采购商品时合理检查，确认是否符合质量标准，出库之前也进行检测，看商品外观是否完好，功能是否正常。例如即使是做活动，也一样要保证商品的质量，商品的质量也是商家的口碑
		2. 商品详情页的描述需针对实物拍照宣传，不要夸大；
		3. 如果客户提交服务单属实为质量问题，按照标准审核服务单（不要将质量问题的服务单审核为“无理由退换货”“误购”“其他”等，影响客户感知）
反馈信息未解决	客户反馈商家不及时处理，售后问题不及时	**1. 提高服务单的审核时效，缩短处理时长**
		2. 提高咚咚和400电话的响应时效，做好中午、周末的**排班**，保证有人在线可以及时进行回复。可以根据商家IM应答率、IM满意度判断。尤其是周末、节假日影响大，更好做好服务
		3. 在商品详情页加入售后流程简图，可以让用户自主申请，减少咨询量
解决方案	客户对解决方案不认可，在不知情的情况下就拒绝	1. 审核不通过或者取消的，**尽量先与客户联系，沟通协商一致，或者写明审核拒绝原因**；（尤其不要批量审核拒绝，另外如果外呼联系客户说明问题客户满意的话可以主动邀评提升满意度）
		2. 如果首次无法直接判断，需要用户提交证明图片和材料的，建议不要直接拒绝，在系统中选择待客户反馈，待用户上传证明材料后，再进行审核，并且定期跟进提醒用户提交材料，或者直接跟客户咚咚或者电话联系确认问题，避免多次针对同一订单提交多次服务单
		3. 针对售后服务根据相应的标准进行处理（熟悉三包法、新消法、七天无理由，处理售后问题需要根据国家法律法规处理）
		4. 涉及提交了纠纷单的要及时回复有效方案处理客户问题
服务态度、服务不专业	客户反馈商家态度差，服务缺乏主动意识，承诺不兑现问题	1. 客服接待用户的及时性和语言上多多注意，让用户感受到是站在用户的角度去帮用户解决问题的，沟通技巧。请多看看甜言蜜语100句：http://mjbbs.jd.com/forum.php?mo ... 0%D1%D4%C3%DB%D3%EF；售后话术总结：http://mjbbs.jd.com/thread-56479-1-1.html
		2. 定期举行客服培训，调高职业素养
		3. **承诺**客户处理、核实、回电的，要反馈给客户结果。比如承诺送个送小礼品的，承诺了就要送，否则就不要承诺。承诺核实进度的，核实之后一定要告知用户结果

图 6-26

4．纠纷篇

交易纠纷率：由京东介入处理的交易纠纷单，判定为商家责任纠纷申请单量＋双方责任纠纷申请单量－申诉通过纠纷申请单量与商家实际下单单量。即，确保做到商家责任为0，非商家责任正常协商。

- 回复时效：待回复时效为24小时，如超时未处理则自动申请仲裁介入。
- 举证时效：待举证时效为1个工作日，如超时未处理京东仲裁将给出仲裁结果。
- 执行时效：待执行时效为24小时（包含节假日），如超时未执行，将由京东代为强制执行。
- 申诉时效：申诉时效为7天（包含节假日），超期将无法进行申诉处理，可申诉纠纷单均在“可申诉”队列显示。

6.2 不光低价，快才痛快

移动互联时代的到来，电商给用户带来的是方便轻松的购物体验和多维度的互动场景，作为体验的延续和有力支撑，京东物流承载的不只是按时送达或安全送达，而是作为支撑用户在京东购物体验的核心要素，京东物流快速送达的标签已经深深印刻在消费者的心里。价格敏感性、低价打折、“全网最低价”在用户购物时的货比三家逻辑中依然会长期存在，但在今天需求多样化、内容高度传播化、体验场景精准化的情境里，“京东物流快速体验”可以决定用户的消费意愿、消费动机乃至最后的转化。当京东用户已经将京东物流的快速送达视为习惯，将这种快速送达的体验视为购物痛快的标准，它会对用户是否购买和用户挑选商品产生决定性的影响。现在很多城市的网民都对京东物流快速配送、优质商品质量和更低价格产生体验黏性。同时，用户也越来越为自己的“懒惰”付费，下单购物极速达2~3小时送货到家。快速送达的体验已不是解决痛点，更多时候，快速送达的体验解决的是甜点、痒点、尖叫点和兴奋点，这才是引爆点，可以助力商家打造“超级电商爆品”。京东物流的快速送达已经作为流量的一个入口，是电商的一种突破、一种颠覆，反映的是用户对购物体验无限追求、对京东物流的彻底信任。

6.2.1 京东仓配的优势

随着无界零售时代的到来，京东物流以降低社会物流成本为使命，致力于成为全球供应链基础设施服务商。将基于短链供应，打造高效、精准、敏捷的物流服务；将通过技术创新，实现全面智能化的物流体系；将与合作伙伴、行业、社会协同发展，构建共生物流生态。通过智能化布局的仓配物流网络，京东物流为商家提供仓储、运输、配送、客服、售后的正逆向一体化供应链解决方案、快递、快运、大件、冷链、跨境、客服、售后等全方位的物流产品和服务以及物流云、物流科技、物流数据、云仓等物流科技产品。目前，京东物流是全球唯一拥有中小件、大件、冷链、B2B、跨境和众包（达达）六大物流网络的企业。

京东物流除了注重硬件打造之外，更重视快速送达之外的体验细节。京东物流配送员队伍非常稳定，常年为一个小区或者一个地区服务，久而久之与该小区或者该地区的用户极为熟络，这是与用户最近距离的温情体验，所以京东物流代表的不是一份简单快递包裹的短暂记忆，而是一种面对面交流的愉悦“人情味”感受，这是其他物流不会具备的强大优势。

随着移动设备和智能终端的出现，互联网和人们的日常生活结合得越来越紧密。移动物联网和手机 App 正在改造我们生活的所有维度。随之而产生的新的生活方式越来越表现出需要极致的体验，京东购物 App 自营购物服务把不同群体中的不同个体连接在一起，京东物流满足各种不断变化的极致需求，这种服务体验的依赖会创造独特的价值，会形成习惯式体验，会促成消费转化。被京东自营、京东物流等畅快体验宠坏的用户，以京东自营、京东物流等为流量入口，快速价值交换、享受式体验京东带来的新生活方式，毫无疑问，京东购物 App 正在深度影响更多的互联网用户的购物习惯、体验标准和生活方式。用户信赖京东自营、京东物流、京东金融等，他们定义了用户的消费转化，定义了用户的生活方式。

6.2.2 商家怎么快——快才痛快，准才满意，稳才幸福

目前商家痛点：库存不共享，分布不合理，供应链成本高；社会化物流服务不健全，无法满足快速变化的需求；旺季爆仓，用户体验无法保障。在线支付订单使用非京东物流送达，送货失效慢，送货体验不达标，导致退货、投诉等问题。订单生成到用户收到货物，时效超 48h 的服务还有很多，商家自身的出库流程动能不够，分拣出库不频繁，自建仓储从业人员业务能力限制等问题明显。

1. 京东物流时效标准（见图 6-27）

2. 京东物流业务模式介绍

（1）仓配一体

① 多仓合一，库存共享，多仓运营，时效最优

- 多地备货，减少因缺货带来的订单损失。
- 靠近终端消费者，缩短配送时间，降低配送成本，提升客户体验。
- 商家以产销地为基础，北京、上海、广州、成都、武汉、西安、沈阳等多仓入库，订单覆盖全国。

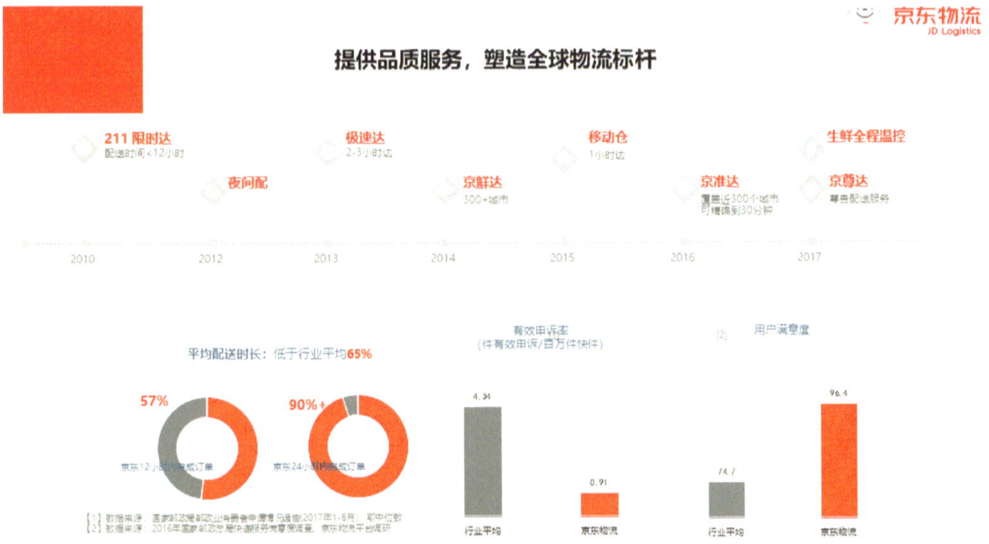

图 6-27

② 单仓运营，覆盖全国

- 京东同步具备单仓覆盖全国的能力，可以支持商家在单仓和多仓模式间灵活组合，自由切换。
- 商家在某些生命周期，可以产销地为基础，就近入一地仓，以单仓入库订单支持全国。

③ 服务分层，灵活多样

- 收、发、存、退
- 金融产品：仓单质押、小额贷款、按揭还款；数据产品：库存健康；库存产品：VMI；售后产品：备件服务
- 入库服务：TC 转运、保质期、序列号、代贴条码、批次管理、装卸、入库理货、质检加工；
- 在库服务：仓间调拨、组套加工；出库服务：个性化生产、商家驻仓开发票、三方快递、B2B、电子发票、订单保价、包装回收、礼品包装；配送服务：代收货款、保价服务、签单返还、协商再投、全流程—无纸化交接。

④ 商品生命周期——分阶段规划

- 试销期：根据上新速度较快、全面铺货的特点，就近入库
- 滞销期：商品断色断码，通过仓间调拨，回流原始仓，整合库存

- 促销期：根据预测销售分布、爆品 SKU 布局，通过干线分仓备货

⑤ 多种时效——灵活选择

- 针对不同时效，满足极致需求
- 京瞬达，211 限时达，京东极速达，京东京准达，京东夜间配
- 冷链物流

（2）仓网布局

目前，京东物流已成为全国最大的生鲜冷链宅配平台，在全国 10 个主要城市拥有 18 个生鲜冷库，冷链配送已覆盖全国 300 个城市，库内日均订单处理能力达到 100 万件，库内配有生鲜商品的全程温控体系。通过仓配一体化的智能冷链物流网络，目前诸如烟台大樱桃、茂名荔枝、阳澄湖大闸蟹潜江小龙虾、四川猕猴桃、查干湖鱼等原产地生鲜，都正在通过京东的冷链物流源源不断地运到全国各地，送到百姓餐桌上。

（3）供应链服务

从企业物流转型到物流企业，需要重新根据不同商家诉求打造不同场景、不同服务模块、不同行业及品类的个性化、多样性的物流产品。京东物流根据商家的不同诉求让更多的服务产品化。做到了标准化与个性化兼顾，打造出了针对服饰、消费品、3C、汽车后市场 4 个行业的供应链解决方案，同时，全渠道一盘货作为供应链管理的核心服务，助力商家实现 B 端和 C 端，线上和线下多渠道的最优化管理。

（4）逆向处置中心

逆向处置有着自己的专业检测团队，以及多渠道化的处置方式。旨在结合京东售后服务，实现售后商品、破损商品入库，在库，出库各环节的有效管理，加快不良品周转速度，有效控制供应商、商家在供应链环节中的损失。

逆向处置中心服务灵活制定，如图 6-28 所示。

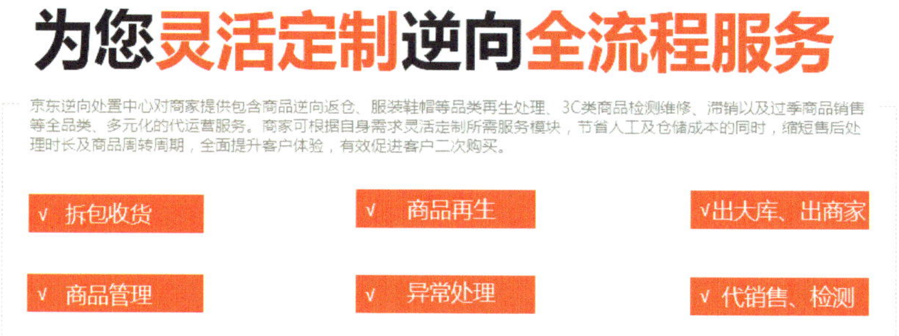

图 6-28

3. 京东物流助力提升时效

① 服务保证，提升时效：全年无休，免费接货。

a. 全年 365 天，不分节假日全天候服务

b. 65 个城市开通免费上门服务

② 物流云，提升时效：科技保证，值得信赖，如图 6-29 所示。

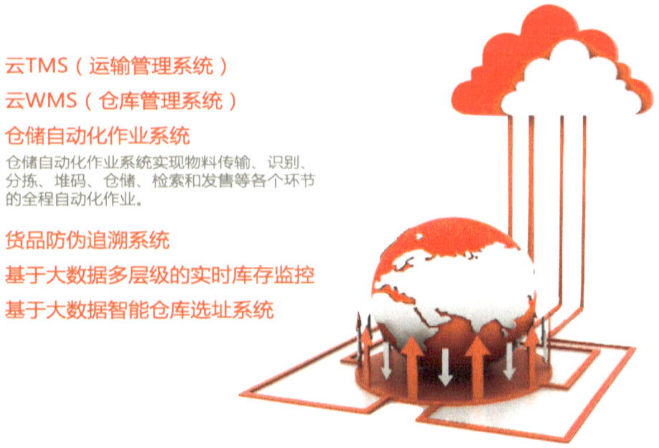

图 6-29

③ 物流神器，提升时效：配送利器，如图 6-30 所示。

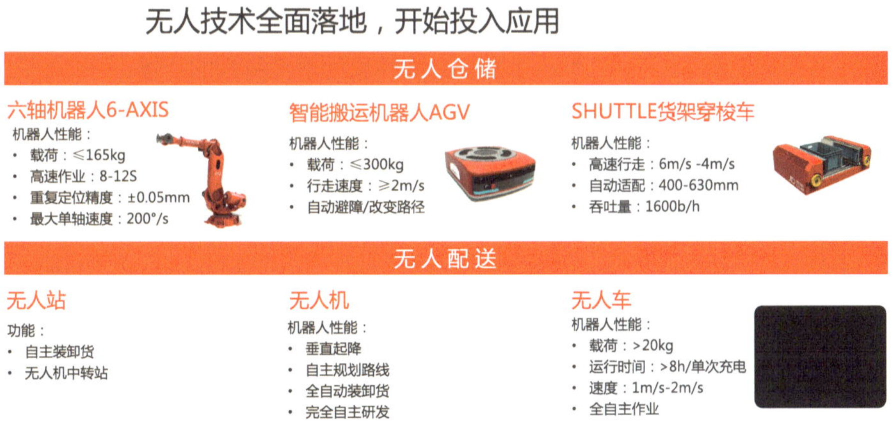

图 6-30

④ 京东物流智能服务案例，如图 6-31 所示。

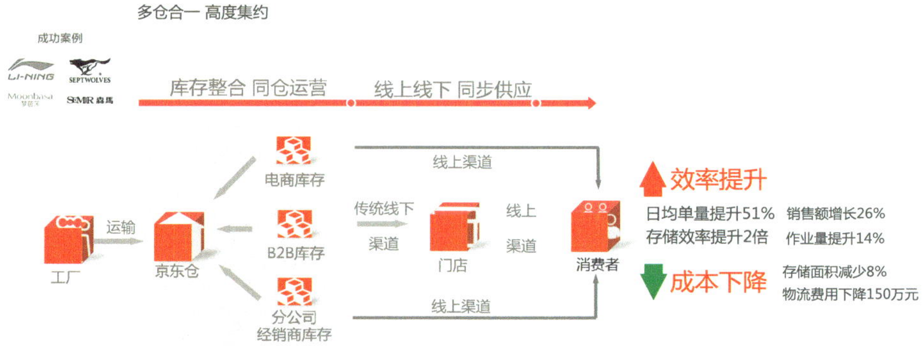

图 6-31

4. Promise 时效服务助力转化

为了改善用户在京东平台的购物体验，帮助发货及时的商家提升转化率，京东对第三方商家开通按时发货打标服务，你可以自主选择是否开通，开通前请仔细阅读下述内容。

按时发货打标：商家选择开通此服务且店铺符合 Promise（承诺到货）时效服务开通功能要求标准的，系统将在店铺 PC 端商详页标识“按时发货”，同时悬浮“商家将在商品页面展示的承诺时效内发货”字样，增加客户辨识度。

商家参与活动优势：

① 在店铺 PC 端商详页标识“按时发货”，增加客户辨识度。

② 提升商家在发货效率方面的信誉，促进潜在转化率提升。

③ 参加按时发货打标的商家对承诺发货时效的履约情况将影响店铺评分、钻石服务认证及搜索排序结果，因此参加“按时发货”打标并按承诺时效完成发货的将能够提高店铺综合竞争力，如图 6-32 所示。

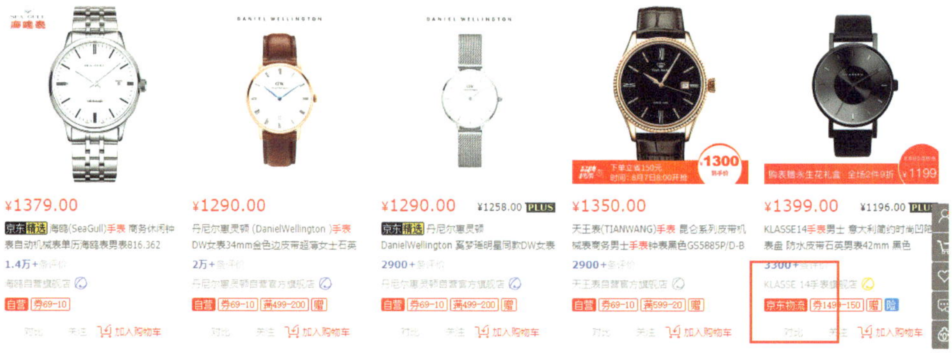

图 6-32

商家与京东仓配合作非常便捷，入仓流程如下：

确认店铺信息→申请合同→合同签署→京东仓储系统开通→预约入库→送货→入库验收→货物上架→接收订单发货。

注：其中确认店铺信息、申请合同、合同签署、京东仓储系统开通这几个流程需联系对应的销售经理协助完成。

京东仓配方案轻松方便，操作灵活，京东高质量用户流量近距离获得，助力大促保证购物体验，轻松获得好的数据表现。

6.3 好客服不需要“亲”

6.3.1 京东客服体系介绍

1.“专业、甜美、暖心”的京东客服团队

“客户为先”是京东集团的核心价值观，为客户提供优质的客户体验是每一个京东人的工作宗旨。如何为客户提供一个顺畅、高效、愉悦的购物体验？让我们先来了解一下“专业、甜美、暖心”的京东客服团队。

2. 京东客服中心介绍

随着公司业务的快速扩展，目前京东全国客服中心已经成为中国国内最大的客服中心之一，并在公司的发展中扮演着越来越重要的角色。用公司创始人兼CEO刘强东先生的话说：“电子商务已经从前台较量转到后端，大家比拼的是技术、是仓储、是物流，更是服务”。面对快速增长的订单量和服务需求，目前京东已在中国建立了地跨三地的分布式客服中心，拥有12000个服务座席，日均峰值业务承载量高达400万件。面对移动互联网的蓬勃发展，我们搭建起了覆盖电话、邮件、即时文字通信以及社交媒体等全渠道多媒体服务体系，并在2014年首次通过了COPC认证，为客户提供更便捷的优质服务，如图6-33所示。

图 6-33

6.3.2 构建多元化的京东客户服务体系

“三助”服务体系按照“自助”“互助”和“帮助”三个维度进行设计，各有侧重、互为补充。

首先是位于漏斗最上端的“自助”模式。许多问题可以用非人工的方式为客户提供服务，这也是“自助”模式设计的基本逻辑。在日常的服务体系中，大量可以被标准答案解决的简单问题（如：基本的政策咨询、信息查询等），都交由前台“帮助中心”和智能服务机器人 JIMI 系统提供“自助服务”来解决。

接下来就是漏斗模型中部的“互助”模式。在购物过程中，有大量的服务需求，可以通过不同用户之间的社交化沟通分享来解决，比如特别多的年轻妈妈喜欢彼此分享母婴类商品的使用心得，仅在母婴这个品类，618 期间通过社交化互助服务解决的问题就超过 10 万个。我们搭建了各种主题社交化平台，其另外一个重要价值在于，通过这种方式聚集的用户，将对京东产生更高的黏性，增强了用户的忠诚度。

当然，除了上述两种模式，还是有一些客户的需求需要通过传统的人工方式进行解决。对于账户、财务等必须由人工处理的服务，通过大数据分析和用户画像技术，结合不同业务情景，客户不同的问题被智能分配给不同技能的客服人员快速处理，保证了用户服务体验的一致性和高绩效运营。通过上述的“自助”“互助”和“帮助”三种模式我们就搭建起了一套多层次、高度互补的客户服务体系。

6.3.3 京东客服的特色服务产品

1. JIMI 智能机器人

JIMI 是京东自主研发的拥有完全知识产权的专注于客户服务的智能机器人，现在已经进化到了第四代。相对于之前的版本和其他类似产品，通过自然语言处理和深度神经网络等技术的应用，新一代的 JIMI 大大提升了对客户语义理解的准确性。同时，聪明的 JIMI

具备自我学习的能力，通过与客户的互动以及互联网数据挖掘开展的自主学习，使 JIMI 能自动完善自身的知识数据，这种本领将随着时间推移越来越强大和智能。

2. 服务大数据

京东目前有超过 3 亿活跃用户，在服务领域通过大数据分析，可以了解海量用户的年龄、性别、喜好、购买力等核心信息，其中最典型的应用包括服务场景化和用户画像等方面。在技术团队的支持下，通过搭建应用数据模型对用户咨询的订单进行预测。通过用户画像技术的引入，不断在 CRM 系统中为用户进行标签标示，用户的影响力、购买力和风险等 50 多个标签的组合，可以充分挖掘用户的特征和需求，为每一类用户提供更有针对性的精准服务及解决方案。

3. 京东服务卫士

在当今时代，公共媒体和社交平台的广泛应用已经深深地改变了我们的生活和工作。人们已经越来越习惯于通过自己的社交账号进行沟通和分享，现在通过 Facebook、新浪微博或者微信，一个引人注目的服务危机事件可能在几分钟内就会传播到世界每一个角落，甚至演变成众人关注的公共舆论危机。为了应对这样的网络挑战，京东客服中心设计了“服务卫士”这一系统和机制。其核心逻辑是通过热词监控技术实时监控公众媒体和社交平台上与京东服务有关的热点信息，按照预设逻辑自动进行数据分析和预警，同时配以专属的运营团队负责相关预警校准，判断并根据标准应对机制联动客服体系内部以及公司其他相关团队快速跟进，确保潜在的网络危机事件能够被第一时间响应并得以妥善解决。

6.3.4 京东商家客服

随着京东第三方平台的不断发展，商家客服在京东服务体系当中起着越来越重要的作用。商家客服与京东客服一起，为京东平台消费者提供更加专业、暖心的服务。

1. 商家服务的重要性

客户服务（customer service），是指一种以客户为导向的价值观，它整合及管理在预先设定的最优成本——服务组合中的客户界面的所有要素。

驱动客户有满意的服务感受有两个必备的因素：速度和质量，而这也是我们日常服务当中需要重点关注的两个服务指标，如图 6-34 所示。

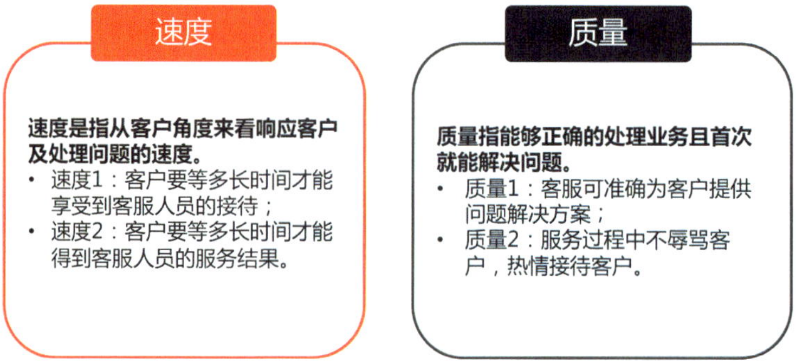

图 6-35

2. 好客服会营销：售前营销 5 步骤

根据目前大部分商家客服的职责划分，一般会划分为售前客服和售后客服两种角色。售前客服主要是通过常用的售前咨询工具与潜在客户进行沟通，通过对商品的介绍、服务政策的讲解帮助客户快速了解商品并促成下单。

那么，如何成为一名优秀的售前客服人员呢？首先，我们先来看一下售前客服人员营销的 5 个步骤，如图 6-35 所示。

图 6-35

（1）售前客服第一步：快速响应客户咨询

前文提到，驱动客户满意的两个必备因素：速度和质量。那么，售后客服的第一步就是快速响应客户的购物咨询。目前，平台客户可以通过两个渠道联系商家客服，咚咚和 400 电话。其中，咚咚是每家店铺开店的必备工具，也是客户最常选择沟通的渠道。我们通过数据分析发现，客户在进行咨询时，存在“等待耐心极限”。

其中，80% 的客户能够接受商家在 14 秒内响应回复，而 60% 的客户能够接受商家在

28 秒内响应回复。如果商家超过 74 秒之后再响应客户的咨询，那么此时客户基本已关闭了对话的窗口，如图 6-36 所示。

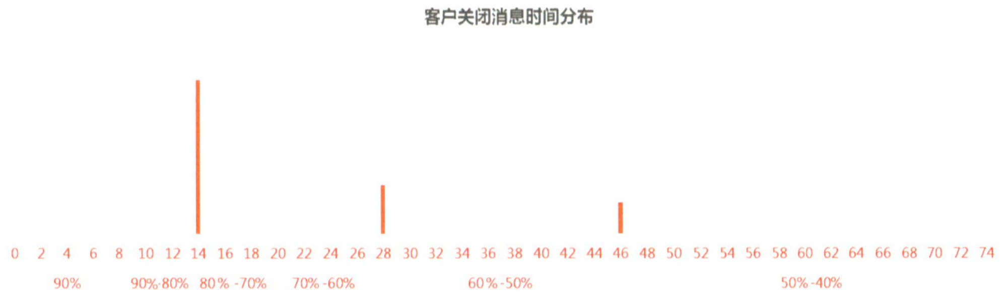

图 6-36

（2）售前客服第二步：了解客户需求

当我们和客户接触后，需要通过短短几句话的沟通快速了解客户的需求，并根据客户需求提供最为匹配的商品。这一步也是我们是否能够成功营销的核心步骤。这里我们会有几个沟通技巧。

① 提问的技巧。

提问的方式通常分为开放式提问、控制式提问和封闭式提问三种，相信各位商家应该已经非常熟悉了，在这里不再做过多的介绍。

那么，在了解客户需求这步，我们应该根据不同类型的客户，使用不同的提问方式。例如，对不爱说话的客户用开放式问题与封闭式问题相结合来引导；对喋喋不休的客户，不要跟着他，要用问题引导他。不管我们销售的是什么样的商品，客户买的都不是商品本身，买的是商品带给他们的好处。

② 倾听的技巧。

认真倾听客户目前的状况，才能够了解客户目前存在的问题，并且针对问题给出专业的建议。所以越深入地挖掘客户的需求，越能够找到销售机会，才可能更多地针对客户的需求来进行介绍，进而更好地进行销售。

（3）售前客服第三步：推荐商品，引起兴趣

当我们了解到客户的真实需求后，就需要针对客户的需求，提供对应的商品推荐。熟练灵活地使用 FAB 技巧沟通，可以快速地帮助我们完成推荐。

FAB（Feature、Advantage、Benefit）就是通过产品的“特点”“优点”和“对客户的利益”三个维度来阐述商品的优势，具体而言：

“F”特点：商品本身具有的物理特征（属性）

“A”优点：商品或服务可以实现的功能或优点（作用）

“B”对客户的利益:客户提出的某种需求,这种需求正是我们的商品或可以满足的(益处)

举个例子：一件红色的衬衣，如何使用 FAB 沟通，如图 6-37 所示。

序号	F（特性）	A（作用）	B（好处）
1	纯棉质地	吸水性强、无静电产生	柔软、易处理、易干、不会刺激皮肤、耐用
2	红色	颜色鲜艳	穿起来显得特别有精神
3	小翻领	款式简单	自然、大方
4	十字线钉纽	不易掉扣子	耐用
5	标志	电脑绣花，做工精细	醒目、有型
6	中文洗涤标识	方便参考	提供方法、方便
7	备用纽	配套纽扣	不怕掉纽

一般说词	FAB 说词
这种衬衣是由纯麻纱织成的。	因为这件衬衣是由纯麻纱制成，您在炎夏的天气穿起来，格外清爽。
这款裤子穿了很舒服的。	此款所用面料是100%棉，很容易吸汗，夏天穿上能够保持皮肤的干爽，特别舒适。
这款衣服的设计版型很好的。	因为此款是采用贴身的版型设计，它可以充分地体现出您迷人的曲线身材，能够让您在男性朋友中倍受喜爱。

图 6-37

（4）售前客服第四步：消除异议，提升购买欲望

当我们介绍完商品之后，如果客户提出异议应该怎么处理呢？首先，客户异议是指营销人员在销售过程中，客户对商品或服务所持的不同看法。

① 客户异议的类型：

真实异议。客户认为现在还不需要你销售的商品；客户对商品不满意；客户对商品有偏见。

虚假异议。客户用寻找借口或敷衍的方式应付销售人员，目的是不想再继续交谈；客户提出很多异议，但这些异议并不是他们真正在意的地方。

隐藏异议。客户不直接提出，而是提出一些其他的异议，目的是要借这种假象创造解决隐藏异议的有利环境，从而达到降价的目的。比如：客户希望降价，但却提出其他方面的问题：商品过少、服务水平跟不上、电话打不进来等。

② 面对异议，需要明白：

- 异议是客户内心想法的最好指标。

- 异议经由处理能缩短销售周期，而争论则会拖延甚至葬送销售机会。
- 没有异议的客户才是最难应付的客户。
- 异议表示你提供的利益仍然不能满足客户的需求。
- 注意倾听，区分客户的异议类型，判断真实的异议。
- 不可用夸大不实的话来处理异议；如果不知道答案，就告诉客户："我将尽快提供答案"。
- 客户异议视为客户希望获得更多信息的信号。
- 只要客户还有异议，就表明客户还是对商品有兴趣，想进一步了解。最后，希望大家记住处理异议的三个步骤：

安抚客户情绪，满足客户的情感要求；

如实说明情况，但不过度承诺；

适度地影响客户。

（5）售前客服第五步：成交 & 客情维护

最后，促成交易才是我们本次沟通的最终目的，当我们在最后交易完成后，应该及时记录客户相关信息并传递至售后客服同事做好后续的跟进工作，同时也为后期二次营销做好准备。

3. 好客服懂售后：售后客服 3 项必备技能

售后客服的工作主要以处理问题为主，比如客户的催单查询、退换货的处理、纠纷单的处理等；优秀的售后服务人员不仅可以增加店铺的复购率、提升店铺的转化率等，还可以减低店铺的纠纷率，避免产生不必要的投诉。

（1）售后处理技能

作为一名售后客服人员，不仅仅是要对售后处理流程熟悉，还需要了解自己所销售的产品价格，性能、用途等，才能在遇到问题时第一时间帮助客户解决问题。同时，售后客服还应该熟知国家相关法律法规及京东平台管理规则。

售后处理流程如图 6-38 所示。

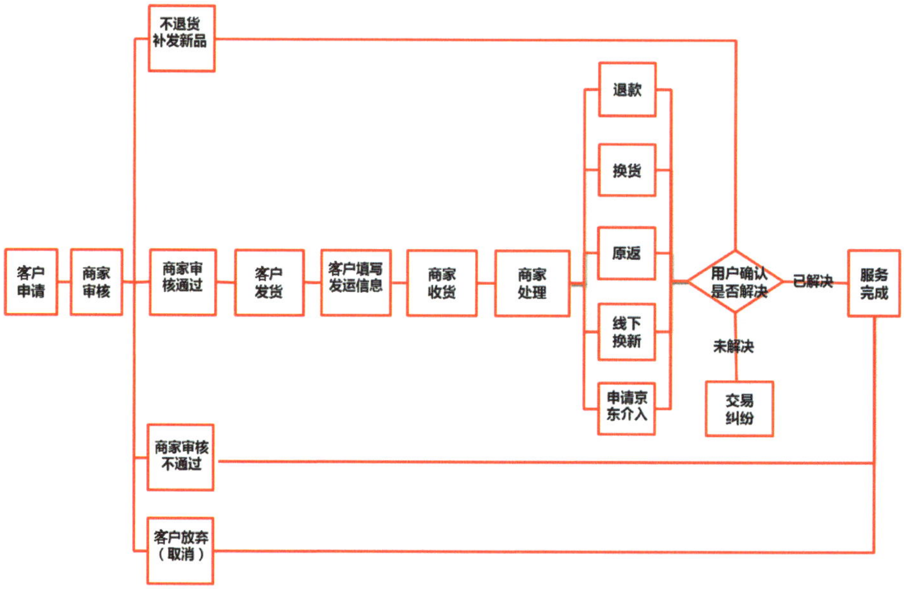

图 6-38

目前，卖家自主售后可为客户提供：退货、换货、原返、线下换新机、申请京东介入等 5 种不同的处理结果。不同的问题场景适用不同的处理方案，需要售后客服熟知。

① 熟知售后政策及三包法。

了解国家相关法律法规以及京东平台规则，才能在遇到特殊售后问题处理时捍卫自己的权利和利益，在不伤害客户且坚持原则的基础上将问题和平解决。

② 熟练操作自主售后系统。

熟练掌握自主售后系统，才能更快的处理售后问题。

（2）纠纷处理能力

京东交易纠纷平台于 2015 年 9 月正式上线后，已成为商家与客户处理问题的一个重要平台。这也就需要售后客服同时具备纠纷处理的能力。

① 熟知交易纠纷处理流程。

② 熟悉交易纠纷规则。

③ 熟练操作交易纠纷系统。

（3）投诉处理能力

日常工作中，售后客服经常会接到用户的各式各样的投诉。如何处理投诉？怎样把危机转化为营销机会，是售后客服必备的一项技能。

第一，投诉处理中应该牢记投诉处理的 4 个要点。

① 理解：准确捕捉客户诉求。

② 信任：让客户相信你能解决问题。

③ 承诺：承诺兑现。

④ 积极：努力过程让客户感受得到。

以上 4 点是投诉处理中的关键 4 项要点，首先我们要能够准确捕捉客户的诉求，通过提问技巧和倾听技巧，了解客户的真实需求。

第二，在处理过程中可能会承诺客户相关事项，关于这些承诺的事项还需要做好记录，问题处理最后做好承诺兑现。

最后，保持一颗积极心态去面对投诉，同时把积极的态度传递给客户，让他们也能感觉到你是在积极的帮其解决问题。

投诉处理的 7 个技巧：

面对客户投诉时，我们除了要掌握 4 个注意事项以外，还列举了以下 7 个处理技巧，如图 6-39 所示。

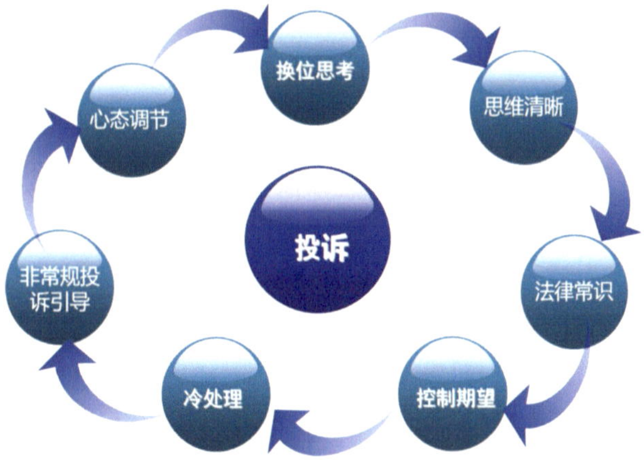

图 6-39

换位思考：适时站在客户的角度上思考，为什么他会投诉，是否可以通过帮助其处理完投诉背后的故事进而解决此次投诉。

思维清晰：面对投诉时，不要慌张，冷静应对并寻找最优的解决方案。

法律常识：了解和掌握必要的法律常识是基本的业务技能，面对客户提出的法律场景要具备基本的判断能力。

控制期望：面对客户的诉求不要一味妥协，要能够控制期望，逐步沟通最优方案。

冷处理：当面对情绪波动较大的客户时，适时的冷处理，给客户一个冷静期并利用这段时间可以尝试其他解决方案。

非常规引导：要给客户一个积极解决问题的态度，而不引导客户去工商投诉或发帖等非常规的处理途径

心态调节：面对投诉平常心对待，正所谓“客户虐我千百遍，我待客户如初恋”。

4．好客服懂工具：工欲善其事、必先利其器

对于京东的商家客服来说，客服工作主要使用 3 个客服工具：服务咨询工具，主要包含咚咚、400 电话、JIMI 智能机器人等；售后处理工具，主要包含自主售后系统、交易纠纷系统、商家直赔系统等；服务监控工具，主要包含商家服务监控平台、咚咚管家。

（1）服务咨询工具

① 咚咚。

咚咚是京东提供给用户的即时沟通工具，通过该工具客户可以联系商家，进行商家或服务咨询。客户可以通过店铺页、单品页、订单页等咚咚入口联系到商家。

② 京灵商家智能机器人。

整合卖家各类常见问题的系统工具，24 小时为卖家解答各类问题的智能助手。

③ 400 电话服务。

京东为第三方卖家推出的 400 热线统一管理平台。卖家通过后台申请由京东提供 400 热线，可以绑定 6 个转接电话，申请成功后显示在店铺首页和商品详情页，客户拨通电话后，电话可以直接转入卖家绑定的电话号码进行接听。400 电话可以在商家后台中进行申请。

（2）售后处理工具

① 自主售后服务。

卖家可以自主操作的售后整体服务系统。卖家通过自主售后系统，可以完成商品售后的退货、换货、维修等操作，还可以实时监控售后服务全流程。

② 交易纠纷系统。

为了更好地规范平台生态环境，持续提升消费者购物体验，促进开放平台的良性发展，京东平台新上线交易纠纷处理系统。本系统适用于消费者与商家产生交易纠纷时通过系统处理纠纷问题。

③ 商家直赔系统。

为方便商家能自主处理对消费者进行的小额赔付，提升消费者对商家的售后满意度，已开发并上线了商家直赔功能。

（3）服务监控工具

① 服务监控平台便于商家对订单配送、售后服务过程进行监控，提高订单配送的整体时效，及时发现售后服务异常问题，降低用户投诉比例，提升用户体验，提升商家服务质量，如图 6-40 所示。

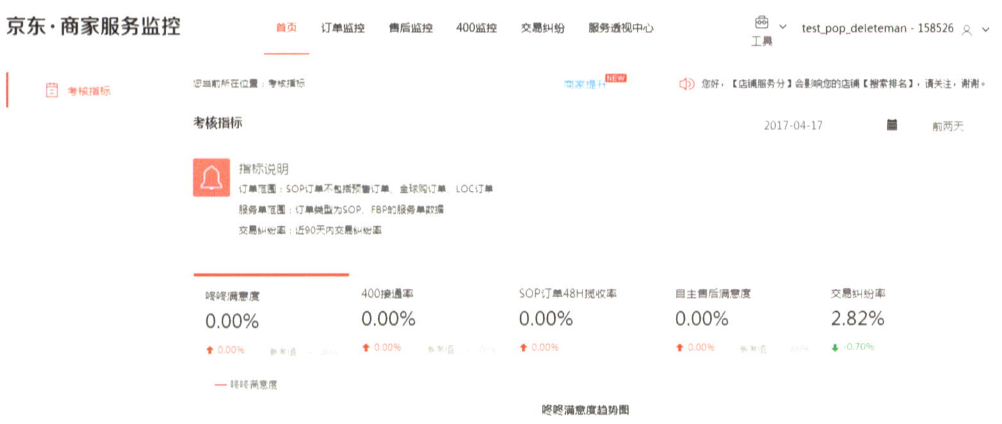

图 6-40

② 咚咚管家可以查看店铺客服的销售业绩和满意度，可以查看客服促成的单品和订单详情等，如图 6-41 所示。

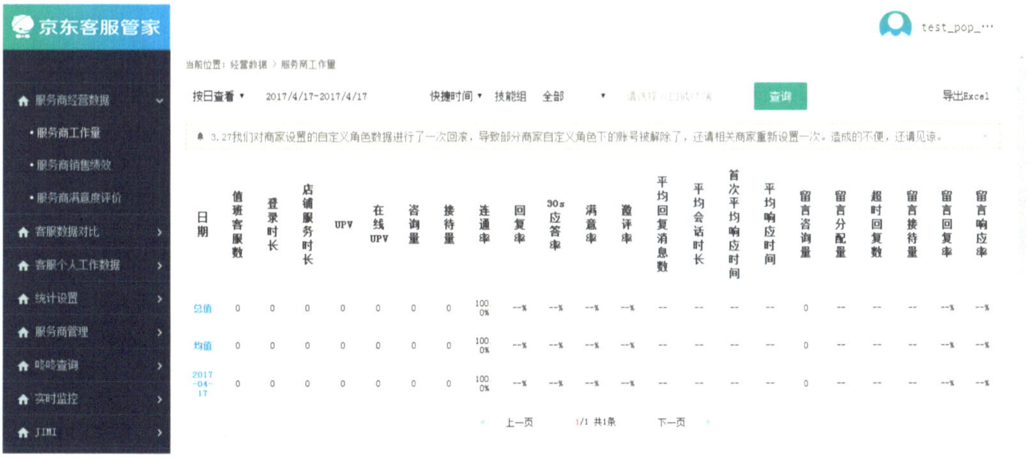

图 6-41

6.3.5 京东商家特色服务产品

为了更好地支持商家服务，同时也为消费者提供更好的购物体验，京东平台推出了一系列的商家服务产品，帮助商家更好地服务客户。商家可在“商家后台→我的店铺→商家服务中心”申请开通这些服务产品。

① SOP 逆向上门取件服务：京配支持范围内的商家开通“SOP 售后上门取件服务”后，京东配送可为申请服务单选择“退货”且返回方式选择“上门取件”的用户提供上门取件服务。

② SOP 商家支持自提服务：为了有效助力商家提升店铺转化率，解决自提消费群体购买第三方商品无法使用自提功能的问题，特推动京东平台自提功能向第三方卖家进行全面开放，包括自提柜、配提一体站、校园京东派、便民点等。

③ 商家版运费险：由商家随商品销售时购买，完成退换货后触发理赔申请，可按照赔付标准获得一次运费赔付，运费险可赔付至账户余额、钱包等。

6.4 金融科技工具服务营销

京东金融集团于 2013 年 10 月开始独立运营，定位为服务金融机构的数字科技公司。公司致力于以大数据、人工智能、云计算、区块链、物联网等新兴科技，为金融机构提供“人、货、场”的数字化、线上线下全场景化服务，助力金融机构在场景拓展、获客、运营、风控、研发等核心价值环节提升效率、降低成本、增加收入，推动行业全面跨进数字金融时代。

京东金融以开放心态打造开放式的服务生态。截至 2019 年 2 月，京东金融的合作伙伴涵盖 400 余家银行、120 余家保险公司、110 余家基金公司，40 余家证券、信托、评级机构，与合作伙伴累计共同服务 800 万线上线下商户和 4 亿个人用户。

海量、多维、动态的大数据叠加最前沿技术，是京东金融作为科技公司的核心优势。京东金融集团依托京东体系内数亿用户以及数十万合作伙伴所积累的电商数据、金融数据以及各类第三方数据，在数据量、数据源、数据处理能力方面处于世界领先水平。

目前，京东金融全公司 5000 多名员工中有 3000 人以上都是技术人员，所有业务中 95% 都是智能化、自动化运营。未来，京东金融会在数据和人工智能领域持续投入千亿元规模，打造成全球领先的数据驱动型科技公司。

未来，京东金融将继续坚持数字科技战略，在数据和技术上加大投入，任何与数据和技术无关的业务都不做。积极推进全球化，在全球范围内吸引领军型科技人才。通过科技让整个金融服务更加智能、普惠。从而服务更多人群，成本更低、效率更高、体验更好。

6.4.1 保险：保障用户权益，为用户搭建综合保险服务平台

京东金融保险于 2015 年正式开始运营，为保险行业提供以大数据为底层风控的管理模型，并以用户体验为阶梯重新定义保险产品，通过数据及技术工具制定运营策略完善过程管理，实现一个以金融技术为输出的行业平台。一方面，京东金融向保险公司输出科技能力，帮助他们更精准地了解用户需求，研发场景覆盖更广的保险产品；另一方面，通过与保险公司的精诚合作，京东金融保险也在不断完善和满足用户的保险需求，更好地服务用户。

京东金融保险通过京东体系内的电商与金融数据和体系外的第三方数据相结合所形成独特的大数据体系，挖掘、满足并引导用户需求，以智能精确的服务提升保险行业效率，解决保险公司与终端用户的触达痛点，提供便捷购买、极速理赔、到家服务等全新体验的互联网保险平台。

京东金融保险还将大数据、用户与技术优势相结合，利用丰富的商业资源推出了“分期 + 免息车险”产品、“车联网 + 金融”服务平台计划、“保险智能计划书”、“保险代理人”计划等行业创新业务。同时，京东金融与保险公司联合成立“智能保险实验室”，双方将基于各自在保险、科技及大数据层面的专业优势，共同在保险创新应用上开展深入合作。

京东金融保险服务及保障服务包含运费险、过敏无忧险、延保服务等十几种产品，覆盖全品类商品，累计服务用户过亿人次。

1. 运费险的“前世今生”（见图 6-42）

图 6-42

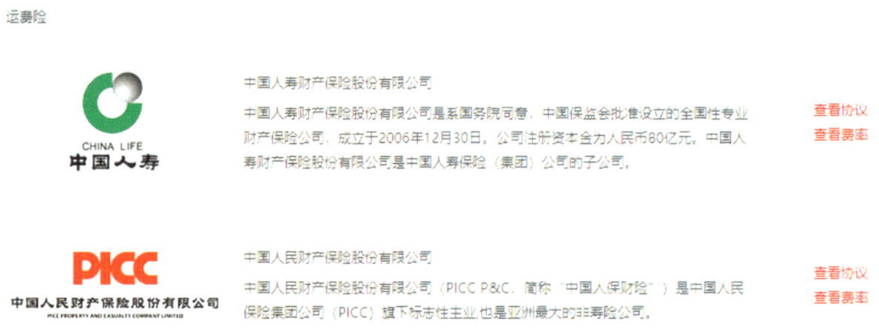

图 6-42（续）

京东金融保险为商家提供保险产品，由商家为消费者投保，发生退换货时，保险公司负责向消费者赔偿由此产生的运费。理赔额为收货地与发货地间首重的价格。超过 9.5 万商家使用，累计服务过 1 亿消费者。

2. 特殊保险：重要流量入口，助力打造超级爆品

钟表保险业务现状：钟表业务部目前（2019 年 2 月）已经合作运费险商户 1205 家，买家享受运费险退换无忧，卖家减少了客户投诉，同时享受到放心购 IP 的流量优势，如图 6-43 所示。

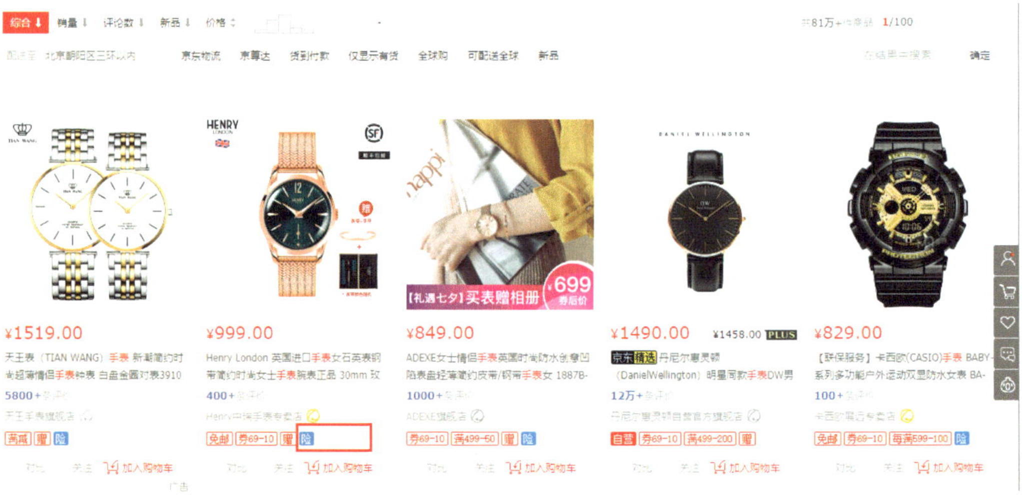

图 6-43

为提高平台消费者全流程购物体验，塑造服务品牌形象，京东开放平台创新推出“京东放心购”。在赋能商家的基础上，不断升级消费者体验。“京东放心购”是在整合售前、售中、售后全程服务产品基础上打造的服务品牌标识，一期“京东放心购”包含运费险、闪电退款；二期放心购将发展品类化服务。作为平台服务品牌标识，“京东放心购”通过前

台标签露出及落地页面介绍，清晰传达服务品质，确保消费者放心购买，促进消费决策。

“京东放心购”包括哪些服务，如何展示？一期京东放心购包括运费险、闪电退款两个服务，重点打造极致的售后体验。如贵店铺商品符合开通运费险、闪电退款服务要求，并开通服务，将在京东 App 商品详情页服务位置打标：京东放心购 LOGO+ 运费险图标 + 闪电退款图标。

京东放心购 LOGO 如图 6-44 所示。

京东放心购

图 6-44

京东 App 商品详情页展示样式（随京东 App V6.5 版上线）如图 6-45 所示。

图 6-45

如何参加京东放心购？如果想在商品详情页展示高大上的服务标签，那么商家店铺需要就该商品同时开通提供运费险及闪电退款两种服务。

闪电退款开通链接：http://seller.shop.jd.com/servic... upport_index.action。

开通路径：商家后台→我的店铺→商家服务中心→闪电退款→去开通

运费险开通链接：http://qrx.shop.jd.com/venderyfx/yfxhome.action

开通路径：商家后台（shop）→我的店铺→运费险管理→立即开通

京东放心购对消费者及商家的价值有哪些？

如消费者出现退换修服务，京东快递支持全国93城市免费上门取件服务，有运费险保障，京东快递上门取退换件免收快递费！同时，京东优质消费者可享退货“闪电退款”服务。对商家而言，在商品详情页服务打标，为消费者提供购物无忧保障，对售后满意度、店铺评分、搜索排名提升有着重要价值。

6.4.2 京东白条：促转化、高价值的巨大流量入口

京东金融的消费金融，以消费者需求为中心，陪伴年轻消费者的人生成长。

重磅服务“白条”诞生：2014年2月，“白条”成为业内首款互联网消费金融产品，让用户可以享受到“先消费、后付款，实时审批、随心分期”的消费体验。目前，“白条”已经走出京东，布局京东体系外更多消费场景，覆盖租房、教育、驾校等大众消费领域，为用户提供信用贷款分期服务。此外，白条与银行合作联名电子账户“白条闪付”，通过NFC和银联云闪付技术，“白条闪付”覆盖了全国1900多万台银联闪付POS机、线下800多万家商户，满足人们衣、食、住、行等多种类型的信用消费需求。

同时，京东金融与银行展开深度合作，推出“小白卡”，成为行业热点IP。京东金融与工商银行、中信银行等12家大中型银行合作推出“小白卡”，用户申请数量近2000万。

2014年5月，京东金融用户运营评价体系“小白信用”落地。小白信用作为京东金融消费金融业务的重要组成部分，根据京东用户的身份、偏好、履约、关系等多维度信息，运用深度学习等人工智能技术对用户个人信用进行评价。用户信用越高，享受的专属权益越多。

不打不相识：京东白条通过大数据洞察，为信用等级高、消费需求大的用户提供“先消费，后付款”的服务。在不改变商品价格的基础上，消费者使用白条支付分期购买商品时，可以对产生的分期服务费进行减免。免息形式让消费者可以享受先体验后付款的形式，通过分期降低购物压力，提高消费者的消费频次。

商家通过免息活动，可以提升商品转化，提高店铺整体销售情况。

白条免息活动，让消费者放心买买买，从而GMV与流量双丰收。

京东白条，除了常见的免息玩法，还致力于发展多种营销方式助力商家促成成交。

白条还款红包：是指通过金融App完成白条还款后，在还款完成页可领取白条红包券并可分享微信朋友圈等社交平台，依托白条海量优质流量为大促活动发放优惠券和引入精准流量。

打白条抽奖：用户使用白条支付订单后，可参与抽奖活动，用户完成1笔交易可参与1次，累计金额达到1000元也可参与1次。活动目前在微信公众号的订单完成消息中进行推

广，用户收到消息通知可前往抽奖页面进行抽奖。活动页面顶部 Banner 为冠名方活动链接和利益点展示。

6.4.3 京小贷：用京东金融的助力资金，去做更大的生意

京东金融企业服务将实体经济和创新金融有机结合，相继推出多款产品，助力实体企业的持续发展。截至 2017 年 12 月底，京东金融企业服务累计服务 20 万中小微企业，累计放款总额近 5000 亿元。

“京小贷”是为中小企业定制的一个信用融资产品，能实现全程线上操作、秒级放款、按日计息、随借随还。“京小贷”实现了对京东体系内第三方商家及外部企业的全覆盖，极大地改善了中小微企业长期面临的融资难、融资成本高的处境。

京小贷四大特色：信用贷款，无抵押无担保；五种还款方式，量身定制；3 步申请 1 秒放款；7×24 小时专属服务。

下面具体介绍其操作流程。

① 登录京小贷页面，选择产品类型，点击“立即贷款”按钮，如图 6-46 所示。

图 6-46

② 根据客户需求选择贷款金额、贷款期限、还款方式，如图 6-47 所示。

(3) 确认贷款信息，贷款发放成功，如图 6-48 所示。

图 6-47

图 6-48

下面为京东商家定制的京小贷产品攻略。

1. 订单贷

以“卖家已发货、买家未确认收货”的在途订单金额为授信依据，释放在途订单金额，加快资金回笼，提高销售周转率，最高额度至 500 万元。秒级放款，期限为两个月。

对于想要做大做强的商户们，不用每次苦苦等待已经发货却迟迟得不到用户确认收货的款项——“订单贷款”方便（系统根据在途订单自动显示可用额度）、简单（两步轻松搞定）、及时（可实现秒级到账）的缩短商户们的回款周期，从而更加灵活、自由地支配，我的资金我做主！

2. 信用贷

结合店铺的综合经营情况，给予授信额度，最高额度至 200 万元。支持多种还款方式，最长贷款期限 12 个月，随借随还，提前还款 0 手续费。

对于资金紧张的商户们，信用贷可是难得的福利哦，因为信用贷是一款纯信用类贷款产品，根据商户销售情况，每月刷新额度，额度循环使用，非常适合销量稳定、有大量备货需求的商户们。